Annika Lamer

Rechtschreibung

klipp und klar erklärt

Annika Lamer

Rechtschreibung
klipp und klar erklärt

Mit Leichtigkeit
zu korrekten Texten

DUMONT

INHALT

MIT LEICHTIGKEIT ZU KORREKTEN TEXTEN – WIE GEHT DAS?

»Menschen sind komisch«, seufzt Gerrit.

Sina grinst ihn an. »Was ist denn nun schon wieder passiert?«

»Ach – ständig werde ich schräg angeschaut, nur weil ich laut überlege, wie man dieses oder jenes richtig schreibt.«

Sina lacht. »Kenn ich! Ich verkneif mir das inzwischen. Nur mit dir, da lass ich das raus.«

»Ja«, strahlt Gerrit. »Wir verstehen uns.«

»Gut, dass wir befreundet sind«, sagt Sina zufrieden. »Die Rechtschreibung, das ist wie ein gemeinsames Hobby.«

»So hab ich das noch gar nicht betrachtet. Bin mal gespannt, wo uns das noch hinführt.«

»Erst mal zur Eisdiele«, schlägt Sina vor. »Hast du Lust?«

Im Laufe der Lektüre dieses Buches werden Sie feststellen, dass Sina und Gerrit nicht übertrieben haben: Die beiden beschäftigen sich wirklich viel mit Rechtschreibung. Interessante Rechtschreibfragen lauern überall. Und das Adjektiv »interessant« ist genau das Stichwort, das wir brauchen: Rechtschreibung muss nicht öde sein, staubtrocken oder sperrig. Sie darf Spaß machen. Ich freue mich, dass Sie sich mit mir darauf einlassen – und mit Sina und Gerrit natürlich.

SO VERWENDEN SIE DIESES BUCH

Sie können das Buch sowohl von vorne bis hinten durcharbeiten als auch einzelne Themen nachschlagen. Dabei können Sie sich an den sechs Oberthemen orientieren:

1 Groß oder klein?
2 Zusammen oder getrennt?
3 Grammatik-Hürden
4 Anglizismen und andere Fremdwörter
5 Datums- und Zeitangaben
6 Zeichen, Symbole und Abkürzungen

Beim Nachschlagen gilt: Spezialthema trumpft. Wenn Sie zum Beispiel wissen wollen, ob man Anglizismen getrennt schreiben darf, finden Sie die Antwort in Teil 4, nicht in Teil 2.

Zu jedem Oberthema gibt es zwei bis sechs Kapitel, die wiederum in Unterkapitel gegliedert sind. Wir haben also drei Gliederungsebenen mit folgendem Zahlenformat:

Oberthema:	1
Kapitel:	1.1
Unterkapitel:	1.1.1

Jedes Unterkapitel behandelt eine bestimmte Rechtschreib- oder Grammatik-Frage. Sie finden sie in der Überschrift, illustriert mit einem Beispielsatz. So wissen Sie gleich, worum es geht, ohne erst mal komplizierte grammatische Begriffe verstehen zu müssen.

LEICHTER RICHTIG SCHREIBEN

Mein Ansatz ist, mit möglichst wenigen Fachausdrücken auszukommen. Die meisten Begriffe, die übrig bleiben, sind Ihnen wahrscheinlich geläufig – Substantiv, Verb, Genitiv, Akkusativ. Im Glossar (hinten im Buch) können Sie die Begriffe aber auch noch einmal nachschlagen.

Die Quintessenz jedes Unterkapitels finden Sie jeweils im Infokasten (☑). Kurz und knapp stehen hier die wichtigsten Regeln – einfach zu merken und auf einen Blick wiederzufinden.

In diesen Infokästen verfolge ich einen ganz pragmatischen Ansatz: Wie können Sie es sich leicht machen? Was kann man zusammenfassen, was beiseitelassen? Wo lohnt es sich, bei zwei Optionen auch mal von der Duden-Empfehlung abzuweichen? Das Ziel: mit Leichtigkeit zu korrekten Texten.

FACHLICHE GRUNDLAGE

Grundlage meiner Darstellung sind folgende Duden-Bände:

- *Duden – Die deutsche Rechtschreibung. Das umfassende Standardwerk auf der Grundlage der aktuellen amtlichen Regeln*, Duden 2020.
- *Duden – Sprachliche Zweifelsfälle. Das Wörterbuch für richtiges und gutes Deutsch*, Duden 2021.
- Online-Duden: www.duden.de

Wenn der Duden bei mehreren möglichen Schreibweisen eine Empfehlung ausspricht, erkennen Sie das an einer gefetteten roten Markierung. Da steht dann also zum Beispiel:

- Kannst du bitte das Gemüse **klein schneiden** / kleinschneiden?

Das bedeutet: Beide Schreibweisen sind korrekt; der Duden empfiehlt die Getrenntschreibung.

Ich selbst spreche auch Empfehlungen aus, die sich nicht immer mit der Duden-Meinung decken. Das lege ich dann natürlich offen. So oder so dürfen Sie nicht erwarten, dass man auf *alles* eine eindeutige Antwort im Duden findet. Manches ist auch Interpretationssache. In *Rechtschreibung klipp und klar erklärt* steckt also nicht nur offizielles Regelwerk, sondern immer auch meine Position als Autorin.

Sind Sie startklar? Dann kann es losgehen. Gerrit und Sina werden uns begleiten.

1 GROSS ODER KLEIN?

Das Machen ist nicht das Problem. Wann schreibe ich ein Wort groß?

»Was für ein Durcheinander«, stöhnt Gerrit, als er sich durch Sinas Küchenschrank wühlt. »Wie soll man hier den Tee finden?«

»Gerrit«, sagt Sina. »Wie lange kennen wir uns jetzt schon? Seit zwei Jahren?«

Gerrit könnte es auf den Tag genau ausrechnen, sagt aber nur: »Vermutlich.«

»Das Interessante daran ist doch: Hast du mich in der Zeit irgendwann Tee trinken sehen?«

»Nein … Aber hast du nicht gerade gesagt, ich kann mir einen Tee machen?«

»Das Machen wäre nicht das Problem. Das Finden schon.«

Gerrit gibt sich geschlagen. »Und?«, fragt er, während er sich ein Glas mit Leitungswasser füllt. »Was schreibst du hier groß?«

|| Ob Sina wohl die richtige Antwort weiß? Ein Artikel ist – meistens – ein Hinweis auf Großschreibung. Daher: *ein Durcheinander, das Interessante daran, das Suchen und das Finden.*

Substantive schreibt man groß, Verben und Adjektive klein? Wenn es doch nur so einfach wäre. Verben und Adjektive können substantiviert werden, dann schreibt man sie groß. Wann das der Fall ist, ist gar nicht immer so leicht zu erkennen.

Dann gibt es da noch die Pronomen, die aussehen wie Adjektive, aber nie großgeschrieben werden. Und was ist mit Zahlen und Zahladjektiven – *Hundert* oder *hundert*, *das Meiste* oder *das meiste*? Weiter geht es mit *Blau* oder *blau*, *Deutsch* oder *deutsch*, *Recht* oder *recht* und vielen weiteren Zweifelsfällen.

Schauen wir uns zunächst ein paar Grundregeln an. In welchen Fällen muss ein eigentlich kleingeschriebenes Wort doch großgeschrieben werden?

AUF EIN ARTIKELWORT FOLGT GROSSSCHREIBUNG

Eine Substantivierung erkennt man am einfachsten am Artikel – *das* oder *ein*.

- Das Lernen fällt ihr leicht.
- Das Tückische an der Flut sind die Priele.
- Ihm fehlt das gewisse Etwas.
- Das Warum interessiert mich nicht.
- Ein Vielleicht ist besser als ein Nein.
- Ein Ah und Oh ging durch die Menge.

Nehmen wir noch die anderen Fälle hinzu – hier zwei Beispiele im Genitiv und Dativ:

- Sie verdächtigen ihn des Lügens.
- Sie lauschte dem Klickediklack des Zuges.

Neben *das* und *ein* gibt es weitere Artikelwörter. *Dein* und *dieses* könnten Sie durch *das* ersetzen, *kein* durch *nicht ein*.

- Dein Jammern ist erstaunlich.
- Dieses Durcheinander nervt mich.
- Kein Muss, nur ein Kann.

GROSSSCHREIBUNG NACH EINER PRÄPOSITION

Der Artikel kann auch in einer Präposition versteckt sein. *Im* können Sie auflösen zu *in dem*, *aufs* zu *auf das* und so weiter.

- Er lebt nur im Hier und Jetzt.
- Im Nachhinein ist man immer schlauer.
- Ich musste im Voraus zahlen.
- Beim Klettern bitte nicht trinken.
- Ich bin aufs Schlimmste gefasst.

☑ Hinweise für Großschreibung sind vor allem Artikelwörter und Präpositionen.

AUSNAHMEN

Von der Regel »Artikel spricht für Großschreibung« gibt es leider einige Ausnahmen. Dazu gehören Pronomen, Zahladjektive (hier sind beide Schreibweisen möglich) sowie Adjektive, die sich auf ein vorangegangenes Substantiv beziehen.

- Ich kenne die beiden nicht.
- Das ist die Intelligenz der **vielen** / Vielen.
- Dieser Weg ist der richtige.

Aber keine Sorge: Wir schauen uns alles Schritt für Schritt an.

1.1 Groß oder klein: Verben

Verben schreibt man nicht immer klein, denn sie können substantiviert werden. Das Tückische ist, dass so ein substantiviertes Verb bis auf den Anfangsbuchstaben genauso aussieht wie der kleingeschriebene Infinitiv. Bei Satz 1 und 2 lässt sich das noch gut unterscheiden, doch was ist mit Satz 3?

- Wir wollen morgen wandern gehen.
- Das Wandern ist des Müllers Lust.
- Ohne Frage – wandern / Wandern macht mir Spaß.

Das klären wir in den ersten drei Unterkapiteln:

1.1.1 Ständig bist du mit Saugen beschäftigt. Woran erkenne ich substantivierte Verben?

1.1.2 Laut bellen findet er gut. Wann bleibt es bei einem kleingeschriebenen Infinitiv?

1.1.3 Mitmachen ist besser als zuschauen. Was mache ich, wenn die Unterscheidung zwischen Infinitiv und Substantivierung nicht eindeutig ist?

Eine weitere Schwierigkeit tritt auf, wenn das substantivierte Verb zusätzliche Bestandteile aufnimmt. Die Regeln dazu erfahren Sie im vierten Unterkapitel:

> 1.1.4 Dein Schlaue-Sprüche-Klopfen nimmt langsam überhand. Was passiert, wenn zur Substantivierung weitere Bestandteile hinzukommen?

1.1.1 Ständig bist du mit Saugen beschäftigt.

→ Woran erkenne ich substantivierte Verben?

»Die Katze ist schon wieder aufs Sofa gesprungen.« Gerrit rückt vorsichtshalber ein Stück zur Seite.

»Schön«, strahlt Sina, während sie im Wohnzimmerschrank wühlt.

»Ich hab das Gefühl, ihr Alltag besteht nur aus Schlafen, Fressen und Haaren«, grummelt Gerrit. »Ständig bist du mit Saugen beschäftigt.«

Sina zieht den Handstaubsauger aus dem Schrank. »Was hast du gesagt?«

Gerrit wiederholt seine Bemerkung lieber nicht und denkt stattdessen darüber nach, ob man *Schlafen*, *Fressen*, *Haaren* und *Saugen* hier groß- oder kleinschreibt.

|| Gerrit kann sich an die Präpositionen halten; sie sind ein Zeichen für Großschreibung: *ein Alltag aus Schlafen, Fressen und Haaren; mit Saugen beschäftigt sein.*

Verben schreibt man klein. Sie können jedoch substantiviert werden, dann schreibt man sie groß. Eine Substantivierung lässt sich mithilfe verschiedener Marker erkennen.

A) ARTIKELWÖRTER

Besonders leicht erkennen Sie eine Substantivierung an dem Artikel *das*. Pronomen wie *dieses, dein* etc. gehören auch zu den Artikelwörtern, denn Sie könnten sie durch *das* ersetzen.

- Das Wandern ist des Müllers Lust.
- Dieses Bellen nervt.
- Dein Warten hat sich gelohnt.
- Unser Bangen ist das, was uns verbindet.

Mit einem unbestimmten Artikel geht es auch – da nehmen wir gleich mal *kein* dazu:

- Ein Zwinkern, ein Lächeln – und schon ist es um mich geschehen.
- Kein Lachen der Welt ist so schön wie deins.

Denken Sie außerdem noch an die anderen Fälle *(dem, des …).*

- Dem Trinken habe ich abgeschworen.
- Sie verdächtigen ihn des Lügens.

B) PRÄPOSITIONEN

In Präpositionen wie *aufs* oder *am* steckt jeweils ein Artikel (*das* oder *dem*):

- Zum Lachen geht er in den Keller.
- Beim Malen singen sie laute Lieder.
- Im Tanzen finde ich Erfüllung.
- Sie ist ständig am Putzen.
- Ich entscheide mich fürs Mitkommen.

Auch nach Präpositionen ohne Artikel schreibt man das Verb groß:

- Der Alltag meiner Katze besteht aus Schlafen und Fressen.
- Sie schwankt zwischen Hoffen und Bangen.
- Nur durch Probieren kommt man weiter.
- Damit haben Sie Erfolg ohne Lernen.
  Aber: Damit haben Sie Erfolg, ohne zu lernen.

C) VORANGESTELLTES ADJEKTIV

Ein sicheres Zeichen für Großschreibung ist schließlich ein vorangestelltes Adjektiv:

- Lautes Lachen mag er nicht.
- Langes Warten ist doch öde.

☑ Substantivierte Verben werden großgeschrieben. Ich erkenne sie am Artikel, an einer Präposition oder am vorangestellten Adjektiv.

1.1.2 Laut bellen findet er gut.

→ Wann bleibt es bei einem kleingeschriebenen Infinitiv?

»Nanu, wer ist das denn?« Sina schaut verwundert auf den kleinen schwarzen Hund, der schwanzwedelnd hinter Gerrits Beinen auftaucht.

»Mein Pflegedackel«, strahlt Gerrit. »Seine Besitzer können sich zurzeit nicht um ihn kümmern. So lange wohnt Tamino bei mir.«

»Wohl zu viel Mozart gehört«, murmelt Sina.

»Hm?« Gerrit hat den Wink nicht verstanden. Tamino rettet ihn, indem er anfängt zu bellen.

»Woah«, sagt Sina. »Laut bellen findet er schon mal gut.«

»Tamino, kscht!«, macht Gerrit. Und über den Lärm hinweg: »Ist *bellen* dann substantiviert?«

|| Gerrit hat das Adverb vor dem Verb vergessen. Das sollte ihm verraten, dass es sich um einen kleingeschriebenen Infinitiv handelt: *laut bellen*.

Ein substantiviertes Verb und ein einfacher Infinitiv sind formgleich bis auf den Anfangsbuchstaben – das macht die Entscheidung nicht immer leicht. Zum Glück gibt es für die Kleinschreibung zwei zuverlässige Marker.

A) VORANGESTELLTES *ZU*

Ein sicheres Zeichen für einen Infinitiv ist ein vorangestelltes *zu*:

- Zu singen macht mir Freude.
- Damit haben Sie Erfolg, ohne zu lernen.

B) VORANGESTELLTES ADVERB

Auch ein vorangestelltes Adverb zeigt, dass Sie das Verb kleinschreiben müssen.

- Reparieren ist nachhaltiger als neu kaufen.
- Laut bellen findet er gut.

Den Unterschied zwischen Adverb und Adjektiv erkennen Sie daran, ob die Form flektiert ist, ob also ein *-es* angehängt ist, oder nicht.

- *Mit Adverb:* Früh schlafen gehen mag ich nicht.
- *Mit Adjektiv:* Frühes Schlafengehen mag ich nicht.

EIN MARKER REICHT

Haben Sie zwei Verben und vor einem steht ein Marker, der auf Groß- oder Kleinschreibung hinweist, schreiben Sie das andere Verb genauso.

- Ja, singen und damit auftreten macht mir Freude.

Damit ist ein Adverb (schwer zu erkennen, ich weiß). Ergo müssen Sie *auftreten* kleinschreiben und *singen* ebenfalls.

☑ Ein Infinitiv mit *zu* oder Adverb wird immer kleingeschrieben. Adverbien erkenne ich daran, dass sie ohne Endung auftreten.

1.1.3 Mitmachen ist besser als zuschauen.

→ Was mache ich, wenn die Unterscheidung zwischen Infinitiv und Substantivierung nicht eindeutig ist?

»Muss ich wirklich da hoch?« Skeptisch schaut Gerrit auf die Boulderwand.

»Jetzt stell dich nicht so an«, grinst Sina und boxt ihn in die Seite. »Mitmachen ist immer besser als zuschauen.«

»Aber zuschauen«, murmelt Gerrit, »ist besser als Knöchel brechen.«

Sina würde ihn ja gerne weiter aufziehen, doch jetzt ist sie gedanklich woanders. »Was meinst du – schreibt man die Verben in diesen Konstruktionen groß oder klein?«

|| Beide Schreibweisen sind möglich. Ich empfehle die Kleinschreibung – *mitmachen ist besser als zuschauen, aber zuschauen ist besser als Knöchel brechen.*

Eben haben wir gesehen, dass es bestimmte Marker für die Groß- oder Kleinschreibung von Verben gibt. Oft fehlt ein solcher Marker jedoch – und dann ist die Entscheidung gar nicht so leicht.

GROSS ODER KLEIN?

Wie sieht es bei Sinas Bemerkung aus?

– MITMACHEN ist besser als ZUSCHAUEN.

Wir haben hier weder eine Präposition noch einen Artikel noch sonstige Hinweise. In diesem Fall hilft es nur, einen solchen Marker probeweise einzusetzen. Ergänzen Sie (in Gedanken) einen Artikel oder ein Adjektiv, haben Sie eine Substantivierung:

- Das Mitmachen ist besser als das Zuschauen.
- Spontanes Mitmachen ist besser als langes Zuschauen.

Ebenso könnten Sie aber mit *zu* oder Adverb erweitern; dann müssten Sie die Verben kleinschreiben:

- Mitzumachen ist besser, als zuzuschauen.
- Spontan mitmachen ist besser als lange zuschauen.

Also – Substantivierung oder nicht? Beide Ansätze sind möglich. Deshalb sind auch beide Schreibweisen erlaubt:

- Denn Mitmachen ist besser als Zuschauen.
- Denn mitmachen ist besser als zuschauen.

Um nicht unnötig zu substantivieren, würde ich mich für die Kleinschreibung entscheiden – zumal in meinen Ohren der Probesatz mit Adverbien ansprechender klingt als mit Adjektiven.

DAS VERB ALS SATZGEGENSTAND

Wenn ich »Mitmachen ist besser« sage, nimmt das Verb die Rolle des Satzgegenstandes ein. Wer oder was ist besser? *Mitmachen* ist besser. Genauso könnte ich sagen: »Kuchen ist besser.« Mein Verb kommt also fast in Gestalt eines Substantivs daher. Das macht die Irritation aus. So auch hier:

- Ja, KLETTERN macht ihr Freude.
  Ähnlich wie: Blumen machen ihr Freude.

Schreibe ich *KLETTERN* also groß oder klein? Nun, ich könnte sowohl *das* als auch *zu* ergänzen:

- Das Klettern macht ihr Freude.
- Zu klettern macht ihr Freude.

Möglich sind wieder beide Sichtweisen – und damit auch beide Schreibweisen.

AUFZÄHLUNGEN

Schauen wir uns noch ein paar typische Zweifelsfälle an. Dazu gehört eine Aufzählung von Verben:

- HACKEN, RÜHREN, PÜRIEREN – mit einem Stabmixer bereiten Sie im Handumdrehen Suppen zu.

Man könnte hier eine Substantivierung sehen, indem man etwa Adjektive ergänzt – *schnelles Hacken, gründliches Pürieren*. Doch ich würde immer empfehlen: Keine Substantivierung ohne Not. Belassen Sie es also ruhig bei den kleingeschriebenen Infinitiven.

- Hacken, rühren, pürieren – mit einem Stabmixer bereiten Sie im Handumdrehen Suppen zu.

Folgt die Aufzählung hingegen auf ein *sind*, ist in der Regel Großschreibung angebracht:

- Meine Hobbys sind Klettern, Singen und Stricken.
- Seine Aufgaben sind Füttern, Spielen und Gassigehen.

NACH *ALS*

Bereits unser Satz mit dem Zuschauen und Mitmachen war ein als-Satz. Diese Sätze sind typisch für Groß-klein-Verwirrungen. Nehmen wir noch ein Beispiel dazu:

- Ich hätte gedacht, TACKERN hält besser als KLEBEN.

Auch hier gilt wieder: Beides ist möglich.

- Ich hätte gedacht, das Tackern hält besser als das Kleben.
- Ich hätte gedacht, zu tackern hält besser, als zu kleben.

Denken Sie im letzten Satz an das Komma vor *als* – das wird nötig, wenn Sie mit *zu* erweitern.

NACH *OB*

Eine ähnliche Kopfnuss sind Konstruktionen mit *ob*. Groß- oder Kleinschreibung?

- Ob LACHEN oder WEINEN – Sie dürfen ruhig zeigen, was Sie fühlen.

Auch hier können Sie wahlweise mit Adjektiv oder Adverb erweitern:

- Ob lautes Lachen oder leises Weinen …
- Ob laut lachen oder leise weinen …

Wie eben schon würde ich mich für die kleingeschriebene Variante entscheiden, um die Verben nicht unnötig zu substantivieren.

Anders sieht es aus, wenn ein Substantiv mit vorkommt:

- Egal, ob Skifahren, Rodeln oder ein Schneespaziergang – der Winter bietet viele Möglichkeiten.

Da *Schneespaziergang* großgeschrieben wird, sollte man auch die Verben substantivieren.

☑ Kann eine Verb-Konstruktion sowohl als Substantivierung als auch als einfacher Infinitiv betrachtet werden, entscheide ich mich – mit wenigen Ausnahmen – eher für die Kleinschreibung.

1.1.4 Dein Schlaue-Sprüche-Klopfen nimmt langsam überhand.

→ Was passiert, wenn zur Substantivierung weitere Bestandteile hinzukommen?

»Na siehst du«, sagt Sina, als sie mit Gerrit die Kletterhalle verlässt. »Jetzt hast du dich doch an die Boulderwand getraut.«

»Ja, toll. Nur dass ich nicht hochgekommen bin.«

»Mach dir nichts draus – dabei sein ist alles«, grinst Sina.

»Dein Schlaue-Sprüche-Klopfen nimmt langsam überhand«, mault Gerrit.

»Schlaue-Sprüche-Klopfen.« Sina nickt zufrieden. »Wie schreibst du das?«

|| Wenn sich Gerrit als Rechtschreibexperte profilieren will, sollte er für Bindestriche und große Anfangsbuchstaben plädieren: *dein Schlaue-Sprüche-Klopfen*.

Oft tritt zu einem substantivierten Verb noch ein weiteres Wort hinzu, das mit ihm eine Gruppe bildet. Wie schreibt man eine solche Verbindung korrekt? Das stiftet gerne mal Verwirrung.

GROSS UND ZUSAMMEN

Bei kurzen, übersichtlichen Verbindungen schreiben Sie die Konstruktion groß und zusammen.

- Danke fürs Dabeisein.
  Nicht: Danke fürs *dabei Sein.

Wichtig ist es also, das vor dem substantivierten Verb stehende Wort mit anzufügen (hier: *dabei*).

Wie sieht es nun mit Sinas »schlauem Spruch« aus?

- Mach dir nichts draus – dabei sein ist alles.

Kleine Erinnerung an Kapitel 1.1.3: Ich belasse *dabei sein* hier als kleingeschriebenen Infinitiv, weil kein zwingender Grund für eine Substantivierung vorliegt. Anders bei *danke fürs Dabeisein*: Das Pronomen *fürs* (mit enthaltenem Artikel) zeigt uns an, dass das Verb substantiviert wird.

Zurück zu unseren substantivierten Wortgruppen. Schauen wir uns weitere Beispiele an:

- Frühes Schlafengehen mag ich nicht.
- Beim Kuchenbacken hatten wir viel Spaß.
- Die praktische Dose zum Selbstbefüllen.
- Das Radfahren habe ich schnell gelernt.
- Mit dem Zuendebringen tut sie sich schwer.
- Das Inkrafttreten der Regel wird verschoben.
- Dein Sprücheklopfen nimmt langsam überhand.
- Bei Bekanntwerden einer Rechtsverletzung werden wir die Inhalte entfernen.

Erinnern Sie sich an unsere Signalwörter für Großschreibung? Richtig: Artikelwort, Adjektiv und Präposition. Alles, was danach steht, wird zu einem Wort verbunden.

BEI LÄNGEREN KONSTRUKTIONEN: DURCHKOPPELN

Wird es unübersichtlich, sollten Sie durchkoppeln. Das ist meist ab drei Bestandteilen der Fall.

- Dein Schlaue-Sprüche-Klopfen nimmt langsam überhand.
- Das Durch-die-Blume-Sagen beherrscht sie perfekt.

Doch auch kürzere Konstruktionen können mit Bindestrich besser lesbar sein; Sie dürfen hier nach Geschmack entscheiden.

- Ich halte das für ein neuerliches Sichentziehen.
  Besser: Sich-Entziehen

RECHTSCHREIB-FALLSTRICKE

Schauen wir uns noch einmal die korrekte Schreibweise an. Beim Koppeln werden das erste Wort, das substantivierte Verb sowie natürlich alle enthaltenen Substantive großgeschrieben. Bei mehreren Verben wird nur das letzte großgeschrieben.

- Das Nicht-loslassen-Können ist bei ihr auffällig.
- Die Hängematte ist mein Platz zum Seele-baumeln-Lassen.

Beachten Sie dabei, was alles zur Verbgruppe dazugehört – nämlich alles nach dem Artikelwort oder der Präposition.

- Das Auf-die-lange-Bank-Schieben ist sein größtes Problem.
- Beim Aus-dem-Fenster-Schauen erhole ich mich am besten.

Falsch wäre also etwa: **das auf die lange Bank-Schieben, *beim aus dem Fenster-Schauen.*

Tritt ein Adjektiv hinzu, müssen Sie genauer hinschauen: Worauf bezieht es sich?

- Das ständige Auf-die-lange-Bank-Schieben ist sein größtes Problem.
- Dein Schlaue-Sprüche-Klopfen nimmt langsam überhand.

Bezieht sich das Adjektiv auf das Verb – *ständiges Schieben*? Dann steht es extra. Oder auf ein enthaltenes Substantiv – *schlaue Sprüche*? Dann wird gekoppelt.

☑ Bei Konstruktionen aus substantiviertem Verb und weiteren Bestandteilen gilt: Übersichtliche Verbindungen schreibe ich groß und zusammen. Ab drei Bestandteilen koppele ich durch und schreibe dabei auf jeden Fall das erste Wort und das substantivierte Verb groß.

WO IST DIE GRENZE?

Theoretisch können Sie so lange Konstruktionen bilden, wie Sie wollen:

- Das Von-der-Hand-in-den-Mund-Leben war schon immer ihre Philosophie.
- Dieses Kein-Blatt-vor-den-Mund-nehmen-und-niemandem-Honig-ums-Maul-schmieren-Wollen ist doch nur eine Masche.

Ist das noch guter Stil? Nein. Generell sollten Sie solche Bindestrich-Konstruktionen besser vermeiden. Die vielen Bindestriche stören das Schriftbild; außerdem handelt es sich um einen Nominalstil, der einen Text eher beschwert.

- Das ständige Auf-die-lange-Bank-Schieben ist sein größtes Problem.
  Besser: Sein größtes Problem ist, dass er die Dinge ständig auf die lange Bank schiebt.

1.2 Groß oder klein: Adjektive

Genau wie Verben können auch Adjektive substantiviert werden, dann schreibt man sie groß. Die Unterscheidung ist nicht immer leicht. So sehen die Adjektive in Satz 1 und 2 zwar fast gleich aus, Satz 1 beinhaltet jedoch eine Substantivierung.

- Das hat nicht geklappt – auf ein Neues.
- Das Passwort stimmt nicht, gibt es ein neues?

Wie Sie beides sicher unterscheiden, erfahren Sie in den ersten Unterkapiteln:

1.2.1 Glaubst du nicht, du hast schon genug Gutes getan? Woran erkenne ich, dass ein Adjektiv substantiviert ist?

1.2.2 Ein mutiger Vergleich, aber nicht der schlauste. Warum muss ich auf den Bezug des Adjektivs achten?

Genauer aufpassen müssen Sie, wenn eine Präposition hinzutritt *(zwischen, in, auf)*. Das klären wir im dritten Unterkapitel:

1.2.3 Ich kann dich schon von Weitem erkennen. Wie schreibe ich das Adjektiv nach einer Präposition?

Schließlich ist es wichtig, Superlative zu erkennen. Das vierte Unterkapitel hilft weiter:

1.2.4 Zu Hause ist es doch am schönsten. Was muss ich bei Superlativen beachten?

1.2.1 Glaubst du nicht, du hast schon genug Gutes getan?

→ Woran erkenne ich, dass ein Adjektiv substantiviert ist?

»Ich habe dir etwas mitgebracht«, strahlt Gerrit, als Sina ihm die Tür öffnet.

Sina bugsiert ihn erst mal ins Wohnzimmer. »Aha, und was?«

Gerrit zieht eine stattliche Buddha-Statue aus der Tasche. »Die habe ich gestern auf dem Flohmarkt geschossen.«

»Oh«, stammelt Sina. »So etwas Nettes aber auch. Und so, äh, groß. Aber glaubst du nicht, du hast mir schon genug Gutes getan?«

Gerrit ignoriert die Frage und schaut sich suchend nach einem geeigneten Platz für die Statue um. Hoffentlich ist das Ding leicht zerbrechlich, denkt Sina. Laut fragt sie: »Werden *Nettes* und *Gutes* hier großgeschrieben? Ja, oder?«

|| Sina hat den richtigen Riecher – *etwas Nettes* und *genug Gutes* schreibt man groß.

Genau wie Verben können auch Adjektive substantiviert werden. Wieder gibt es Marker, die Ihnen das anzeigen.

A) ARTIKELWÖRTER

Die einfachsten Marker sind die Artikelwörter – *das, ein, dieses, unser …*

- Das Tückische an der Flut sind die Priele.
- Das Gleiche habe ich dir auch schon gesagt.
- Auf ein Neues!
- Ich kann dieses Liebliche nicht ausstehen.
- Unseren Neuen hast du noch nicht kennengelernt.

Doch Achtung: Es gibt Fälle, in denen man das Adjektiv trotz Artikel kleinschreibt. Die Regeln dazu lesen Sie in Kapitel 1.2.2.

B) PRÄPOSITIONEN

Auch Präpositionen sind Marker für Großschreibung, vor allem wenn sie einen Artikel mit einschließen.

- Es bleibt alles beim Alten.
- Das ist ein komplettes Ökosystem im Kleinen.
- Er stört sich nicht am Komplizierten.

Ohne Artikel kann es anders aussehen – dazu mehr in Kapitel 1.2.3.

C) DEKLINIERTE EINZELSTELLUNG

Allein stehende, deklinierte Adjektive schreiben Sie ebenfalls groß.

- Du solltest nicht Böses mit Bösem vergelten.
- Ich möchte mal wieder Neues erleben.

D) MENGENANGABEN

Vor einer deklinierten Einzelstellung stehen oft Mengenangaben wie *alles, etwas, genug, nichts, viel* und *wenig*. Auf diese Signalwörter können Sie zusätzlich achten.

- Wir wünschen Ihnen alles Gute.
- Er hat wenig Konstruktives beigetragen.
- Ich habe viel Schönes erlebt.
- Sie hat genug Gutes getan.
- Ich habe nichts Neues gelernt.
- Er hat etwas Selbstloses getan.

☑ Substantivierte Adjektive schreibe ich groß. Eine Substantivierung erkenne ich vor allem am Artikelwort (das auch in einer Präposition stecken kann) und an Mengenangaben wie *alles, etwas, genug, nichts, viel* und *wenig*.

1.2.2 Ein mutiger Vergleich, aber nicht der schlauste.

→ Warum muss ich auf den Bezug des Adjektivs achten?

»Schau sie dir an«, haucht Sina.

»Deine Katze?«, fragt Gerrit verwirrt. »Was ist mit ihr?«

»Wie sie da sitzt und sich putzt. Diese Öhrchen!«, schwärmt Sina. »Meine Katze ist einfach die Schönste.«

»Dackel sind schöner«, zieht Gerrit sie auf.

»Das ist ein mutiger Vergleich – aber nicht der schlauste«, schlägt Sina zurück. »Dein Dackel ist ungefähr so majestätisch wie ein Stück Brot.«

Gerrit lacht. »Majestäthaftigkeit ist kein Kriterium. Aber sag mal: Schreibt man *die Schönste* und *der schlauste* groß oder klein?«

|| *Der schlauste* bezieht sich auf *Vergleich,* deshalb schreibt man das Adjektiv klein. Wenn Sina ihre Katze hingegen als *die Schönste* bezeichnet, meint sie damit das schönste Wesen überhaupt. Das Adjektiv steht für sich; es wird substantiviert und großgeschrieben.

Wir haben ja schon gesehen, dass man substantivierte Adjektive großschreibt. Doch manchmal täuscht der erste Eindruck. Um richtig zu schreiben, müssen Sie den Bezug prüfen.

BEZUGSFRAGEN

Ein substantiviertes Adjektiv erkennen Sie in der Regel am vorangestellten Artikel.

- Ich weiß nie, was das Richtige ist.
- Da kommt der Neue.
- Ein Schlauer ist der, der fragt.

Bezieht sich das Adjektiv jedoch auf ein vorangegangenes Substantiv, schreiben Sie es trotz Artikel klein:

- Dieser Weg ist der richtige.
- Der alte Stift schreibt ja gar nicht mehr, nimm doch den neuen.
- Das ist kein neuer Vorschlag, aber ein schlauer.

Richtig bezieht sich auf *Weg, neu* auf *Stift, schlau* auf *Vorschlag* – daher Kleinschreibung.

UNABHÄNGIGE ADJEKTIVE

Nicht immer bedeutet ein vorangehendes Substantiv allerdings, dass sich das Adjektiv darauf bezieht. Schauen wir uns dazu die folgenden Sätze an:

- Endlich sprach Markus die beiden Frauen an. Die jüngere reagierte genervt.
- Endlich sprach Markus die Frau an. Die Angesprochene reagierte genervt.

Im ersten Fall unterscheide ich zwischen zwei Frauen: einer älteren und einer jüngeren. Im zweiten Beispiel habe ich eine solche Unterscheidung nicht, denn es gibt ja nur eine Frau. *Die Angesprochene* wird als Synonym für *Frau* verwendet, es steht für sich allein.

DER KONTEXT ENTSCHEIDET

Betrachtet man einen Satz isoliert, ist nicht immer klar, ob sich das Adjektiv auf das vorangehende Substantiv bezieht oder unabhängig ist.

- Dieses Essen ist das beste / Beste.

Kleingeschrieben meine ich das *beste Essen* – etwa, wenn ich meiner Begleitung einen Tipp geben möchte, welches Gericht auf der Karte am besten schmeckt. Großgeschrieben meine ich *das Beste*, was ich mir überhaupt nur vorstellen kann. Ich benötige also den Kontext, um über die richtige Schreibweise zu entscheiden.

Ähnlich liegt der Fall auch hier:

- Meine Katze ist die schönste / Schönste.

Stellen wir uns ein Forum vor, in dem Katzenhalter*innen stolz Fotos ihrer Tiere posten. Dann könnte ich sagen: »Meine Katze ist die schönste.« *Die schönste Katze* meine ich dann – unter den vorgestellten Katzen. Bei Sinas Bemerkung hingegen gibt es einen solchen Kontext nicht. Sie meint das schönste Wesen überhaupt – dann schreibt man *die Schönste* groß.

☑ Bezieht sich ein Adjektiv auf ein vorangegangenes Substantiv, schreibe ich es trotz Artikel klein: *Dieser Weg ist der richtige*. Ob dieser Bezug gegeben ist oder das Adjektiv unabhängig zu betrachten ist, muss ich individuell prüfen.

1.2.3 Ich kann dich schon von Weitem erkennen.

→ Wie schreibe ich das Adjektiv nach einer Präposition?

»Was hast du denn da auf dem Kopf?« Sina starrt irritiert auf Gerrits Hut.

»Den trage ich, damit du mich schon von Weitem erkennst«, grinst Gerrit. »Du bist doch so gesichtsblind.«

»Sehr gut«, feixt Sina. »Wenn ich dich von fern erkenne, kann ich rechtzeitig Reißaus nehmen.«

Da Gerrit keine schlagfertige Antwort mehr einfällt, wechselt er schnell das Thema: »Schreibt man *von Weitem* und *von fern* eigentlich groß oder klein?«

|| Bei *von Weitem* empfiehlt der Duden die Großschreibung. *Von fern* müssen Gerrit und Sina hingegen kleinschreiben.

Präposition plus Adjektiv – was machen wir daraus? Wenn die Präposition einen Artikel beinhaltet, ist der Fall klar: Das Adjektiv wird substantiviert und muss großgeschrieben werden.

- Es bleibt alles beim Alten.
- Du kannst dich jederzeit fürs Richtige entscheiden.

Schwieriger liegt der Fall, wenn kein Artikel drinsteckt. Hier müssen wir zunächst unterscheiden, ob das Adjektiv dekliniert ist *(von Weitem)* oder in der Grundform steht *(von fern)*.

WENDUNGEN MIT DEKLINIERTEM ADJEKTIV

Nehmen wir uns als Erstes bestimmte Wendungen aus Präposition und dekliniertem Adjektiv vor. Diese Fügungen können Sie groß- oder kleinschreiben. Der Duden empfiehlt die Großschreibung.

- Diese Regelung gilt bis auf **Weiteres** / weiteres.
- Ich werde dir das nicht von **Neuem** / neuem erklären.
- Ich habe dich schon von **Weitem** / weitem erkannt.
- Sie hat es schon seit **Längerem** / längerem gewusst.
- Das habe ich binnen **Kurzem** / kurzem erledigt.

In meinen Augen ist die Großschreibung die plausiblere Wahl, da allein stehende, deklinierte Adjektive schließlich auch großgeschrieben werden:

- Bald erfährst du Weiteres.
- Er ist Neuem gegenüber stets aufgeschlossen.

WENDUNGEN MIT GRUNDFORM

Anders sieht es aus, wenn das Adjektiv in der Wendung nicht dekliniert wird, also in seiner Grundform auftritt. Dann wird es kleingeschrieben:

- Sie kamen von nah und fern.
- Über kurz oder lang wird er pleitegehen.
- Sie sind zusammen durch dick und dünn gegangen.

Da man normalerweise nicht auf die Idee kommen würde, nicht deklinierte Adjektive großzuschreiben, sollte die Kleinschreibung leichtfallen.

AUSNAHME: PERSONEN

Nun gibt es aber eine Ausnahme. Wenn Personen gemeint sind, schreibt man das Adjektiv doch wieder groß.

- Der Konflikt zwischen Arm und Reich geht in die nächste Runde.

Eigentlich müssten *arm* und *reich* ja kleingeschrieben werden: Wir haben eine Verbindung aus einer Präposition *(zwischen)* und nicht deklinierten Adjektiven (*arm* und *reich*). Aber es sind Personen gemeint, die Armen und die Reichen – deshalb doch Großschreibung.

Der Duden erklärt das übrigens so, dass die Verbindung auch ohne Präposition stehen könnte:

- Arm und Reich stehen im ständigen Konflikt miteinander.

Ich finde die Personenerklärung aber einfacher zu merken. Weitere Beispiele:

- Beliebt bei Groß und Klein.
- Das ist ein Spaß für Jung und Alt.

☑ Tritt eine Präposition zum Adjektiv, muss ich zwischen dekliniert und nicht dekliniert unterscheiden. Deklinierte Adjektive schreibe ich am besten groß, nicht deklinierte muss ich kleinschreiben – es sei denn, es sind Personen gemeint.

1.2.4 Zu Hause ist es doch am schönsten.

→ Was muss ich bei Superlativen beachten?

»Hey!« Mit einem Teller Tiramisu kommt Sina in den Flur gestolpert.

Nervös blickt Gerrit zur Ausgangstür.

»Gehst du etwa schon?«, fragt Sina vorwurfsvoll. »Es ist noch nicht mal neun.«

Gerrit widmet sich schnell seinen Schnürsenkeln. »Ich habe mich ja aufs Beste auf deiner Party amüsiert, ehrlich. Aber zu Hause ist es doch am schönsten.«

Bevor Sina etwas erwidern kann, ist Gerrit aus der Tür getreten. Ob man *aufs Beste* und *am schönsten* groß- oder kleinschreibt – darüber wird er auf dem Heimweg nachdenken.

|| Gerrit erkennt sicherlich, dass es sich bei beiden Ausdrücken um Superlative handelt. *Am schönsten* schreibt man klein. Bei *aufs Beste/beste* sind beide Schreibweisen erlaubt.

In Kapitel 1.2.1 haben wir gesehen, dass in einer Präposition wie *am* oder *aufs* ein Artikel versteckt ist *(an dem, auf das)* und man das darauffolgende Wort deshalb großschreibt. Dennoch heißt es:

- Es geht ihm am besten, wenn er jetzt geht.
- Er hat sich aufs **Beste** / beste amüsiert.

Das liegt daran, dass wir es hier mit einem anderen grammatischen Konzept zu tun haben, nämlich dem Superlativ.

DER SUPERLATIV MIT *AM*

Schauen wir uns erst mal den Fall mit *am* an. Löse ich dieses *am* zu Präposition plus Artikel auf, ergibt der Satz keinen Sinn mehr:

- *Nicht:* Es geht ihm *an dem besten, wenn er jetzt geht.

Das gibt uns den Hinweis, dass es sich hier um einen Superlativ handelt: *gut, besser, am besten*. Und Superlative schreibt man klein. So weit, so klar? Noch zwei Beispiele:

- Zu Hause ist es am schönsten.
- Sie haben die Spende am nötigsten.

FÄLLE MIT GROSSSCHREIBUNG

Doch Achtung: Es gibt es auch Fälle mit Großschreibung.

- Er misst seine Leistungen stets am Besten seiner Klasse.
- Ausgerechnet am Einfachsten habe ich mir die Zähne ausgebissen.
- Es fehlt ihnen am Nötigsten.

Hierbei handelt es sich *nicht* um Superlative mit *am*. Ich könnte auflösen zu:

- Er misst seine Leistungen stets an dem Besten seiner Klasse.
- Ausgerechnet an dem Einfachsten habe ich mir die Zähne ausgebissen.
- Es fehlt ihnen an dem Nötigsten.

Wir haben es hier mit substantivierten Adjektiven im Superlativ zu tun: Es geht um *den Besten*, *das Einfachste* und *das Nötigste*. Die Präposition *am* kommt nur zufälligerweise mit dem Verb mit.

TESTFRAGEN

Ein weiterer Test: Superlative lassen sich mit *wie* erfragen.

- Wie geht es ihm? Es geht ihm am besten.
- Wie ist es zu Hause? Es ist am schönsten.
- Wie haben sie es? Sie haben es am nötigsten.

Bei den substantivierten Adjektiven lautet das Fragewort hingegen *woran*:

- Woran misst er sich? Er misst sich am Besten.
- Woran habe ich mir die Zähne ausgebissen? Am Einfachsten.
- Woran fehlt es ihnen? Am Nötigsten.

AUFS BESTE

Und was machen wir mit *aufs Beste*? Superlative können auch in festen adverbialen Wendungen mit *aufs* auftreten. In dem Fall sind beide Schreibweisen erlaubt, wobei der Duden die Großschreibung empfiehlt:

- Er hat sich aufs **Beste**/beste amüsiert.
- Ich bin aufs **Äußerste**/äußerste gespannt.
- Wir wurden aufs **Schlimmste**/schlimmste getäuscht.

Wieder müssen wir unterscheiden zwischen dieser und der substantivierten Form:

- Ich habe mich aufs Schlimmste eingestellt.

Testen können Sie das auch hier, indem Sie versuchen, den Satz mit *wie* zu erfragen.

- Wie hat er sich amüsiert? Aufs **Beste**/beste.
- Wie wurden wir getäuscht? Aufs **Schlimmste**/schlimmste.
- *Jedoch nicht:* *Wie habe ich mich eingestellt?
  Sondern: Worauf habe ich mich eingestellt? Aufs Schlimmste.

Mithilfe der Testfragen können Sie erkennen, wann es sich um eine feste Wendung aus Superlativ und *aufs* handelt *(wie?)* und wann Sie es mit einem substantivierten Adjektiv zu tun haben *(worauf?)*.

Machen Sie es sich ruhig leicht, indem Sie nach *aufs* immer großschreiben. Nur bei der Konstruktion mit *am* müssen Sie aufpassen. Superlative sind hier aber deutlich häufiger anzutreffen; meist ist also Kleinschreibung richtig.

☑ Superlative wie *am besten* oder *am schönsten* schreibe ich klein. Ich kann sie mit *wie* erfragen. Nach *aufs* merke ich mir am besten Großschreibung.

1.3 Groß oder klein: Pronomen und Zahladjektive

Pronomen und Zahladjektive sind deshalb so tückisch, weil für sie andere Regeln gelten als für Adjektive, sie den Adjektiven aber gleichzeitig sehr ähnlich sehen.

Schauen wir uns erst einmal an, was Pronomen überhaupt sind. *Pro* bedeutet »für«. Pronomen stehen stellvertretend *für* ein Substantiv. Beispiel: Er bellte – dann steht das Personalpronomen *er* für *der Hund*.

Pronomen können aber auch zusammen mit Substantiven auftreten und sie dabei näher bestimmen, so wie Possessivpronomen. Beispiel: Das ist *mein* Haus.

Dass Sie *er* und *mein* kleinschreiben müssen, wissen Sie. Dennoch gibt es auch bei den Personal- und Possessivpronomen Fälle mit Großschreibung. Die Regeln dazu erkläre ich im ersten Unterkapitel:

> 1.3.1 Seit wann bist du mit ihr per Du? Wann schreibe ich Personalpronomen groß?

Andere Pronomen sind deutlich schwieriger zu erkennen – Wörter wie *niemand, jemand, manches, einiges, etliches* … Diese sogenannten Indefinitpronomen werden wie Substantive oder substantivierte Adjektive eingesetzt, schreiben sich aber immer klein. So kommt es zu Sätzen wie:

– Ich habe Verschiedenes ausprobiert.
– *Aber:* Ich habe einiges ausprobiert.

Warum schreibt man *Verschiedenes* groß, *einiges* aber klein? Diese Frage klären wir hier:

> 1.3.2 Tja, manches verstehen nur Hundebesitzer. Woran erkenne ich Indefinitpronomen?

Die Wörter *ein*, *andere*, *viel* und *wenig* nehmen eine Sonderrolle ein, da hier unter bestimmten Voraussetzungen auch Großschreibung erlaubt ist – und zwar dann, wenn man sie als unbestimmte Zahladjektive begreift. Wie Sie mit dieser Sonderrolle umgehen, erfahren Sie im dritten und letzten Unterkapitel:

> 1.3.3 Das meiste habe ich gar nicht mitbekommen. Was sind unbestimmte Zahladjektive und wie schreibe ich sie richtig?

1.3.1 Seit wann bist du mit ihr per Du?

→ Wann schreibe ich Personalpronomen groß?

»Hoppla, hat dir die Verkäuferin da gerade einen Zettel zugesteckt?«, fragt Sina.

»Äh, ja.«

»Zeig mal.« Sina nimmt Gerrit den Zettel aus der Hand und liest vor: »›Wenn Du mal einen Kaffee trinken möchtest, ruf mich an.‹ Pff. Seit wann bist du mit der per Du? Und *Du* auch noch großgeschrieben. Das ist doch falsch.«

»Nee nee, das ist schon richtig«, widerspricht Gerrit. »Und außerdem ganz süß.«

Sina gibt ein verärgertes Schnauben von sich.

»Worüber ärgerst du dich jetzt?«, grinst Gerrit. »Über deine Rechtschreibschwäche oder den Flirtversuch?«

|| Gerrits Verehrerin lag richtig damit, das *Du* großzuschreiben. Kleinschreibung ist aber auch erlaubt. Bei der Wendung *mit jemandem per Du sein* empfiehlt der Duden die Großschreibung.

Du, dir, dein, ihr, euch, euer: Wann darf man Personal- und Possessivpronomen großschreiben? Gerade in der Werbung wird die Anredeform *Du* gerne großgeschrieben – korrekt ist das nicht.

GROSSSCHREIBUNG NUR IN PERSÖNLICHEN ANSCHREIBEN

Eine Wahlmöglichkeit besteht nur in persönlichen Anschreiben. Zu solchen Anschreiben zählen neben Briefen auch Mails und Handynachrichten. Hier dürfen Sie die Pronomen der 2. Person groß- oder kleinschreiben.

- Wie geht es dir / Dir?
- Ich hoffe, dein / Dein Tag war nicht zu anstrengend.
- Seid ihr / Ihr gut nach Hause gekommen?

In allen anderen Fällen gilt Kleinschreibung. Dennoch ist die Großschreibung in der Werbung immer noch weitverbreitet. So soll suggeriert werden, dass es sich um einen persönlichen Kontakt handele – was aber gar nicht der Fall ist.

- *Falsch:* Das Beste für *Dich und *Dein Tier.
  Richtig: Das Beste für dich und dein Tier.

Genauso verhält es sich in Blogbeiträgen oder Social-Media-Postings. Sie wenden sich hier nicht wirklich an eine bestimmte Person. Schreiben Sie daher *du* immer klein.

Ob Sie sich bei persönlichen Nachrichten für die Groß- oder Kleinschreibung entscheiden, bleibt Ihnen überlassen. Leichter finde ich es, sich einfach durchgängig die Kleinschreibung anzugewöhnen. So kommt man nicht durcheinander.

Die Höflichkeitsform *Sie, Ihnen, Ihr* etc. schreibt sich natürlich groß:

- Ich denke, Sie können Ihr Geschenk wieder einpacken.

SUBSTANTIVIERUNGEN

Doch Achtung: Personalpronomen können auch substantiviert werden, dann schreibt man sie groß. Sie erkennen die Substantivierung am Artikel oder an einer vorangehenden Präposition.

- Er hat mir das Du angeboten.
- Sie können mich mit Du anreden.
- Ich stehe mit ihr auf Du und Du.

Die Wahl haben Sie hier:

- Wir können **Du** / du zueinander sagen.
- Seit wann sind wir per **Du** / du?

Der Duden empfiehlt die Großschreibung, die ich auch einfacher zu merken finde.

☑ Personal- und Possessivpronomen wie *du, dein, ihr* etc. schreibe ich klein (außer sie sind substantiviert). In einem persönlichen Anschreiben – und nur dort – kann ich mich auch für die Großschreibung entscheiden.

1.3.2 Tja, manches verstehen nur Hundebesitzer.

→ Woran erkenne ich Indefinitpronomen?

»Geht es mal weiter?« Sina tritt ungeduldig auf der Stelle.

»Moment, Moment«, antwortet Gerrit, die Leine in der Hand. »Ich glaube, Tamino hat was gefunden.«

»Der Hund hat nur keine Lust, weiterzulaufen.«

»Tja, manches verstehen halt nur wir Hundebesitzer«, gibt Gerrit zurück.

»Aber Entscheidendes auch nicht«, grinst Sina. »Ganz schön große Töne für jemanden, der vor Kurzem noch nicht mal wusste, wo beim Dackel das Ende ist.«

»He!«, empört sich Gerrit. »Apropos große Töne: Schreibt man *manches* und *Entscheidendes* eigentlich beides groß?«

|| Wenn Gerrit *Entscheidendes* nicht versteht, hat er es mit einem großgeschriebenen substantivierten Adjektiv zu tun. Das Pronomen *manches* schreibt man hingegen immer klein.

Indefinitpronomen kommen zum Einsatz, wenn Sie eine Person oder einen Sachverhalt nicht genauer bestimmen können oder wollen (*indefinit* bedeutet »unbestimmt«). Dazu gehören: *jemand, niemand, etwas, manches, nichts, alle, jeder, mehrere, etliche, einige* ... Auch *ein, andere, viel* und *wenig* lassen sich dazurechnen. Wir behandeln sie allerdings im nächsten Kapitel noch einmal gesondert.

PRONOMEN SCHREIBT MAN KLEIN

Pronomen sind ganz schön tückisch: Sie werden im Satz wie Substantive oder substantivierte Adjektive eingesetzt, schreiben sich aber klein.

- Ich habe dir einiges zu berichten.
- Trotz unseres Aufrufs sind etliche nicht gekommen.

- Doch manches werden wir wohl nie verstehen.
- Ich kann die beiden nicht ausstehen.
- Ein jeder tut, was er kann.
- Ach, ich habe gestern so dieses und jenes gemacht.

Besonders schwer ist die Abgrenzung von den großgeschriebenen substantivierten Adjektiven:

- Ich habe dir einiges zu berichten.
- *Aber:* Ich habe dir Diverses/Verschiedenes zu berichten.

- Leider sind etliche nicht gekommen.
- *Aber:* Leider sind Einzelne nicht gekommen.

Divers, verschieden und *einzeln* sind Adjektive. Sie lassen sich substantivieren.

PRONOMEN ODER ADJEKTIV? DER TEST

Zum Glück gibt es einen schlauen Trick, um zu testen, ob es sich um ein Pronomen oder ein substantiviertes Adjektiv handelt. Dazu nehmen Sie sich das Wort und setzen es zusammen mit einem bestimmten Artikel vor ein Substantiv, behandeln es also wie ein Adjektiv. Unser erstes Testwort ist *verschieden*:

- Ich habe die verschiedenen Pralinen probiert.

Ja, das geht. Es handelt sich demnach um ein Adjektiv. Sie können es substantivieren und schreiben es dann groß:

- Ich habe Verschiedenes probiert.

Nächstes Testwort: *einige*.

– Ich habe *die einigen Pralinen probiert.

Sie merken sicher: Da stimmt etwas nicht. Es handelt sich um ein Pronomen, und das muss man immer kleinschreiben.

– Ich habe einiges probiert.

Für mich eine super Eselsbrücke. Ganz ohne Ausnahmen funktioniert sie allerdings nicht. Nehmen wir uns einmal *beide* vor:

– Ich habe die beiden Pralinen probiert.

Das weist auf ein Adjektiv hin, aber trotzdem ist es ein Pronomen und wird immer kleingeschrieben:

– Ich habe beides probiert.
– Ich habe die beiden probiert.

Zuverlässig ist die Eselsbrücke also nur in einer Richtung: Hört sich der Testsatz falsch an, gilt auf jeden Fall Kleinschreibung. Hört er sich richtig an, ist dennoch etwas Vorsicht geboten. Im Zweifel schlagen Sie lieber nach.

☑ Indefinitpronomen werden kleingeschrieben. Gängige Wörter merke ich mir am besten: *einige[s], manche[s], beide, jede[r] ...*

PARALLELFORM ALS SUBSTANTIV

Noch eine Einschränkung muss ich machen: Manche Wörter existieren auch als Substantiv.

- Ich habe dir etwas mitgebracht.
- *Aber:* Sie hat das gewisse Etwas.

- Ich habe dir nichts mitgebracht.
- *Aber:* Hinter dem Nebel liegt das Nichts.

Das Etwas und *das Nichts* sind hier keine Pronomen, sondern Substantive, zu erkennen am Artikel.

1.3.3 Das meiste habe ich gar nicht mitbekommen.

→ Was sind unbestimmte Zahladjektive und wie schreibe ich sie richtig?

»Wow, das hat gutgetan.« Mit einem entrückten Seufzer tritt Sina mit Gerrit durch die Theaterpforten ins Freie.

»Oh ja«, stimmt Gerrit ihr zu. »Ich hatte echt ein Schlafdefizit.«

»Sehr witzig.«

»Nein, im Ernst«, grinst Gerrit. »Das meiste habe ich gar nicht mitbekommen.«

Sina will ihn einen Kulturbanausen nennen, doch eine andere Frage erscheint ihr dringender: »Wie schreibt man eigentlich *das meiste*? Ich hab's eher klein vor Augen, auch wenn der Artikel für Großschreibung spricht.«

|| Sina kann ihrem ersten Impuls folgen und *das meiste* kleinschreiben; so empfiehlt es der Duden. Möglich ist aber auch die Großschreibung.

Unter den Indefinitpronomen nehmen *ein* und *andere* sowie *viel* und *wenig* eine Sonderrolle ein. Sie lassen sich nämlich auch als unbestimmte Zahladjektive begreifen. Das führt dazu, dass man sie unter bestimmten Voraussetzungen großschreiben darf.

KLEIN ODER GROSS?

In der Regel ist auch bei *ein, andere, viel* und *wenig* (mit den Steigerungsformen *das meiste* und *das wenigste*) Kleinschreibung richtig:

- Ich muss ihm unter anderem noch ein Buch zurückgeben.
- Das eine hat mit dem anderen nichts zu tun.
- Sie muss noch vieles lernen.
- Einige wenige waren gekommen.
- Daran glauben doch die wenigsten.

Der Duden erlaubt jedoch *auch* die Großschreibung, wenn Sie den substantivischen Charakter besonders betonen möchten. Möglich sind in dem Fall beide Schreibweisen:

- Das **meiste** / Meiste habe ich gar nicht mitbekommen.
- Das ist die Intelligenz der **vielen** / Vielen.
- Sie übt sich in Verzicht und lernt das **wenige** / Wenige zu schätzen.
- Ihn lähmt die Angst vor dem **anderen** / Anderen.
- Er ist für sie der **eine** / Eine.

Oft soll mit der Großschreibung hervorgehoben werden, dass kein unbestimmtes Zahlwort im engeren Sinne gemeint ist. Es geht um die breite Masse der *Vielen*, um das unbekannte *Andere*, um den *Einen* als den einzig Richtigen und darum, mit dem *Wenigen* auszukommen. Der Normalfall sind solche Sätze jedoch nicht.

☑ Die Wörter *viel, wenig, ein* und *andere* werden in der Regel kleingeschrieben. Wenn ich den substantivischen Charakter besonders betonen möchte, ist auch die Großschreibung erlaubt. Aufgrund der schwierigen Abgrenzung merke ich mir jedoch besser die Kleinschreibung.

DEN BEZUG BEACHTEN

Achtung: Bezieht sich das Zahladjektiv auf ein vorangegangenes Substantiv, gilt das Gleiche, was wir in Kapitel 1.2.2 bei den Adjektiven gesehen haben – es muss kleingeschrieben werden.

- Manche Menschen sind toporganisiert; ich gehöre zu den anderen.
- Ich habe schon viele Stücke gesehen, doch nur wenige haben mich interessiert.

Hier können wir im Kopf ergänzen: *die anderen Menschen, die wenigen Stücke*. Deshalb gilt auf jeden Fall Kleinschreibung.

1.4 Groß oder klein: Adverbien, Partikeln und andere Sonderfälle

Wir haben uns bisher angeschaut, wann Verben und Adjektive großgeschrieben werden, was Zahladjektive sind und warum Pronomen in der Regel kleingeschrieben werden. Jetzt soll es um Wörter gehen, die sich nicht so leicht einer bestimmten Wortart zuordnen lassen – Wörter wie *nein* oder *danke.*

Tatsächlich handelt es sich dabei um Partikeln. Partikeln zeichnen sich dadurch aus, dass sie nicht dekliniert werden können, also ihre Form nie verändern. Auch Adverbien und Interjektionen haben diese Eigenschaft.

- Beispiele für Partikeln: *ja, nein, danke, jetzt*
- Beispiele für Adverbien: *warum, hier, oft, jetzt*
- Beispiele für Interjektionen: *hallo, ah, huch*

Der Begriff *Partikel* kann daneben als zusammenfassende Bezeichnung für alle nicht flektierbaren Wortarten verwendet werden; dann umfasst er auch Adverbien und Interjektionen.

Über die Unterscheidung brauchen wir uns also nicht den Kopf zu zerbrechen. Sie spielt auch für unsere Groß-oder-klein-Regeln keine Rolle. Die richtige Schreibweise betrachten wir hier:

1.4.1 Du musst nur das Innen mit dem Außen in Einklang bringen. Woran erkenne ich substantivierte Adverbien und Partikeln?

Im zweiten Unterkapitel greife ich noch einmal ein paar häufige Partikeln heraus:

1.4.2 Jetzt darf man nicht mal mehr Nein sagen. Wie schreibe ich Partikeln wie *ja, nein, danke* und *hallo*?

In den nächsten beiden Unterkapiteln geht es um kleingeschriebene Wörter, die ansonsten formgleich mit Substantiven sind: *recht, leid, schuld, angst, klasse, spitze, zeit*. Die richtige Wortart – und ergo Schreibweise – bereitet hier oft Probleme. *Recht* und *leid* sind zum Beispiel Adjektive, aber die Adjektiv-Regeln allein reichen nicht aus. *Angst* und *schuld* sind gar keiner Wortart zuzuordnen. Nach der Lektüre sind Sie schlauer:

1.4.3 Man kann dir aber auch nichts recht machen. Wann schreibe ich *recht* klein?

1.4.4 Bin ich etwa schuld? Wann schreibe ich *schuld, angst, leid, klasse* und ähnliche Fälle klein?

1.4.1 Du musst nur das Innen mit dem Außen in Einklang bringen.

→ Woran erkenne ich substantivierte Adverbien und Partikeln?

»Nachdem ich mir deinetwegen beim Bouldern fast den Knöchel gebrochen hätte«, bemerkt Gerrit, »könntest du mich ja mal zum Yoga begleiten.«

Mit gerunzelter Stirn faltet Sina einen zerknitterten Papierbogen auf und wieder zu. »So … nee. Mist. Wieder falsch.«

Seufzend blickt sie auf. »Wenn ich noch nicht mal genug Geduld für Origami aufbringe, wie soll ich es dann in einer Yogaklasse aushalten?«

»Du musst nur das Innen mit dem Außen in Einklang bringen.« Gerrit stellt einen perfekt gefalteten Schwan auf den Tisch. »Dann klappt das schon.«

Sina zerknüllt ihr Papier, um es nach Gerrit zu werfen. Bevor ihr noch mehr Blätter zum Opfer fallen, lenkt Gerrit sie schnell ab: »Was meinst du – schreibt man *Innen* und *Außen* hier groß?«

|| Gerrit ist auf der richtigen Piste: Wenn Sina *das Innen* mit *dem Außen* in Einklang bringt, müssen die Adverbien im Satz großgeschrieben werden.

Neben den Verben und Adjektiven können auch nicht flektierbare Wortarten (Partikeln) substantiviert werden – etwa Adverbien wie *innen* und *außen*. Solch eine Substantivierung zu erkennen, ist gar nicht so schwer: Wir müssen uns nur an unsere bisher betrachteten Regeln erinnern.

AUF EINEN ARTIKEL FOLGT GROSSSCHREIBUNG

Wird ein Artikel *(das, ein …)* oder ein Personalpronomen *(dein, sein …)* vor ein Wort gesetzt, ist das in der Regel das Signal für Großschreibung.

- Ihm fehlt das gewisse Etwas.
- Ein Vielleicht ist besser als ein Nein.
- Ein Ah und Oh ging durch die Menge.
- Das Innen und das Außen sollten im Einklang stehen.
- Dein Warum interessiert mich nicht.
- Es hat beides sein Für und Wider.

Nehmen wir noch die anderen Fälle hinzu *(dem, des)*, ebenso wie *dieses*, das man gut durch *das* ersetzen könnte. Dazurechnen müssen wir außerdem *kein* – darin steckt *nicht ein*.

- Dem Warum will ich stets auf den Grund gehen.
- Dieses Durcheinander nervt mich.
- Kein Muss, nur ein Kann.

GROSSSCHREIBUNG NACH EINER PRÄPOSITION

Der Artikel kann auch in einer Präposition versteckt sein. *Im* können Sie auflösen zu *in dem, aufs* zu *auf das* und so weiter.

- Im Nachhinein ist man immer schlauer.
- Ich musste im Voraus zahlen.
- Er lebt nur im Hier und Jetzt.
- Ich bin aufs Später gefasst.
- Ich störe mich nicht am Warum.

Manchmal steht die Präposition auch ohne Artikel; dann gilt ebenfalls die Großschreibung:

- Ich helfe dir ohne Wenn und Aber.

☑ Wörter, die von einem Artikel, einem Personalpronomen oder einer Präposition begleitet sind, schreibe ich in der Regel groß.

1.4.2 Jetzt darf man nicht mal mehr Nein sagen.

→ Wie schreibe ich Partikeln wie *ja, nein, danke* und *hallo*?

»Ja, hallo?« Sinas Stimme tönt durch die Gegensprechanlage.

»Kommst du runter?«

»Oh. Gerrit.«

»Wir wollten doch zum Yoga, schon vergessen?«

»Vielen Dank für das Angebot, aber nein danke.«

»Sina!«

»Ich seh schon, jetzt darf man nicht mal mehr Nein sagen«, mault Sina durch den Lautsprecher. »Na gut, ich komme.«

Während Gerrit unten auf sie wartet, überlegt er, wie man *hallo, nein danke* und *Nein sagen* wohl schreibt.

|| Da keine Substantivierung erkennbar ist, könnte Gerrit erst mal auf Kleinschreibung tippen. Für *hallo* und *nein danke* stimmt das auch. In Verbindung mit dem Verb *sagen* hat er die Wahl: *Nein sagen* oder *nein sagen*.

Wann gilt bei den genannten Partikeln Großschreibung, wann Kleinschreibung? Das schauen wir uns jetzt einmal genauer an.

PARTIKELN OHNE VERB

Partikeln wie *ja, nein, danke* und *hallo* schreibt man klein, solange sie ohne Verb stehen:

- Liebe Frau Sonnenschein, danke für die guten Wünsche.
- Vielen Dank für Ihr Angebot, aber nein danke.
- Da mache ich mit, au ja.
- Ach ja, das waren schöne Zeiten.
- Hallo, Herr Blech, hallo, Frau Kuchen.

SUBSTANTIVIERTE PARTIKELN

Partikeln können jedoch auch substantiviert werden. So kommt es, dass *danke schön* in Satz 1 getrennt und kleingeschrieben wird, in Satz 2 jedoch zusammen und groß:

- Liebe Frau Sonnenschein, danke schön für die nette Karte.
- Wir senden ein herzliches Dankeschön.

Auch unsere anderen Partikeln können substantiviert werden:

- Ich brauche noch dein Ja.
- Ein Nein kann ich nicht akzeptieren.
- Ihr Danke kam von Herzen.
- Sie wurden mit großem Hallo begrüßt.

Sie erkennen die Substantivierung am Artikelwort, am vorangestellten Adjektiv oder einer Präposition.

MIT VERB

Tritt das Verb *sagen* dazu, haben Sie die Wahl zwischen Groß- und Kleinschreibung:

- Wir wollen **Danke** / danke sagen.
- Ich werde heute **Ja** / ja sagen.
- Du kannst auch mal **Nein** / nein sagen.
- Ich wollte dir nur mal **Hallo** / hallo sagen.

Der Duden empfiehlt die Großschreibung. Das finde ich auch besser zu merken, weil wir bei anderen Verben nämlich ebenfalls großschreiben müssen:

- Wirst du heute mit Ja antworten?
- Ich werde mit Nein stimmen.
- Du kannst es ja mal mit Danke versuchen.

Hier sind die Partikeln substantiviert, erkennbar an der Präposition *(mit)*.

DANK

Dank ohne -e ist ein Substantiv und wird daher großgeschrieben *(der Dank)*. Davon zu unterscheiden ist die kleingeschriebene Präposition *dank*.

- Vielen Dank für die gute Zusammenarbeit.
- *Aber:* Das habe ich nur dank deiner Hilfe geschafft.

☑ Partikeln wie *ja*, *nein*, *danke* und *hallo* schreibe ich klein, wenn sie ohne Verb auftreten. Mit Verb oder wenn sie erkennbar substantiviert sind, schreibe ich sie groß.

1.4.3 Man kann dir aber auch nichts recht machen.

→ Wann schreibe ich *recht* klein?

»Du hattest recht«, sagt Sina, als sie mit Gerrit aus dem Yogastudio tritt. »Ich muss nur mein Innen mit dem Außen in Einklang bringen.«

»Nein, *du* hattest recht«, gibt Gerrit zurück. »Du warst laut und unruhig.«

»Zu Recht«, findet Sina. »So viel Ruhe hält doch keiner aus.«

»Die anderen Leute im Kurs sehr wohl. Die hätten sich bestimmt weniger Sina-Action gewünscht.«

Sina zuckt grinsend mit den Schultern. »Man kann dir aber auch nichts recht machen.«

Gerrit seufzt, kann Sina aber nicht böse sein. Laut sagt er: »Wie schreibt sich *recht* eigentlich – groß oder klein?«

|| Gerrits Frage lässt sich natürlich nicht pauschal beantworten. *Zu Recht* schreibt man groß, *recht machen* klein. Bei *du hattest recht / Recht* kann er zwischen beiden Schreibweisen wählen; der Duden empfiehlt die Kleinschreibung.

Die Frage, ob Sie *recht* klein- oder großschreiben müssen, haben Sie sich bestimmt schon öfter gestellt. Schuld an der Verwirrung ist, dass es das Wort *RECHT* sowohl als Adjektiv als auch als Substantiv gibt – und dass es in vielen Verbindungen nicht oder nur schwer zu entscheiden ist, welche Wortart gerade zutrifft.

- Habe ich recht oder Recht?
- Gebe ich dir recht oder Recht?

Aber keine Sorge: Wir werden auch das hinbekommen.

GROSSSCHREIBUNG

Bei der Großschreibung helfen Ihnen dieselben Signale, die wir in Kapitel 1.2.1 in Bezug auf die Adjektive besprochen haben: Artikelwörter, Präpositionen, Mengenangaben.

a) Artikelwörter

- Das gibt dir nicht das Recht, mich zurechtzuweisen.
- Hast du zu Hause nach dem Rechten gesehen?
- Dazu hat sie kein Recht.

b) Präpositionen

- Da bist du im Recht.
- Du hast dich zu Recht geärgert.
- Dagegen wehrt sie sich, und das mit Recht.
- Ohne Recht auf freie Meinungsäußerung ist die Demokratie nichts wert.
- Ich entscheide da nach Recht und Gewissen.

c) Mengenangaben

- Ich habe alles Recht dazu.
- Er hat nie etwas Rechtes gelernt.
- Ich weiß nichts Rechtes dazu zu sagen.

SONDERFALL *ZU RECHT*

Zu Recht gehört zu den großgeschriebenen Wendungen. Verwechslungsgefahr besteht mit dem Präfix *zurecht-*, das nur in der Zusammenschreibung mit einem Verb vorkommt: *zurechtweisen, zurechtbiegen, zurechtkommen*. Je nach Satzstellung kann es auch von dem Verb abgespalten werden. Hier müssen Sie also gut unterscheiden:

- Sie hat ihn zu Recht zurechtgewiesen.
- Keine Sorge, ich biege das wieder zurecht.

KLEINSCHREIBUNG

Fehlen diese Marker, ist immer Kleinschreibung möglich. Zu den Fällen, in denen beides geht, komme ich gleich noch. Ausschließlich klein schreibt man:

- Das ist mir recht.
- Ich finde das nur recht und billig.
- Man kann ihm nichts recht machen.

- Das geschieht ihr recht.
- Jetzt erst recht!
- Ich weiß nicht so recht.
- Alles, was recht ist, aber das mache ich nicht mit.

Auch in der Bedeutung »relativ« schreibt man *recht* natürlich klein:

- Die Aufgabe ist recht schwierig.

In Kombination mit einem Verb gilt immer Getrenntschreibung; ein Verb wie **rechthaben* oder **rechtmachen* gibt es also nicht.

GROSS- ODER KLEINSCHREIBUNG

Wie bereits angedeutet, gibt es ein paar Fälle, in denen Sie groß- oder kleinschreiben können.

- Da gebe ich dir **recht**/Recht.
- Ich bin mir sicher, dass ich **recht**/Recht bekomme.
- Musst du eigentlich immer **recht**/Recht behalten?
- Du hast **recht**/Recht.

Das letzte Beispiel – *du hast recht* – ist jedoch tückisch. Denn bei intensivierten Wendungen schreibt der Duden doch die Kleinschreibung vor:

- Du hast ja so recht.
- Wie recht sie hat!

Weil das höchst verwirrend ist, rate ich Ihnen, sich einfach durchgängig die Kleinschreibung zu merken – und nur dort großzuschreiben, wo Sie *Recht* als Substantiv erkennen.

Noch eine zusätzliche Eselsbrücke: Sobald Sie *sehr* ergänzen können, ist auf jeden Fall Kleinschreibung richtig.

- Da hast du sehr recht.
- Das ist mir sehr recht.
- Das geschieht ihr sehr recht.

☑ Ich schreibe *recht* in den meisten Fällen klein, außer ich erkenne *Recht* als Substantiv *(das Recht, im Recht …)*. Ich merke mir außerdem die großgeschriebene Wendung *zu Recht* – hier gibt mir die Präposition den entscheidenden Tipp.

1.4.4 Bin ich etwa schuld?

→ Wann schreibe ich *schuld, angst, leid, klasse* und ähnliche Fälle klein?

»Gehen wir morgen wieder zum Yoga?«, fragt Sina.

»Nein, tut mir leid. *Ich* gehe zum Yoga. Du hast Hausverbot.«

»Quatsch!«, ruft Sina und wirft mit einem Kissen nach Gerrit.

»Tja, du hast den Laden zu sehr aufgemischt.« Grinsend stopft sich Gerrit das Kissen in den Nacken.

»Bin ich etwa schuld, dass dein Yogalehrer so eine Schnarchnase ist?«

»Schnarchnase?« Gerrit tut empört. »Der ist halt yogamäßig entspannt, im Gegensatz zu dir. Doch wie schreibt man eigentlich *leid* und *schuld* – groß oder klein?«

|| Sina wird Gerrit hoffentlich die richtige Antwort geben: Die Wendungen *leidtun* und *schuld sein* werden kleingeschrieben.

Schuld, Angst, Leid, Klasse, Spitze und *Zeit* sind Substantive, die zur Kleinschreibung schrumpfen können. Das ist also gewissermaßen der umgekehrte Vorgang zu einer Substantivierung – eine Ent-Substantivierung. Doch wann ist das der Fall?

SCHULD

In folgenden Verbindungen schreibt man *Schuld* groß:

- Ich habe Schuld daran.
- Es ist meine Schuld.
- Ich trage Schuld daran.

Um sich das zu merken, gibt es zum Glück eine gute Eselsbrücke. Hilfe bietet das Wörtchen *die*. Wenn es reinpasst, wird *Schuld* großgeschrieben:

- Ich habe die Schuld daran.
- Es ist die Schuld von mir.
- Ich trage die Schuld daran.
- *Aber nicht:* *Ich bin die Schuld daran.

Das letzte Beispiel ist daher auch das einzige, in dem *schuld* kleingeschrieben wird:

- Ich bin schuld daran.

☑ Nur in der Verbindung mit *sein* schreibe ich *schuld* klein: *Ich bin schuld.*

ANGST UND *PLEITE*

Bei *Angst* und *Pleite* denkt man zunächst an Substantive. In Verbindung mit den Verben *sein*, *werden* oder *bleiben* wandeln sie sich jedoch – und werden dann kleingeschrieben:

- Mir wird angst.
- Die Firma ist und bleibt pleite.

Wenn Sie unsicher sind, können Sie ein Adjektiv davorsetzen. Passt eins rein, gilt Großschreibung.

- Der Hund macht mir große Angst.
- *Aber nicht:* *Mir wird große Angst, wenn ich den Hund nur sehe.

- Die wirtschaftliche Pleite war nicht abzuwenden.
- *Aber nicht:* *Die Firma ist wirtschaftliche Pleite.

LEID

Auch *leid* schreibt man in vielen Fällen klein.

- Es tut mir leid.
- Sie ist es leid.

Achten Sie dabei auch auf die Zusammen- und Getrenntschreibung:

- Das wird dir noch leidtun.
- *Aber:* Du wirst es bald leid sein.

Hier gilt die Regel: Verbindungen mit *sein* schreibt man immer getrennt.

Davon zu unterscheiden ist das Substantiv *Leid*. Sie erkennen es an entsprechenden Markern, etwa einem Artikelwort oder einem Adjektiv.

- Das Leid der Tiere nimmt mich mit.
- Geteiltes Leid ist halbes Leid.

Wie bei *Angst* und *Pleite* können Sie auch hier probeweise ein Adjektiv einsetzen. Geht das, haben Sie es mit einem großgeschriebenen Substantiv zu tun.

- Sie haben großes Leid erfahren.
- *Aber nicht:* *Ich bin es großes Leid, dir zu helfen.

☑ *Leid, angst* und *pleite* schreibe ich insbesondere in Verbindung mit *sein* oder *werden* klein. Die Großschreibung erkenne ich normalerweise am Artikelwort oder (gedachten) Adjektiv.

KLASSE, SPITZE UND *RIESEN-*

Verwirrung kann entstehen, wenn Sie die umgangssprachlichen Begriffe für *super* aufzuschreiben versuchen: *klasse, spitze* und *Riesen-*. Aus den Substantiven *Klasse* und *Spitze* sind tatsächlich Adjektive geworden, die jedoch nicht gebeugt werden, also ihre Endung nicht verändern.

- Das ist ja klasse / spitze.
- Das ist ein klasse / spitze Vorschlag.

Das ist natürlich sehr umgangssprachlich, steht aber so im Duden.

Bei *Riesen-* handelt es sich dagegen um ein Präfix. Es heißt nicht: **Wir hatten einen riesen Spaß,* sondern Sie müssen die Verstärkung ans Bezugswort knüpfen:

- Wir hatten einen Riesenspaß.
- *Mit Adjektiv:* Damit hast du mir eine riesengroße Freude gemacht.

☑ *Klasse* und *spitze* bleiben als Adjektive unflektiert. *Riesen-* muss ich mit dem Bezugswort verbinden.

ZEIT

Auch von *Zeit* gibt es eine kleingeschriebene Version – dann ist es eine Präposition.

- Ich habe sie zeit meines Lebens geliebt.
- *Aber:* Ich habe sie die ganze Zeit geliebt.

Eine solche Verwendung kommt jedoch nur noch in wenigen Ausdrücken vor. Sie würden nicht sagen: *Ich hatte *zeit meines Tages viel zu tun*. Daher ist der Fall eher zu vernachlässigen.

1.5 Groß oder klein: Zahlen

Zahlwörter gehören zu den Ausnahmen, die man trotz Artikel kleinschreibt:

- Da kommen die drei ja schon wieder.

Doch auch hier gibt es Fälle von Großschreibung. Im ersten Unterkapitel drösele ich das für Sie auf:

> 1.5.1 Am Ende sind drei nicht gekommen. Wann schreibe ich Zahlwörter klein, wann groß?

Noch komplizierter wird es bei den unbestimmten Mengenangaben (etwa *mehrere Hundert*), den Ordinalzahlen und den Bruchzahlen. Aber keine Sorge, nach der Lektüre können Sie auch damit umgehen:

> 1.5.2 Du hast doch bestimmt schon mehrere Hundert Euro ausgegeben. Was muss ich bei *hundert* und *tausend* beachten?

> 1.5.3 Ich habe noch zwei Drittel Pizza im Kühlschrank. Wie schreibe ich Ordinal- und Bruchzahlen?

1.5.1 Am Ende sind drei nicht gekommen.

→ Wann schreibe ich Zahlwörter klein, wann groß?

»Oh, noch ein Kratzbaum?«, wundert sich Gerrit, als er Sinas Wohnzimmer betritt.

»Den alten grauen hier wollte ich ja loswerden – über Kleinanzeigen«, wiegelt Sina ab. »Ich dachte, den verkaufe ich in null Komma nichts. Aber am Ende sind drei nicht gekommen, zwei fanden den Preis zu hoch, und einer wollte nur mal gucken.«

»Und da hast du ihn lieber behalten, anstatt mit dem Preis runterzugehen«, schließt Gerrit, während er sich zwischen zwei Kratzbäumen hindurch zum Sofa quetscht. »Aber sag mal: Wie schreibt man wohl *in null Komma nichts* und die anderen Zahlwörter – groß oder klein?«

|| Gerrit und Sina müssen alle Zahlwörter kleinschreiben: *drei, zwei, einer; in null Komma nichts.*

Zahlwörter schreibt man in der Grundform klein. Doch gibt es auch Fälle von Großschreibung?

DIE DREI

An Großschreibung könnte man insbesondere dann denken, wenn Personen gemeint sind oder gar ein Artikel davorsteht. Aber nein, es bleibt hier bei Kleinschreibung:

- Meine Katze wird bald vier.
- Wir treffen uns um acht.
- Leider sind zwei nicht gekommen.
- Die drei waren beste Freunde.

Sie kennen vielleicht den Film *Die glorreichen Sieben*. Bei dieser Großschreibung handelt es sich um eine Ausnahme, weil das, salopp formuliert, so etwas wie ein Firmenname ist.

Nur wenn die aufgeschriebenen Ziffern gemeint sind, wird großgeschrieben:

- Ich würde die Drei hier rot markieren.
- Es ist eine Zahl mit drei Nullen.
- Sie hat in Französisch eine Fünf geschrieben.

Komplizierter wird es erst bei den »großen« Zahlwörtern *hundert*, *tausend* etc. – die werden wir uns in Kapitel 1.5.2 anschauen.

DAS ZAHLWORT *NULL*

Für das Zahlwort *null* gibt es besonders viele Redewendungen. Auch hier schreibt man klein.

- Das kann ich dir in null Komma nichts erklären.
- Das Projekt ging von null auf hundert.
- Wir werden wohl mit plus / minus null aus der Sache rauskommen.
- Wir müssen noch mal bei null anfangen.
- Deutschland hat null zu zwei verloren.
- Die Stimmung sank unter null.

Großschreibung gilt nur in der Bedeutung »Versager, Niete«:

- Er ist in Mathe eine Null.

Hier ist *die Null* ein eigenständiger, übertragen gemeinter Begriff; es geht nicht um das Zahlwort.

☑ Zahlen in der Grundform schreibe ich klein, außer es sind die aufgeschriebenen Ziffern gemeint. Auch in Redewendungen gilt die Kleinschreibung.

WANN SCHREIBE ICH ZAHLEN AUS?

Die alte Regel, dass man Zahlen bis zwölf ausschreibt und danach als Ziffern, gilt nicht mehr. Sie können jeweils frei entscheiden.

- Der Joker bringt 8 Punkte.
- Vorhin haben sich ungefähr dreißig Stare über mein Beet hergemacht.

Die Ziffernschreibweise lenkt stärkere Aufmerksamkeit auf die Zahl und ist daher besonders dann angebracht, wenn Sie die Zahl betonen wollen oder es »technisch« wird. Soll sich die Zahl eher harmonisch in einen Fließtext fügen, schreiben Sie sie aus – außer das Wort wird zu lang.

1.5.2 Du hast doch bestimmt schon mehrere Hundert Euro ausgegeben.

→ Was muss ich bei *hundert* und *tausend* beachten?

»Diese Kratzbäume sind ja nicht gerade billig«, sagt Gerrit nachdenklich und stellt sein Wasserglas auf einer der Plattformen ab. »Du hast doch bestimmt schon mehrere Hundert Euro ausgegeben, oder?«

»Na hör mal.« Sina klingt empört. »Das ist schließlich alles für Raya.«

Wie auf ein Stichwort springt die Katze auf den Kratzbaum und wirft dabei das Glas um.

»Ups«, sagt Sina, als das Wasser auf Gerrit landet. »Stell dein Glas halt nicht da ab – das habe ich dir doch schon hundertmal gesagt.«

Gerrit holt sich ein Handtuch und ruft noch aus dem Bad: »Sag mal, wie schreibst du *mehrere Hundert* und *hundertmal*?«

|| Bei der unbestimmten Mengenangabe *mehrere Hundert* empfiehlt der Duden die Großschreibung. Für die Kombination mit *Mal* können Gerrit und Sina je nach Betonung die Schreibweisen *hundertmal* oder *hundert Mal* wählen.

Man könnte meinen, *hundert* sei genauso ein Zahlwort wie *zwei* oder *drei*. Doch es gibt einen entscheidenden Unterschied: Hundert ist nicht immer 100 – und das wirkt sich auf die Groß- und Kleinschreibung aus.

DIE ZAHL 100

Wenn tatsächlich die Zahl 100 gemeint ist, wird *hundert* kleingeschrieben:

- Das Projekt kostet hundert Millionen Euro. (= 100 Millionen Euro)
- Drei von hundert Nutzer*innen haben das Produkt nicht vertragen. (= 3 von 100)

Wie bei den anderen Zahlwörtern gibt es eine Ausnahme: Sobald die aufgeschriebene 100 gemeint ist, müssen Sie großschreiben.

- Bitte trage in die erste Spalte eine Hundert ein.

Doch *hundert/Hundert* kann auch eine unbestimmte Menge bezeichnen – mit Auswirkungen auf die Rechtschreibung.

UNBESTIMMTE MENGENANGABEN

»Unbestimmte Mengenangabe« bedeutet: Die genaue Zahl kennt man nicht. Tatsächlich handelt es sich um mehrere Hundert, nicht um genau hundert. Erkennbar ist das durch Zusätze wie *ein paar, einige* etc. Der Duden empfiehlt in diesem Fall die Großschreibung:

– Ich habe ein paar **Hundert** / hundert Euro dafür bezahlt.
– Es wurden einige **Hundert** / hundert Personen befragt.
– Das Bild besteht aus vielen **Hundert** / hundert Pinselstrichen.

Den gleichen Fall haben wir beim Plural *Hunderte.* Die genaue Zahl ist unbekannt, und es kommt zur empfohlenen Großschreibung.

– Ich habe in meinem Garten schon **Hunderte** / hunderte Blumen gepflanzt.

Aufgrund des Plurals finde ich die Großschreibung hier auf jeden Fall eleganter.

☑ Habe ich genau hundert, schreibe ich klein. Habe ich mehrere Hundert, empfiehlt der Duden die Großschreibung. Wenn ich mein Gedächtnis nicht überstrapazieren will, kann ich *hundert* aber auch durchgängig kleinschreiben.

HUNDERTMAL UND *HUNDERT MAL*

Zahlwörter können mit dem Wort *Mal* zu einem Adverb verschmelzen – so kommt es zu dem zusammengeschriebenen *hundertmal.* Getrennt schreiben Sie, wenn Sie beide Wörter besonders betonen möchten. *Mal* wird dann großgeschrieben.

- Das habe ich dir doch schon hundertmal erklärt.
  Auch: Das habe ich dir doch schon hundert Mal erklärt.

Hier steht *hundertmal* in der Bedeutung »sehr oft«. Daneben kann natürlich auch »genau hundert« gemeint sein:

Der Link ist jetzt schon hundertmal / hundert Mal angeklickt worden.

Je stolzer Sie auf den Klickerfolg sind, desto eher würden Sie die Zahl betonen und die Getrenntschreibung wählen.

Tritt in solchen Fügungen ein Plural-e oder ein anderer Marker für eine unbestimmte Mengenangabe hinzu, wird *Hundert* großgeschrieben – analog zu der Regel, die wir eben schon besprochen haben.

- Das habe ich dir doch schon Hunderte Male erklärt.
- Der Beitrag wurde bereits mehrere Hundert Mal[e] aufgerufen.

TAUSEND, MILLION ETC.

Natürlich gilt das Gleiche auch für *tausend*, *zehntausend* und *hunderttausend*.

- Der Fernseher kostet zehntausend Euro.
- Der Fernseher kostet mehrere **Tausend** / tausend Euro.
- Sie kamen zu **Hunderttausenden** / hunderttausenden.
- Tausendmal berührt – tausendmal ist nichts passiert.

Million, *Milliarde* etc. schreibt man dagegen immer groß.

- Viele Millionen Menschen leiden in Deutschland unter einer Pollenallergie.
- Das Video wurde schon zwei Millionen Mal angeklickt.
- Das Projekt hat eine Milliarde Euro verschlungen.

1.5.3 Ich habe noch zwei Drittel Pizza im Kühlschrank.

→ Wie schreibe ich Ordinal- und Bruchzahlen?

»Hast du schon was gegessen?«, fragt Sina statt einer Begrüßung, als Gerrit ihr die Tür öffnet.

»Du bist schon die Zweite heute, die mich das fragt.«

»Wer noch – deine Mutter?«

Sina hat richtig geraten, aber Gerrit tut lieber, als hätte er die Frage nicht gehört.

»Ich bin jedenfalls hungrig«, sagt Sina. »Lass uns was bestellen, es ist schon Viertel vor neun.«

»Brauchen wir nicht«, entgegnet Gerrit. »Ich habe noch zwei Drittel Pizza im Kühlschrank.«

»Wie überaus spendabel«, feixt Sina und sucht schon mal nach der Nummer des Lieferdienstes.

»Bevor du gleich nur noch ans Essen denkst«, wirft Gerrit ein, »sag mir noch eins: Wie schreibt man *die Zweite, Viertel vor* und *Drittel*?«

|| Sina und Gerrit müssen die Ordinalzahl *Zweite* wie ein substantiviertes Adjektiv behandeln. Die Bruchzahlen *Viertel* und *Drittel* schreibt man in den oben aufgeführten Sätzen ebenfalls groß.

Neben den normalen Zahlwörtern gibt es die sogenannten Ordinalzahlen – *erste, zweite, dritte* – sowie Bruchzahlen wie *drittel, viertel* etc. Die Groß- und Kleinschreibung müssen wir uns hier gesondert anschauen.

ORDINALZAHLEN

Ordinalzahlen werden wie Adjektive behandelt. Das bedeutet: Kleinschreibung, wenn sie sich auf ein Substantiv beziehen; Großschreibung ohne diesen Bezug.

- Ich werde mir noch eine zweite Katze anschaffen.
- Ich habe mehrere Brillen, diese hier ist schon meine vierte.
- Sie ist Fünfte geworden.
- Du bist schon der Dritte heute, der mich das fragt.

Zweite und *vierte* beziehen sich auf ein Substantiv – *Katze* und *Brillen*. *Fünfte* und *Dritte* stehen hingegen für sich allein; sie sind substantiviert.

☑ Ordinalzahlen *(erste, zweite, dritte …)* behandle ich wie Adjektive. Substantiviert werden sie großgeschrieben, sonst klein.

BRUCHZAHLEN

Bruchzahlen schreibt man groß, wenn sie als Substantive gebraucht werden:

- Auf das Produkt vertrauen drei Viertel der Konsumenten.
- Es ist noch ein Viertel Brot da.
- Ich habe das Formular erst zu einem Drittel ausgefüllt.
- Der Kuchen enthält ein Achtel Rotwein.

Eine Kleinschreibung haben wir hier:

- Der Tank ist drei viertel voll.

Drei viertel voll ist gewissermaßen ein erweitertes Adjektiv. *Wie* ist der Tank? Er ist drei viertel voll. Formulieren Sie hingegen um, gilt die Großschreibung:

- Der Tank ist zu drei Vierteln voll.
- Drei Viertel des Tanks sind voll.

Im ersten Satz zeigt uns die Präposition *zu* die Großschreibung an, im zweiten Satz stehen die *drei Viertel* an Subjekt-Position (wer oder was ist voll?).

Ein Fall wie *drei viertel voll* kommt zum Glück nur selten vor. Wichtiger ist es, sich mit zwei Spezialfällen zu beschäftigen: Maßangaben und Uhrzeiten.

BRUCHZAHLEN IN VERBINDUNG MIT MASSANGABEN

»Maßangaben« sind im weiteren Sinne zu verstehen; wir müssen auch Zeitangaben hinzunehmen *(Stunde, Minute, Sekunde)* sowie *Million / Milliarde*. In solchen Fügungen werden Bruchzahlen kleingeschrieben:

- Sie hat mindestens einen viertel Liter Milch getrunken.
- Davon braucht man nur ein achtel Gramm.
- Wir treffen uns in drei viertel Stunden.
- Sein Vorsprung betrug nur eine fünftel Sekunde.
- Es würde mir schon reichen, eine viertel Million zu gewinnen.

Alternativ können Sie die Fügungen zusammenschreiben: *Viertelliter, Achtelgramm, Dreiviertelstunde …*

BRUCHZAHLEN IN VERBINDUNG MIT UHRZEITEN

Bei den Uhrzeiten wird es noch mal knifflig. Man schreibt klein, wenn – so wie in manchen Gegenden Deutschlands üblich – direkt auf die Bruchzahl die Stundenangabe folgt:

- Es ist gleich drei viertel zehn.
- Wir treffen uns um viertel zehn.

Groß schreibt man, wenn auf die Bruchzahl ein *vor/nach* folgt oder wenn sie alleine steht:

- Es ist gleich Viertel vor zehn.
- Die Vorstellung beginnt um 20 Uhr; wir treffen uns um drei Viertel.

Die Einzelstellung funktioniert natürlich nur, wenn sich die gemeinte Stunde aus dem Kontext erschließt – so wie hier 19:45 Uhr.

☑ Bruchzahlen schreibe ich in folgenden Fällen klein: bei Maßangaben *(viertel Liter)* und bei Uhrzeiten, wenn direkt die Stundenangabe folgt *(viertel zehn)*. Andernfalls schreibe ich Bruchzahlen in der Regel groß.

1.6 Groß oder klein: Farben, Sprachen, Buchstaben

Weiter geht es mit einigen häufig vorkommenden Zweifelsfällen. Gerade Farben können einen in puncto Groß- oder Kleinschreibung ganz schön straucheln lassen. Das erste Unterkapitel bringt Licht (und Farbe) ins Dunkel:

Bei der Schreibweise von Sprachen hilft eine ähnliche Eselsbrücke wie bei den Farben – nämlich die Fragen *wie* oder *was*. Hier erfahren Sie es im Detail:

Als letzten Spezialfall schauen wir uns noch die Buchstaben an:

1.6.1 Die beiden werden sich bestimmt nicht grün sein.

→ Wann schreibe ich Farben klein, wann groß?

»Ja?«, tönt Sinas Stimme aus dem Handy.

Gerrit räuspert sich. »Hi du. Ich komme etwas später, bringe den Dackel mit.«

»Und meine Katze? Die beiden werden sich bestimmt nicht grün sein.«

»Du musst ja nicht gleich schwarzsehen.«

Sina spielt das Spiel mit und antwortet mit einem Grinsen in der Stimme: »Gelbe Karte, Gerrit.«

Gerrit sieht einen Farbreigen vor dem inneren Auge. *Grün, schwarz, gelb* – doch was davon schreibt man groß, was klein?

|| Richtig heißt es: *jemandem nicht grün sein*, *schwarzsehen* und *Gelbe* oder *gelbe Karte*.

Farben kann man groß- oder kleinschreiben: klein bei adjektivischem Gebrauch, groß bei Substantivierungen. Das ist jedoch nicht immer so leicht zu unterscheiden.

KLEINSCHREIBUNG BEI ADJEKTIVEN

Schauen wir uns zuerst die Kleinschreibung an. In diesen Fällen haben wir es mit einem Adjektiv zu tun:

- Über mir nur blauer Himmel.
- Das Wasser ist türkis.
- Der Stift schreibt rot.

Wie schreibt der Stift? Er schreibt rot – Adjektiv.

Auch in festen Verbverbindungen schreibt man das Farbwort klein:

- Sie will ihr Hochzeitskleid **rot färben** / rotfärben.
- Da kannst du warten, bis du **schwarz wirst** / schwarzwirst.
- Du kannst morgen ja blaumachen.
- Wenn er so weitermacht, wird er bald ständig blau sein.
- Die beiden werden sich bestimmt nicht grün sein.
- Du wirst doch nicht rotsehen?
- Musst du immer alles schwarzmalen?

  Aber: Ich werde die Wand schwarz malen.

Ja, ich weiß, es ist eine zusätzliche Hürde, dass die Verben hier manchmal getrennt und manchmal zusammengeschrieben werden. Das schauen wir uns in Kapitel 2.2.3 noch genauer an.

GROSSSCHREIBUNG BEI SUBSTANTIVIERUNGEN

Wird das Farbwort substantiviert, schreibt man es groß. Mit Artikelwort erkennen Sie das leicht:

- Sie taucht in das Blau des Wassers.
- Es ist kein Schwarz, mehr ein dunkles Blau.
- Dieses Grün ist bezaubernd.

Auch ein Adjektiv ist ein sicherer Hinweis auf Großschreibung:

- Sattes Grün, wohin man sieht.
- Gedecktes Beige ist mir ein Gräuel.

Schließlich erinnern wir uns an die Präpositionen – auch sie sind ein Hinweis auf Großschreibung.

- Die Hundehütte ist mit Gelb bemalt.
- Kannst du mir das in Rot markieren?

  Aber: Kannst du mir das rot markieren?

Gut zu wissen: Steht direkt das Wort *Farbe* vor dem Farbwort, schreibt man es ebenfalls groß.

- Ich wähle die Farben Blau, Gelb, Grün …

WAS ODER *WIE*?

In anderen Fällen ist es etwas schwieriger:

- Er liebt Rosa besonders.

Hier hilft das Fragewort *was*. Können Sie die Farbe mit *was* erfragen, ist das ein Zeichen für Großschreibung. *Was* liebt er besonders? Er liebt Rosa.

Bei Kleinschreibung stellen Sie die Frage hingegen mit *wie*. Zum Vergleich:

- Sie ist ganz in Schwarz gekleidet. → In *was* ist sie gekleidet?
  Aber: Sie ist schwarz in schwarz gekleidet. → *Wie* ist sie gekleidet?

Weitere *Was*-Sätze:

- Das ist dasselbe in Grün.
- Die Fotos sind **in Schwarz-Weiß** / Schwarzweiß.
- Ich habe ins Blaue hinein geraten.
- Bei Grün darfst du die Straße überqueren.
- Die Ampel steht auf Rot.
  Aber: Bleib stehen, es ist schon rot. (*Wie* ist es?)

Aber müssen wir in diesen Beispielen überhaupt die umständliche *Was*-Probe machen? Nein, denn es gilt die Regel »Großschreibung nach Präposition«. Daran erkennen Sie die richtige Schreibweise leicht.

EIN ZWEIFELSFALL

Ich zeige Ihnen noch einen Zweifelsfall:

- Die Farbe der Hütte ist Gelb.
- Die Farbe der Hütte ist gelb.

Groß oder klein? Möglich ist beides, je nachdem, wie man es liest. Großgeschrieben wird, wenn Sie die substantivierte Farbe meinen:

- Die Farbe der Hütte ist die Farbe Gelb, es handelt sich um Gelb.

Die Kleinschreibung ist richtig, wenn das Adjektiv gemeint ist:

- Die Farbe der Hütte ist eine gelbe Farbe, sie ist gelb.

☑ Kann ich eine Farbe mit *wie* erfragen, schreibe ich sie klein. Auf die Frage mit *was* folgt Großschreibung. Weitere Merkhilfen: Nach einer Präposition schreibe ich immer groß, in festen Verbverbindungen klein.

NAMEN UND FESTE BEGRIFFE

Auch bei einem adjektivischen Gebrauch kann es zu Großschreibung kommen – dann nämlich, wenn wir einen Eigennamen oder eine namenähnliche Fügung haben.

- die Grüne Woche
- das Grüne Gewölbe
- das Rote Kreuz
- das Rote Meer
- Rote Be(e)te

- Blauer Eisenhut
- das Weiße Haus

In vielen anderen festen Begriffen haben Sie allerdings die Wahl. Die Duden-Empfehlung variiert, wie Sie an den Markierungen sehen.

- die **grüne**/Grüne Welle
- der **grüne**/Grüne Pfeil
- der gelbe/**Gelbe** Sack
- die gelbe/**Gelbe** Karte
- die **rote**/Rote Grütze
- der rote/**Rote** Planet
- der blaue/**Blaue** Planet
- das schwarze/**Schwarze** Brett
- **schwarzes**/Schwarzes Loch
- **weiße**/Weiße Nächte
- **grauer**/Grauer Star
- *Aber nur:* rote Blutkörperchen, graue Zellen

Wann gilt was? Mit Logik kommt man hier leider nicht weiter.

☑ Erkenne ich einen Begriff eindeutig als Namen (zum Beispiel *das Rote Kreuz*), schreibe ich die Farbe groß. Bei vielen festen Begriffen hilft jedoch nur nachschlagen.

1.6.2 Vermutlich versteht er nur Spanisch.

→ Wann schreibe ich Länderadjektive und Sprachen klein, wann groß?

»Wie war das?«, fragt Sina, als sie zu Gerrit in die Küche kommt. »Haben Taminos Besitzer ihn nicht aus Spanien mitgebracht?«

»Ja, richtig.«

»Das könnte erklären, warum der Hund so schlecht hört. Vermutlich versteht er nur Spanisch.«

Gerrit schaut auf. »Was hat er denn nun schon wieder gemacht?«

»Ich fürchte, deine Schuhsammlung ist einfach zu attraktiv.«

»Oh nein – immer dasselbe!«, stöhnt Gerrit und eilt in den Flur.

Während die beiden unter den interessierten Blicken des Dackels das Schuhregal wieder einräumen, fragt Sina: »Wenn Tamino nur Spanisch versteht – schreibt man *Spanisch* da groß?«

|| Sina muss großschreiben: *Er versteht nur Spanisch.*

Deutsch, französisch, spanisch – schreibt man solche Länderadjektive groß oder klein? Und was ändert sich, wenn damit eine Sprache gemeint ist?

LÄNDERADJEKTIVE

Länderadjektive behandeln Sie wie jedes andere Adjektiv: Im Normalfall gilt Kleinschreibung, außer Sie erkennen eine Substantivierung.

- Die französische Lebensart ist einfach entspannter.
- Ich liebe italienisches Essen.
- Das kommt mir sehr deutsch vor.
- *Aber:* Das Französische ist mir näher als das Italienische.

Ausnahmen sind Namen und namenähnliche Fügungen:

- das Deutsche Rote Kreuz
- der Deutsche Schäferhund
- die Französische Revolution

Die Großschreibung liegt hier allerdings im Ermessen des Erfinders. So heißt es *Institut für Deutsche Sprache*, aber *Gesellschaft für deutsche Sprache*. Im Zweifel hilft es also nur, Google zu befragen.

SPRACHEN

Geht es um die Bezeichnung einer Sprache, wird es schon schwieriger. *Ich spreche DEUTSCH* – wird das groß- oder kleingeschrieben?

Zum Glück gibt es einen Test. Versuchen Sie, die Sprache mit *wie* zu erfragen. Wenn das geht, schreiben Sie sie klein.

- Wie spreche ich? Ich spreche deutsch.
- Wie rede ich mit meiner Nachbarin? Ich rede englisch mit ihr.

Anders die folgenden Beispiele. Sie können nicht mit *wie* erfragt werden, also ist Großschreibung richtig.

- Was kann er nicht? Er kann kein Französisch.
- Was ist schlecht? Ihr Englisch ist schlecht.
- Was versteht er? Er versteht nur Spanisch.

Extratipp: Wie war das noch mal mit den Präpositionen? Sie sind in der Regel ein Zeichen für Großschreibung. Deshalb ist *auf* oder *in* ein wunderbares Signal für Sie:

- Kannst du das noch mal auf Französisch sagen?
- Der Text ist in Englisch verfasst.
- *Spelling* heißt auf Deutsch »Rechtschreibung«.

☑ Ich schreibe die Sprache klein, wenn ich sie mit *wie* erfragen kann. Großschreibung ist richtig, wenn das Fragewort *was* lautet. Die Kombination mit einer Präposition ist ebenfalls ein sicheres Anzeichen für Großschreibung.

1.6.3 Sauberkeit ist für sie das A und O.

→ Schreibe ich Einzelbuchstaben groß oder klein?

»Was machst du?«, fragt Sina neugierig, weil Gerrit so in seinen Laptop versunken ist.

»Ich suche nach einem Geburtstagsgeschenk für meine Mutter.« Gerrit stöhnt. »Hast du eine Idee?«

»Das fragst du mich jetzt schon zum x-ten Mal.«

»Echt? Sorry.«

»Ich weiß nur eins: Sauberkeit ist für sie das A und O. Schenk ihr doch einen Staubsauger.«

»Hm …« Gerrit schaut nachdenklich. »Keine schlechte Idee.«

»Gerrit!«, ruft Sina. »Das war ein Witz. Du kannst deiner Mutter doch kein Haushaltsgerät schenken.«

Gerrit versteht nicht, was dagegenspricht. Doch bevor er nachhakt, brennt ihm eine andere Frage auf den Nägeln: »Wie schreibt man wohl einzelne Buchstaben, wie du sie gerade benutzt hast?«

|| *Das A und O* müssen Gerrit und Sina großschreiben. *Zum x-ten Mal* schreibt sich hingegen mit einem kleinen x.

Im Deutschen gibt es ein paar Redewendungen mit Buchstaben – schreibt man sie groß oder klein? Auch wenn Sie den Buchstaben als solchen aufschreiben wollen, steht die Entscheidung an. Wir klären das.

BUCHSTABEN IN REDEWENDUNGEN

Werden Buchstaben in Redewendungen gebraucht, schreiben Sie sie in der Regel groß:

- Das ist für mich das A und O.
- Mach mir doch kein X für ein U vor.
- Willst du das wirklich von A bis Z besprechen?

Entscheidend ist hier die übertragene Bedeutung.

DER GESCHRIEBENE BUCHSTABE

Ist hingegen tatsächlich der Buchstabe gemeint, schreibt man ihn klein – außer es geht um einen Großbuchstaben.

- Jedes Mal vergisst du den Punkt auf dem i.
- Heute üben wir Wörter mit Dehnungs-h.
- »Annika« schreibt man mit zwei n.
- *Cashflow* schreibt sich mit großem C.

Auch das a in *eins a* wird kleingeschrieben:

- Seine Handschrift war eins a.
  Auch: 1 a

- Das ist eine Eins-a-Lage.
  Auch: 1-a-Lage

GROSSES ODER KLEINES *X*?

Groß schreibt man das X in folgenden Wendungen:

- Herr X kam daraufhin noch einmal auf mich zu.
- Gibt es das T-Shirt auch in Größe XL?
- Röntgenstrahlen nennt man auch X-Strahlen.

Klein schreibt man es im Sinne von »unbekannte Zahl«:

- Es ist x Tage her.
- Zum x-ten Mal fiel er hin.
- Ich habe dir das schon x-mal gesagt.
- Du hast doch die x-fache Menge genommen.
- Du kannst doch nicht in ein x-beliebiges Restaurant gehen.

FORMEN

Bezieht sich der Buchstabe auf die Form einer Sache, hilft etwas logisches Denken.

- Der Unfall passierte auf einer T-förmigen Kreuzung.
- Ich habe mir einen L-förmigen Schreibtisch gekauft.
- Die menschliche Wirbelsäule ist **s-förmig** / S-förmig.
- Er sucht nach einer **x-förmigen** / X-förmigen Markierung.

Die Buchstaben T und L erfüllen nur großgeschrieben die gemeinte Form, deshalb schreibt man *T-förmig* und *L-förmig* groß. Beim S und X weisen die Kleinbuchstaben hingegen dieselbe Form auf, sodass man sich – passend zur Wortart Adjektiv – am besten für die Kleinschreibung entscheidet.

ABKÜRZUNGEN

Gehen als Abkürzung verwendete Buchstaben eine Verbindung mit einem weiteren Wort ein, schreibt man sie groß – unabhängig von der Wortart.

- Ich freue mich schon auf die Fußball-WM.
- Nimm doch die U-Bahn.
- Sie weiß viel über die US-amerikanische Geschichte.

Die Großschreibung gilt selbst dann, wenn die Abkürzung für ein Adjektiv steht *(haltbar, electronic)*:

- Mir schmeckt H-Milch nicht.
- Hast du die E-Mail schon geschickt?
  Nicht: *e-Mail, *eMail

Anders liegt der Fall, wenn es um eine offizielle Abkürzung mit einer bestimmten, festgelegten Schreibweise geht. Hier können auch Kleinbuchstaben vorkommen; sie bleiben immer bestehen.

- GmbH-Gründung
- pH-Wert
- kPa-Angabe

Dadurch ergeben sich also ausnahmsweise kleingeschriebene Substantive.

☑ Wird der Buchstabe in einer Redewendung genutzt, schreibe ich ihn groß. Ist tatsächlich der (geschriebene) Buchstabe gemeint, schreibe ich klein. Bei Komposita mit Abkürzungen ist die jeweils festgelegte Schreibweise der Abkürzung maßgeblich.

2 ZUSAMMEN ODER GETRENNT?

Solange du dem Hund jedes Mal etwas zusteckst, wirst du ihn nicht loswerden.

Wann schreibe ich Wörter zusammen, wann getrennt?

»Muss mir dieser Dackel eigentlich immer in die Küche folgen?«, seufzt Sina, während sie die Hundeschnauze aus dem Weg schiebt. »Kann der nicht mal liegen bleiben?«

»Tamino ist halt verfressen«, antwortet Gerrit achselzuckend. »Solange du ihm jedes Mal etwas zusteckst, wirst du ihn nicht loswerden.«

»Tja, was soll man machen? Das ist der Dackelblick.« Sina reicht dem Hund einen Brotkanten. »Aber sag mal … *liegen bleiben, solange, jedes Mal, loswerden* … Ich bin immer wieder unsicher, wann man Wörter zusammen- oder getrennt schreibt.«

|| Die richtige Schreibweise lautet: *liegen bleiben, solange, jedes Mal, loswerden.*

Das Deutsche hat eine wunderbare Fähigkeit: Es kann Wörter aneinanderreihen und neue daraus entstehen lassen. Und das in allen möglichen Wortart-Kombinationen:

Substantiv + Substantiv:
Auto + Waschanlage → Autowaschanlage

Präposition + Substantiv:
mit + Hilfe → mithilfe

Verb + Verb:
kennen + lernen → kennenlernen

Substantiv + Verb:
Schlaf + wandeln → schlafwandeln

Adjektiv + Verb:
frei + sprechen → freisprechen

Adverb + Verb:
zusammen + arbeiten → zusammenarbeiten

Adjektiv + Adjektiv:
nass + kalt → nasskalt

Substantiv + Partizip:
Gewinn + bringend → gewinnbringend

Adjektiv + Partizip:
allein + erziehend → alleinerziehend

Doch leider schreibt man die neuen Verbindungen nicht immer zusammen. Manchmal kommen auch Bindestriche ins Spiel – aber wann eigentlich? Was also erst mal toll klingt, schafft auf der anderen Seite eine ganze Menge Probleme.

BETONUNG HILFT

Die beste Hilfe ist die Betonung. Sie kann uns zumindest bei den Verben und Partizipien auf die richtige Piste führen – nicht immer, aber doch sehr oft.

- Ich kann gerade nicht frei sprechen. Nur so viel: Ich will mich nicht von aller Schuld freisprechen.
- Wenn du mit mir zusammen arbeiten möchtest, musst du mit mir zusammenarbeiten.
- Ich möchte sichergehen, dass das Kind in den Schuhen sicher gehen kann.

Lesen Sie die Sätze einmal laut vor und achten Sie auf die Betonung. Liegt die Betonung vorne, schreiben Sie zusammen, sonst getrennt.

VERBINDUNGEN MIT *SEIN* IMMER GETRENNT

Eine wichtige Grundregel ist auch, dass man Verbindungen mit *sein* immer getrennt schreibt (Substantivierungen natürlich ausgenommen).

- Er möchte mit ihr zusammen sein.
- Oh, da würde ich gerne dabei sein.
- Ich möchte heute nicht allein sein.
  Aber: Ich bin das Alleinsein satt.

Die verschiedenen Fälle schauen wir uns jetzt der Reihe nach an: beginnend mit den Substantivverbindungen über die Verbverbindungen bis hin zu den Adjektiv- und Partizipverbindungen.

2.1 Zusammen oder getrennt: Substantivverbindungen

Unsere erste Kopfnuss sind die Substantivverbindungen: Mehrere Substantive fügen sich zu einem Kompositum zusammen. Wie schreibt man das neue Gebilde richtig und wann kommen Bindestriche ins Spiel? Das erfahren Sie in den ersten beiden Unterkapiteln:

2.1.1 Ich bin eine Spätfrühstückerin. Was passiert, wenn ein Substantiv weitere Bestandteile aufnimmt?

2.1.2 Ich könnte mal wieder eine Kräuter-Frischkäse-Tarte machen. Wann setze ich Bindestriche?

Tritt zum Substantiv eine Präposition, kann es passieren, dass das Kompositum klein- und zusammengeschrieben wird. Wann das der Fall ist, lesen Sie hier:

2.1.3 Der Hund ist zu allem imstande. Wann schreibe ich Verbindungen aus Präposition und Substantiv zusammen?

2.1.4 Dafür habe ich zurzeit keinen Kopf. Wie schreibe ich Verbindungen mit *Zeit*?

2.1.1 Ich bin eine Spätfrühstückerin.

→ Was passiert, wenn ein Substantiv weitere Bestandteile aufnimmt?

»Guten Morgen, Gerrit«, flötet Sina durch die Sprechanlage. »Der Brötchen-und-Käse-Dienst ist da!«

»Waren wir verabredet?«, fragt Gerrit verwirrt, als Sina an der Wohnungstür steht.

»Nö«, antwortet Sina, während sie den freudig bellenden Dackel beiseiteschiebt. »Ist eine Überraschung. Ich hatte Lust, mit dir zu frühstücken.«

»Es ist dreizehn Uhr …«

»Du kennst mich doch, ich bin eine Spätfrühstückerin.«

»Na gut«, lacht Gerrit, »dann setze ich Kaffee auf. Aber sag mal: Wie schreibst du *Brötchen-und-Käse-Dienst* und *Spätfrühstückerin*?«

|| Man kann *Spätfrühstückerin* oder *Spät-Frühstückerin* schreiben. Sinas *Brötchen-und-Käse-Dienst* wird auf jeden Fall gekoppelt.

Wie charmant ist doch die Fähigkeit des Deutschen, Komposita zu bilden, also Wörter durch Aneinanderreihung zu einem Ganzen zu verbinden. Was es dabei zu beachten gibt, sehen wir jetzt.

ZUSAMMEN, MIT BINDESTRICH ODER IN ANFÜHRUNGS-ZEICHEN

Die Zusammenschreibung ist im Deutschen erst mal die Norm. So kommt es zu Wörtern wie:

- Ich habe mir eine Bildschirmarbeitsplatzbrille zugelegt.
- Verfügt das Auto über Scheinwerferreinigungsanlagen?

Statt zusammenzuschreiben, dürfen Sie auch Bindestriche setzen – wenn dies der besseren Lesbarkeit dient.

- Die Gasetagenheizung ist kaputt. Kannst du den Gas-Wasser-Installateur rufen?

In Kapitel 2.1.2 schauen wir uns das noch genauer an.

Gerade wenn komplexe Sinneinheiten zu einem Kompositum verbunden werden, ist eine Zusammenschreibung nicht mehr ratsam.

- *Nicht:* Deine *Waswäregewesenwennüberlegungen bringen doch nichts.
  Sondern: Deine Was-wäre-gewesen-wenn-Überlegungen bringen doch nichts.

Bei langen oder fremdsprachlichen Sinneinheiten können Sie auch Anführungszeichen nutzen, um die Kopplung zu umgehen.

- Deine Was-wäre-gewesen-wenn-Überlegungen bringen doch nichts.
  Auch: Deine »Was wäre gewesen wenn«-Überlegungen bringen doch nichts.

- Ihre Corporate-Citizenship-Aktivitäten sind beeindruckend.
  Auch: Ihre »Corporate Citizenship«-Aktivitäten sind beeindruckend.

Die Entscheidung liegt also bei Ihnen. Nur ohne Not koppeln sollten Sie nicht.

- Ich will ein neues Hunde-Bett kaufen.
  Besser: Ich will ein neues Hundebett kaufen.

Solange nichts gegen die Zusammenschreibung spricht, sollten Sie dabei bleiben.

WAS GEHÖRT ZUM KOMPOSITUM DAZU?

Etwas trickreich kann die Frage sein, was man zum Kompositum dazurechnet und was nicht.

- Sie ist eine große Hunde-Liebhaberin/Hundeliebhaberin.
- *Aber:* Sie ist eine Große-Hunde-Liebhaberin.

Die Person aus dem ersten Beispiel ist eine große Liebhaberin von Hunden. Die zweite Person findet große Hunde toll. Achten Sie also darauf, ob sich das Adjektiv auf das Gesamtkompositum bezieht *(Hunde-Liebhaberin)* oder nur auf den ersten Bestandteil *(Hunde).*

KOMPOSITA MIT BUCHSTABEN

Tritt zu einem Wort ein einzelner Buchstabe hinzu, wird auf jeden Fall gekoppelt.

- Ich schicke dir die Infos per E-Mail.
- Dein T-Shirt hat ein Loch.
- H-Milch schmeckt mir nicht.

Die Schreibweise **Email* ist also nicht korrekt.

Tritt ein weiterer Bestandteil hinzu, koppeln Sie durch:

- Ich gebe dir mal meine E-Mail-Adresse.
- Die E-Dur-Tonleiter solltest du schon beherrschen.
- Als Kind wollte ich U-Bahn-Fahrer werden.

☑ Zusammengesetzte Substantive – egal, aus welchen Bestandteilen sie bestehen – schreibe ich zusammen oder mit Bindestrichen. Ich merke mir insbesondere die Schreibweise *E-Mail-Adresse*.

2.1.2 Ich könnte mal wieder eine Kräuter-Frischkäse-Tarte machen.

→ Wann setze ich Bindestriche?

»Frischkäse, lecker«, sagt Gerrit, als er Sinas Käseauswahl auspackt. »Da fällt mir ein: Ich könnte mal wieder eine Kräuter-Frischkäse-Tarte machen.«

»Eine Kräuterfrischkäse-Tarte oder eine Kräuter-Frischkäse-Tarte?«, fragt Sina nach.

»Was meinst du?«

»Achte mal auf meine Betonung: Einmal ist die Tarte mit Kräuterfrischkäse gemacht, einmal sind die Kräuter eine Extrazutat.«

»Ah, verstehe! Markieren könnte man das mit Bindestrichen.«

»Da sind wir uns ausnahmsweise ja mal einig«, nickt Sina.

|| Vermutlich meint Gerrit eine *Kräuter-Frischkäse-Tarte.*

Zusammengesetzte Substantive schreibt man in der Regel zusammen. Warum Bindestriche dennoch manchmal praktisch sind, erfahren Sie hier.

BINDESTRICHE ZUR BESSEREN LESBARKEIT

Je länger oder komplexer ein Wort, desto eher erleichtern Bindestriche die Lesbarkeit.

- Ich möchte gerne die Kraftfahrzeugversicherung wechseln.
  Aber: Kraftfahrzeug-Haftpflichtversicherung

- Haben Sie schon die Datenschutzgrundverordnung angewandt?
  Auch: Datenschutz-Grundverordnung

Wichtig ist, nach Sinneinheiten zu trennen.

- *Nicht:* *Kraft-Fahrzeughaftpflichtversicherung
- *Nicht:* *Daten-Schutzgrundverordnung

Anzuraten ist der Bindestrich außerdem, wenn Buchstaben oder Silben ungünstig aufeinandertreffen.

- Dieser Kaffeeersatz schmeckt doch nicht.
  Besser: Kaffee-Ersatz

- Ich muss mir ein neues Teeei kaufen.
  Besser: Tee-Ei

Das gilt vor allem dann, wenn es zu Fehlinterpretationen kommen kann. Hat *Altbaucharme* etwas mit *Altbauch-Armen* zu tun? Und meint das Wort *Streikende* die streikenden Personen oder das Ende des Streiks?

- Ich liebe Altbaucharme.
  Besser: Altbau-Charme

- Das Streikende ist nicht abzusehen.
  Besser: Streik-Ende

Zwar erklärt sich das meist durch den Kontext, aber es ist für den Leser oder die Leserin trotzdem irritierend, im Kopf zunächst falsch zu betonen.

BINDESTRICHE ZUR HERVORHEBUNG

Bindestriche können außerdem nützlich sein, um einzelne Wortbestandteile hervorzuheben und so Betonungen zu setzen.

- Nur diesen März: Große Küchen-Sonderaktion. Freuen Sie sich auch auf unsere Betten-Sonderaktion im April.

Durch die Bindestriche springt das Wichtige, nämlich die Unterscheidung zwischen *Küchen* und *Betten*, besser ins Auge.

Bei Gerrits Tarte klärt der Bindestrich, ob die Kräuter eine Extrazutat (Satz 1) oder ein Frischkäse-Bestandteil sind (Satz 2).

- Zu den Zutaten einer Kräuter-Frischkäse-Tarte gehören Kräuter und Frischkäse.
- Zu den Zutaten einer Kräuterfrischkäse-Tarte / Kräuterfrischkäsetarte gehört Kräuterfrischkäse.

BINDESTRICHE ZUM ABKÜRZEN

Schließlich können Sie Bindestriche nutzen, um bei zwei Komposita einen gleichlautenden Bestandteil nur einmal nennen zu müssen.

- Es kommt auf die Obstsorte und -qualität an.

Das gekürzte Wort beginnt in dem Fall klein.

So eine Kürzung geht sogar doppelt:

- Ich kümmere mich um den Warenein- und -ausgang.

Hier wird einmal *-gang* weggekürzt und einmal *Waren-*.

Möglich ist die Auslassung auch dann, wenn bei einem der beiden Wörter Getrenntschreibung vorliegt:

- Meine Zielgruppe sind Klein- und mittelständische Unternehmen.

☑ Unübersichtliche Komposita darf ich mit Bindestrichen schreiben, wenn das die Lesbarkeit verbessert. Beim Abkürzen mit Bindestrich denke ich daran, dass das abgekürzte Wort dann klein weitergeht.

2.1.3 Der Hund ist zu allem imstande.

→ Wann schreibe ich Verbindungen aus Präposition und Substantiv zusammen?

»Hm«, grübelt Sina mit Blick auf die Käseplatte. »Ich bin mir sicher, dass ich auch Bergkäse mitgebracht hatte. Den sehe ich nicht.«

»Ähm.« Gerrit schaut erschrocken und eilt aus der Küche.

Kurz darauf kommt er mit einer lädierten Käsepackung zurück. »Tamino …«, murmelt er nur. »Dieser Hund ist echt zu allem imstande.«

»Ein paar Opfer muss man wohl in Kauf nehmen«, seufzt Sina.

»Tut mir leid um den Bergkäse«, erwidert Gerrit geknickt.

»Ach, es gibt Wichtigeres«, beruhigt ihn Sina. »Zum Beispiel: Wie schreibt man wohl *imstande sein* und *in Kauf nehmen*?«

|| Richten sich Sina und Gerrit nach der Duden-Empfehlung, schreiben sie *imstande* zusammen. *In Kauf nehmen* müssen sie hingegen getrennt schreiben.

Geht ein Substantiv eine feste Verbindung mit einer Präposition ein, kann die Verbindung oftmals klein- und zusammengeschrieben werden. Leider ist das aber nicht bei all diesen Verbindungen der Fall, und auch die Duden-Empfehlungen unterscheiden sich.

- *Zusammenschreibung empfohlen:* Damit tritt ein neues Problem **zutage**/zu Tage.
- *Getrenntschreibung empfohlen:* Wir treffen uns **zu Hause**/zuhause.
- *Nur Getrenntschreibung:* Ich muss das noch zu Ende bringen.

VERBINDUNGEN MIT GETRENNTSCHREIBUNG

Schauen wir uns zunächst ein paar Beispiele für Getrenntschreibung an:

- Seine Glückwünsche kamen in Form von Blumen.
- In Bezug auf Ihre Anfrage habe ich eine gute Nachricht.
- Sie will die schlechten Bewertungen in Kauf nehmen.
- Du kannst diese Regel nicht einfach außer Kraft setzen.

Auch die Konstruktionen *zu Ende* und *zu Hilfe* schreiben sich immer getrennt:

- Auch die schönste Feier muss einmal zu Ende gehen.
- Du solltest ein Lineal zu Hilfe nehmen.

Passen Sie bei *zu Recht* auf:

- Er hat sich zu Recht geärgert.
- *Aber:* Kommst du zurecht? → *vom Verb* zurechtkommen

In anderen Verbindungen ist die Bedeutung des Substantivs verblasst. Hier haben Sie Wahlmöglichkeit; der Duden empfiehlt die Zusammenschreibung.

- **anstelle** / an Stelle
- **aufgrund** / auf Grund
- **aufseiten** / auf Seiten
- **infrage** / in Frage
- **instand** / in Stand
- **mithilfe** / mit Hilfe
- **vonseiten** / von Seiten
- **zugrunde** / zu Grunde
- **zulasten** / zu Lasten
- **zurande** / zu Rande
- **zutage** / zu Tage

Ein Sonderfall ist *zu Hause/zuhause*. Hier sind zwar ebenfalls beide Schreibweisen erlaubt, der Duden empfiehlt jedoch die Getrenntschreibung.

- Ich finde, **zu Hause**/zuhause ist es immer noch am schönsten.
- Ich muss jetzt **nach Hause**/nachhause gehen.

Zuhause kann jedoch auch substantiviert sein. Dann schreiben Sie es groß und zusammen:

- Mein Zuhause ist mir heilig.

☑ Am einfachsten ist es, Verbindungen aus Präposition und Substantiv immer getrennt zu schreiben – möglich ist das. Will ich nach Duden-Empfehlung gehen, muss ich mir häufige Zusammenschreibungen merken *(mithilfe, anstelle, aufgrund …)*. Wichtig: *Zu Ende* schreibe ich immer getrennt.

WENN EIN VERB HINZUTRITT

Achtung: Tritt ein Verb hinzu, schreiben Sie das Verb getrennt.

- Du musst nicht immer alles **infrage stellen** / in Frage stellen.
- Er wird noch daran **zugrunde gehen** / zu Grunde gehen.
- Welche Abgründe werden noch **zutage treten** / zu Tage treten?
- Wirst du mit der Situation **zurande kommen** / zu Rande kommen?

Falsch wären also Formen wie **infragestellen* oder **zurandekommen* – es sei denn, das Verb ist substantiviert *(dein ständiges Infragestellen)*.

Eine wichtige Ausnahme sind Verbindungen mit *zurecht-*. Hier gilt die Zusammenschreibung:

- Ich muss mich hier erst noch zurechtfinden.
- Sie muss sich noch zurechtmachen.

☑ Tritt zu den Verbindungen aus Präposition und Substantiv ein Verb hinzu, schreibe ich es getrennt. Als Ausnahme merke ich mir Verbverbindungen mit *zurecht-*. Sie schreibe ich zusammen.

2.1.4 Dafür habe ich zurzeit keinen Kopf.

→ Wie schreibe ich Verbindungen mit *Zeit*?

»Wie läuft's im Job?«, fragt Gerrit und nimmt sich noch ein Stück Käse.

Sina hält beim Streichen inne und verzieht das Gesicht. »Frag nicht.«

»Wolltest du dir nicht längst einen neuen Job suchen?«

»Ach. Dafür habe ich zurzeit keinen Kopf.«

»Du weißt ja, meine Mutter sucht immer Personal. Du kannst sie jederzeit anrufen.«

»Deine Mutter und ich auf engstem Raum? Meinst du, meine Drachenrüstung hält das aus?«

»Eine Zeit lang«, grinst Gerrit. »Aber sag mir lieber, wie du *zurzeit, jederzeit* und *Zeit lang* schreibst.«

|| Am besten entscheiden sich Sina und Gerrit für die Schreibweise *eine Zeit lang*. Die Ausdrücke *zurzeit* und *jederzeit* schreiben sich dagegen klein und zusammen.

Verbindungen mit *Zeit* gibt es oftmals in zwei Varianten. Wann ist Zusammenschreibung richtig, wann Getrenntschreibung?

JEDERZEIT UND *ZU JEDER ZEIT*

Treten die Verbindungen *jederzeit, seinerzeit* und *derzeit* ohne *zu* auf, schreibt man sie klein und zusammen.

- Wir sind jederzeit für Sie da.
- War seinerzeit wirklich alles besser?
- Ich habe dafür derzeit keinen Kopf.

Tritt ein *zu* hinzu, wird das Substantiv *Zeit* hingegen abgekoppelt.

- Sie können mich zu jeder Zeit anrufen.
- War zu seiner Zeit wirklich alles besser?
- Zu der Zeit hatte ich dafür keinen Kopf.

Wie sieht es mit *beizeiten* aus? Eine Variante mit *zu* gibt es hier nicht. Man schreibt die Wendung daher in jedem Fall klein und zusammen.

- Du musst mich beizeiten mal besuchen kommen.

ZURZEIT UND *ZUR ZEIT*

Nur bei *zurzeit/zur Zeit* klappt der Test nicht, weil das *zu* bereits enthalten ist. Hier müssen Sie sich zwei unterschiedliche Schreibweisen merken – je nach Bedeutung.

Zurzeit im Sinne von »derzeit, gegenwärtig« wird zusammengeschrieben:

- Ich habe dafür zurzeit keinen Kopf.

Reden wir hingegen von einem Zeitpunkt in der Vergangenheit, wird die Wendung getrennt geschrieben:

- Zur Zeit der Wikinger war das Leben hart.
  Auch: Zu Zeiten der Wikinger war das Leben hart.

ZEIT LANG UND *ZEITLANG*

Für die Verbindung *Zeit lang* existieren beide Varianten. Der Duden empfiehlt die Getrenntschreibung.

- Eine **Zeit lang**/Zeitlang habe ich viel Sport getrieben.

Wenn ein Adjektiv hinzutritt, müssen Sie auf jeden Fall getrennt schreiben:

- Ich habe mich eine kurze Zeit lang gehen lassen.

Am besten ist es also, wenn Sie sich die Getrenntschreibung merken.

☑ Die Verbindungen *jederzeit, seinerzeit* und *derzeit* schreibe ich klein und zusammen. Tritt ein *zu* hinzu, gilt die getrennte Schreibweise *(zu jeder Zeit). Zurzeit* im Sinne von »gegenwärtig« schreibe ich ebenfalls klein und zusammen. *Eine Zeit lang* schreibe ich am besten getrennt.

2.2 Zusammen oder getrennt: Verbverbindungen

Was kann alles zu einem Verb hinzutreten? Ein zweites Verb, ein Substantiv, ein Adjektiv, ein Adverb. Wann man die neue Fügung zusammenschreibt und wann nicht, gehört zu den größten Hürden der deutschen Rechtschreibung.

Unser erster Fall ist die Kombination von zwei Verben:

> 2.2.1 Ich werde die Bemerkung mal so stehen lassen. Was passiert, wenn zwei Verben aufeinandertreffen?

Ein hinzutretendes Substantiv schreibt man in der Regel getrennt. Manche Substantive sind aber verblasst, dann kommt es zu Zusammenschreibung – so wie bei *schlussfolgern* oder *teilnehmen*. Im zweiten Unterkapitel lesen Sie mehr dazu:

> 2.2.2 Alles steht kopf. Wie schreibe ich Verbindungen aus Substantiv und Verb?

Die größte Herausforderung steht uns noch bevor. Was passiert, wenn zum Verb ein Adjektiv oder Adverb hinzutritt? Die nächsten Unterkapitel lotsen Sie durch die Klippen:

> 2.2.3 Du kannst schon mal das Gemüse klein schneiden. Wie schreibe ich Verbindungen aus Adjektiv und Verb?

2.2.4 Etwas mehr Lockerheit würde dir guttun. Wie schreibe ich Verbindungen mit *gut, sicher, frei* und *wohl*?

2.2.5 Wie soll ich das auseinanderhalten? Was passiert, wenn zum Verb ein Adverb hinzutritt?

2.2.1 Ich werde die Bemerkung mal so stehen lassen.

→ Was passiert, wenn zwei Verben aufeinandertreffen?

»Der Dackel hat schon wieder was fallen lassen.« Sina zieht die Nase kraus.

»Danke für den Hinweis. Seh ich selbst«, sagt Gerrit und greift zur Tüte.

»Apropos fallen – kommst du morgen mit zum Bouldern?«

»Ich kann nicht, ich muss noch Origami falten üben.«

»Weil du sonst nicht bei der Origami-Weltmeisterschaft mitmachen kannst?«

Gerrit guckt gekränkt. »Ich werde die Bemerkung mal so stehen lassen.«

»Wie du meinst«, grinst Sina. »Und wie schreibst du *fallen lassen, falten üben* und *stehen lassen*?«

|| Bei der in übertragener Bedeutung verwendeten Fügung *stehen lassen* haben Sina und Gerrit die Wahl zwischen Getrennt- und Zusammenschreibung. Sonst wird getrennt geschrieben: *fallen lassen, falten üben.*

Wann werden zwei Verben zusammengeschrieben? Das ist nur selten der Fall, wie wir gleich sehen werden.

NORMALERWEISE GETRENNT

Fügungen aus zwei Verben werden in der Regel getrennt geschrieben:

- Wollen wir morgen spazieren gehen?
- Am Montag muss ich arbeiten gehen.
- Ich will noch singen üben.
- Willst du stricken lernen?

Ausnahme:

- Ich möchte ihn **kennenlernen** / kennen lernen.

Der Duden empfiehlt hier die Zusammenschreibung.

FÜGUNGEN MIT *BLEIBEN* UND *LASSEN*

Eine Besonderheit sind Fügungen mit *bleiben* und *lassen*. Sie werden in wörtlicher Bedeutung ganz normal getrennt geschrieben. In übertragener Bedeutung können Sie sie auch zusammenschreiben.

- Ich werde lieber sitzen bleiben (nicht aufstehen).
- *Aber:* Er will nicht **sitzen bleiben** / sitzenbleiben (die Klasse wiederholen).

- Ich würde gerne noch liegen bleiben (im Bett bleiben).
- *Aber:* Soll die Arbeit etwa **liegen bleiben** / liegenbleiben (unerledigt bleiben)?

- Ich werde das Spiel noch stehen lassen (nicht wegräumen).
- *Aber:* Ich werde deine Kritik mal so **stehen lassen** / stehenlassen (nicht weiter kommentieren).

– Sie hat die Buddha-Statue fallen lassen (heruntergeworfen).
– *Aber:* Sie hat eine schnippische Bemerkung **fallen lassen** / fallenlassen (ausgesprochen).

Wenn Sie sich nicht jedes Mal den Kopf zerbrechen wollen, ob ein Ausdruck wörtlich oder übertragen zu verstehen ist, schreiben Sie einfach immer getrennt.

☑ Fügungen aus zwei Verben schreibe ich in der Regel getrennt. Ausnahme ist das Verb *kennenlernen.*

2.2.2 Alles steht kopf.

→ Wie schreibe ich Verbindungen aus Substantiv und Verb?

»Alles steht kopf«, murmelt Gerrit.

»Oh.« Sina klingt besorgt. »Was ist denn los?«

»Nicht ich«, beruhigt Gerrit sie. »Ich hab mich nur gerade durch die Filmvorschläge geklickt. *Alles steht Kopf* ist ein Pixar-Film.«

»Kenn ich.«

»Ja, und ich frage mich gerade, warum die *Kopf* großschreiben. Das muss kleingeschrieben werden.«

»Wie bitte?«, fragt Sina. »Im Leben nicht. *Kopf* ist doch ein Substantiv.«

|| Gerrit hat recht: Richtig wäre die Schreibweise *alles steht kopf.*

NORMALERWEISE GETRENNT

Die Verbindung aus Substantiv und Verb schreibt man in der Regel getrennt. Das Substantiv bleibt dann natürlich großgeschrieben.

- Wir können doch morgen Rad fahren.
- Kannst du Klavier spielen?
- Ich will heute noch Plätzchen backen.

Wird das Verb allerdings substantiviert, kommt es zur Zusammenschreibung:

- Im Winter macht mir das Radfahren keine Freude.
- Ohne das Klavierspielen könnte ich nicht leben.
- Das geplante Plätzchenbacken haben wir auf morgen verschoben.

Mehr zu diesen Substantivierungen können Sie in Kapitel 1.1.4 nachlesen.

☑ Fügungen aus Substantiv und Verb schreibe ich in der Regel getrennt *(Rad fahren)*. Nur wenn das Verb substantiviert wird, gilt Zusammenschreibung *(das Radfahren)*.

Daneben gibt es jedoch Verbindungen, bei denen das Substantiv verblasst ist – da sieht es dann anders aus.

VERBINDUNGEN MIT VERBLASSTEM SUBSTANTIV

Man spricht von »verblassten Substantiven«, wenn das Substantiv seine Eigenständigkeit verloren hat und mit dem Verb verschmolzen ist.

- Was soll ich daraus schlussfolgern?
- Ich kann leider nicht am Workshop teilnehmen.
- Dieses Geheimnis kann ich nicht preisgeben.
- Wollen wir morgen eislaufen?
- Ich habe mich dran gewöhnt, dass mein Mann schlafwandelt.
- Musst du immer gleich kopfstehen?

Bei einigen Verben kann sich der substantivische Teil je nach Satzstellung abspalten. Man schreibt ihn dann trotzdem klein.

- Nimmst du auch am Workshop teil?
- Dieses Geheimnis gebe ich nicht preis.
- Die Kinder laufen im Winter gerne eis.
- Als ich das erfuhr, stand meine Welt kopf.
- *Aber nicht:* *Ich folgere schluss, dass …
  Sondern: Ich schlussfolgere, dass …

Gerrit hat also recht: Der Filmtitel *Alles steht Kopf* entspricht nicht der korrekten Rechtschreibung. Da es in dem Film hauptsächlich um das geht, was sich im Kopf der Protagonistin abspielt, mag ein Wortspiel dahinterstecken.

An die meisten dieser Verben mit verblasstem Substantiv sind wir gewöhnt: *teilnehmen, preisgeben, schlussfolgern* … Ich gehe davon aus, dass Sie sich die Schreibweise nicht erst umständlich zu merken brauchen.

BEIDES MÖGLICH

Ein paar wenige Verbindungen gibt es, bei denen beide Schreibweisen möglich sind – mit unterschiedlichen Varianten in der flektierten Form.

- Sie wird auch vor einer Lüge nicht **haltmachen** / Halt machen.
  Sie macht auch vor einer Lüge nicht **halt** / Halt.

- Ich muss heute noch staubsaugen / Staub saugen.
  Ich sauge gerne Staub / ich staubsauge gerne.

- Sie kann gut **brustschwimmen** / Brust schwimmen.
  Aber nur: Sie schwimmt am liebsten Brust.

2.2.3 Du kannst schon mal das Gemüse klein schneiden.

→ Wie schreibe ich Verbindungen aus Adjektiv und Verb?

»Lass uns heute mal zusammen kochen«, schlägt Gerrit vor und drückt Sina Brettchen und Messer in die Hand. »Du kannst schon mal das Gemüse klein schneiden.«

»Öhm«, sagt Sina. »Können wir nicht einfach eine Dose Erbsen warm machen?«

Gerrit zieht eine Augenbraue hoch. »Den Vorschlag kann ich nicht ernst nehmen.«

»Pff«, macht Sina. »Du wirst schon sehen, was du davon hast.«

Gerrit schaut sich lieber nicht an, was sie mit dem Messer veranstaltet. Schnell lenkt er ab: »Was ich mich gerade frage: Wie schreibt man *klein schneiden, warm machen* und *ernst nehmen*?«

|| *Klein schneiden* und *warm machen* können Sina und Gerrit getrennt oder zusammenschreiben. Bei *ernst nehmen* ist Getrenntschreibung Pflicht.

Ob man Kombinationen aus Adjektiv und Verb zusammen- oder getrennt schreibt, gehört zu den schwierigsten Rechtschreibfragen überhaupt.

VERBINDUNGEN MIT WAHLMÖGLICHKEIT

Eine bestimmte Kategorie von Verbindungen aus Adjektiv und Verb können Sie wahlweise getrennt oder zusammenschreiben.

- Kannst du bitte das Gemüse **klein schneiden** / kleinschneiden?
- Ich würde das Gericht morgen noch mal **warm machen** / warmmachen.
- Vor dem Streichen muss sie das Zimmer **leer räumen** / leerräumen.
- Die Vorhänge will er **blau färben** / blaufärben.
- Muss die Katze jedes Spielzeug gleich **kaputt machen** / kaputtmachen?
  Aber nur: sich kaputtmachen

Der Duden empfiehlt die Getrenntschreibung. Warum es besser sein könnte, nach Betonung zu gehen, erkläre ich weiter unten.

Was meine ich mit »eine bestimmte Kategorie«? Nun, es gelten folgende Bedingungen: Das Adjektiv muss sich auf ein Objekt beziehen und ein Resultat ausdrücken. Ich kann das Gemüse *kleinschneiden* und dann *warmmachen* (oder: *klein schneiden* und *warm machen*). *Gemüse* ist mein Objekt, *klein* und *warm* ist das Resultat.

VERBINDUNGEN MIT GETRENNTSCHREIBUNG

Die Unterscheidung ist deshalb wichtig, weil die Wahlmöglichkeit *nicht* für alle Fügungen gilt. Die folgenden Beispiele müssen Sie getrennt schreiben:

- Ich kann dich nicht ernst nehmen.
- Muss sie mich immer so streng ansehen?
- Ich werde die Wohnung morgen gründlich putzen.

Wenn ich eine Wohnung *gründlich putze*, bezieht sich das Adjektiv nicht auf das Objekt (eine gründliche Wohnung), sondern auf den Putzvorgang (gründliches Putzen). In solch einem Fall darf man nicht zusammenschreiben.

Das klingt kompliziert? Schauen wir noch mal weiter.

EINDEUTIGE ANZEICHEN FÜR GETRENNTSCHREIBUNG

Es gibt ein paar Marker, an denen Sie erkennen: Achtung, Getrenntschreibung.

a) Erweiterungen

Getrenntschreibung greift immer dann, wenn das Adjektiv oder Verb erweitert wird – zum Beispiel durch eine Vorsilbe oder eine Steigerungsform.

- Die Vorhänge will er **blau färben** / blaufärben.
  Aber nur: Die Vorhänge will er dunkelblau färben.
  Und nur: Die Vorhänge will er blau einfärben.

- Kannst du bitte das Gemüse **klein schneiden** / klein-schneiden?
  Aber nur: Kannst du das Gemüse noch kleiner schneiden?
  Und nur: Jetzt hast du das Gemüse klitzeklein geschnitten.

b) Die Verben *sein, werden* und *bleiben*

Im Zusammenhang mit *sein, werden* und *bleiben* schreibt man immer getrennt:

- Dazu muss ich erst mal wieder gesund sein.
- Ich wünschte, ich würde endlich gesund werden.
- Mit der richtigen Ernährung wirst du gesund bleiben.

c) Partizipien

Getrennt schreibt man außerdem Wendungen, bei denen dem Verb ein Partizip II vorangestellt wird:

- Sie konnten die Piraten gefangen nehmen.
- Wir müssen die Kaninchen getrennt halten.
- Hast du den Anbau genehmigt bekommen?
- Muss ich hier getrennt schreiben oder zusammenschreiben?

Am letzten Beispiel erkennen Sie gut den Unterschied: *Getrennt* ist ein Partizip und wird daher vom Verb abgetrennt. *Zusammen* ist ein Adverb und wird ans Verb angeschlossen.

ZUSAMMENSCHREIBUNG

Als wäre das alles nicht genug, gibt es feste Verbindungen, die nur noch in zusammengeschriebener Form existieren.

- Die Aufgabe wird euch nicht schwerfallen, sondern leichtfallen.
- Mit seiner Fahrweise wird er noch den ganzen Verkehr lahmlegen.
- Ich werde meinen Mitarbeiter freistellen.
- Ich denke, dass sie das Angebot bewusst knapphalten.

Ein gutes Indiz ist hier, dass die Verbindung nicht wörtlich zu verstehen ist. Wenn mir eine Aufgabe *schwerfällt*, hat das nichts mit *fallen* zu tun. Das Verb hat eine neue, übertragene Gesamtbedeutung angenommen.

In der Regel schreibt man außerdem Verben mit *fest*, *tot* und *voll* zusammen:

- Ich würde die Plane lieber festbinden.
- Die Polizei konnte niemanden festnehmen.
- Das sollten wir nicht totschweigen.
- Kannst du bitte das Auto volltanken?

ZWEI STRATEGIEN ZUR ENTSCHEIDUNG

Bei der Entscheidung über Zusammen- oder Getrenntschreibung können Sie zwischen zwei Strategien wählen. Die erste lautet: Sie schreiben immer getrennt, außer es ist eine neue, übertragene Gesamtbedeutung zu erkennen. Das funktioniert allerdings nicht immer und ist auch nicht immer leicht zu entscheiden.

Die andere Strategie ist, nach Betonung zu gehen. Damit schaffen Sie es in den meisten Fällen, richtig zu schreiben. Liegt die Betonung auf dem Verb, schreiben Sie getrennt:

- Wenn er so weitermacht, wird er noch tief fallen.
- Ich werde morgen die Wohnung gründlich putzen.
- Danach will ich die Wände neu streichen.
- Die Vorhänge werde ich blau einfärben.
- Kannst du das kurz halten?

Liegt die Betonung hingegen auf dem Adjektiv, schreiben Sie zusammen:

- Die Aufgabe wird euch leichtfallen.
- Vor dem Streichen muss er das Zimmer leerräumen.
- Kannst du bitte das Gemüse kleinschneiden?
- Mit deinem Mofa wirst du noch den ganzen Verkehr lahmlegen.
- Sie kann ihn doch nicht immer kurzhalten.
- Kannst du schon mal die Unterlagen bereitlegen?

Bei einigen dieser Wendungen empfiehlt der Duden die Getrenntschreibung. Da die Zusammenschreibung aber immerhin möglich ist, halte ich eine pragmatische Herangehensweise für gerechtfertigt. Denn Sie umgehen damit die schwierige Entscheidung, ob eine neue Gesamtbedeutung vorliegt, und sparen sich ständiges Nachschlagen.

Ein paar Ausnahmen gibt es allerdings. Es heißt:

- Ich kann ihn nicht ernst nehmen.
- Ich bin mir sicher, dass die beiden ihr Angebot ernst meinen.
- Wir wollen die Angelegenheit noch geheim halten.

Mit Blick auf die Betonung würde man hier zusammenschreiben – darf man aber nicht. Regeln sind nicht durchgängig logisch, damit müssen wir leben. So heißt es *geheim halten*, aber *bereithalten*. Kaum hat man sich dann *bereithalten* gemerkt, stellt man fest: Bei *bereit machen/bereitmachen* geht beides; die Getrenntschreibung wird empfohlen.

Wichtig: Denken Sie daran, Wendungen mit *sein* immer getrennt zu schreiben, Betonung hin oder her.

- Ich wünschte, ich würde meine Erkältung endlich los sein.
- Ich verspreche Ihnen, dass alles bereit sein wird.

☑ Um nicht so häufig nachschlagen zu müssen, kann ich mich nach der Betonung richten. Betonung auf dem Verb bedeutet Getrenntschreibung *(tief fallen)*, Betonung auf dem Adjektiv Zusammenschreibung *(leichtfallen)*. Verbindungen mit *sein* schreibe ich immer getrennt. Als Ausnahme merke ich mir Wendungen mit *ernst*: *ernst nehmen, ernst meinen.*

2.2.4 Etwas mehr Lockerheit würde dir guttun.

→ Wie schreibe ich Verbindungen mit *gut, sicher, frei* und *wohl*?

»Bist du fertig?« Mit gerunzelter Stirn betrachtet Gerrit die unterschiedlich groß geschnittenen Gemüsestückchen.

»Ja, wieso?«

»Ich wollte nur sichergehen.« Gerrit nimmt Sina das Messer aus der Hand und macht sich daran, die größten Stücke noch einmal zu teilen.

Sina schwingt sich achselzuckend auf den Küchentisch. »Etwas mehr Lockerheit würde dir guttun.«

Gerrit murmelt etwas von Garzeiten, will das Thema aber nicht vertiefen. Laut sagt er: »Was meinst du – schreibt man *sichergehen* und *guttun* zusammen oder getrennt?«

|| Beide Verbindungen schreibt man zusammen: *sichergehen*, *guttun*.

Wie wir eben in Kapitel 2.2.3 gesehen haben, gehören Adjektiv-Verb-Verbindungen zu den besonders schwierigen Rechtschreib-Entscheidungen. Schauen wir uns hier noch einmal vier Adjektive an, die zahlreiche Verbverbindungen mit unterschiedlicher Schreibung eingehen: *gut*, *sicher*, *frei* und *wohl*. Können wir ein paar allgemeine Regeln ausmachen, die uns helfen?

IMMER GETRENNT: *SEIN* UND *WERDEN*

Fügungen mit *sein* und *werden* schreiben Sie immer getrennt:

- Eine Lüge kann niemals gut sein.
- Das wird richtig gut werden.
- Sie will endlich frei sein.
- Es wird bestimmt noch ein Zimmer frei werden.
- Ich möchte sicher sein, dass es ihm gut geht.
- Lass es dir wohl sein.

WENDUNGEN MIT ZWEI BEDEUTUNGEN

Wenn zwei Varianten existieren, dann oft deshalb, weil es zwei Bedeutungen gibt – eine wörtliche und eine übertragene.

- *Wörtlich:* Sie kann in High Heels sicher gehen.
- *Übertragen:* Ich möchte sichergehen, dass es ihm gut geht.

- *Wörtlich:* Das hast du gut gemacht – ich bin beeindruckt.
- *Übertragen:* Er hat sein Verhalten wieder gutgemacht.

- *Wörtlich:* Mit dem neuen Füller kann er gut schreiben.
- *Übertragen:* Wir werden Ihnen den Betrag gutschreiben.

- *Wörtlich:* Kannst du frei sprechen?
- *Übertragen:* Ich will mich nicht von Schuld freisprechen.

- *Wörtlich:* Würdet ihr bitte den Weg frei machen / freimachen?
- *Übertragen:* Ich muss den Brief noch freimachen.

Statt *übertragen* nutzt der Duden hier den Begriff »idiomatisiert«, was so viel heißt wie »feste Wendung mit neuer Bedeutung«. Ich finde die Unterscheidung *wörtlich* versus *übertragen* aber leichter zu greifen.

DIE BETONUNG HILFT

Der beste Tipp ist immer noch, bei der Entscheidung für Zusammen- oder Getrenntschreibung nach der Betonung zu gehen. Testen Sie das mal bei den doppelten Bedeutungen, die ich oben aufgelistet habe:

- gut schreiben versus gutschreiben

Einmal betone ich auf dem Verb, einmal auf dem Adjektiv. Laut Betonung würde man übrigens »den Weg freimachen« schreiben – und das ist zum Glück ja auch erlaubt.

ZWEI HÄUFIGE FÜGUNGEN MIT *GUT*

Die beiden folgenden Wendungen können Sie sich gesondert merken:

- Das wird dir guttun.
- Ich hoffe, dass es dir **gut geht** / gutgeht.

Guttun immer zusammen – okay, das merkt man an der Betonung. Bei *gut gehen* ist hingegen beides erlaubt. Der Duden empfiehlt Getrenntschreibung, obwohl uns die Betonung Zusammenschreibung nahelegen würde. Sie sehen, die Empfehlungen entsprechen nicht immer dem, was man vermuten würde.

Und was passiert, wenn aus dem Verb ein Partizip wird – wie in *ein gut gehendes Geschäft*? Das können Sie in Kapitel 2.3.3 nachlesen.

☑ Wendungen mit *sein* und *werden* schreibe ich immer getrennt. Ansonsten ist der beste Tipp, nach Betonung zu gehen.

FÜGUNGEN MIT *WOHL*

Zum Schluss noch eine Extrarunde um das Wort *wohl*. Es existiert einmal als Adjektiv beziehungsweise Adverb im Sinne von »gut«, und einmal ist es eine Partikel, mit der man eine Vermutung ausdrückt. Trifft Letzteres zu, schreiben Sie immer getrennt.

- Ich hoffe, sie wird sich bei uns **wohlfühlen** / wohl fühlen.
- *Aber als Vermutung:* Wie wird sie sich wohl fühlen, wenn sie die Wahrheit erfährt?

- Ich bin wohlbehalten angekommen.
- *Aber als Vermutung:* Die Hose werde ich wohl behalten.

Auch hier merkt man es an der Betonung:

- Wie wird sie sich wohl fühlen?
- Wird sie sich wohlfühlen?

2.2.5 Wie soll ich das auseinanderhalten?

→ Was passiert, wenn zum Verb ein Adverb hinzutritt?

»Was fehlt noch?«, murmelt Gerrit. »Ah ja, Kreuzkümmel. Reichst du ihn mir mal, bitte?«

Sina reicht ihm einen Gewürzstreuer.

»Das ist Kümmel«, bemerkt Gerrit trocken.

»Wie soll ich das auseinanderhalten? Ich dachte, Kümmel ist Kümmel.«

Gerrit zieht die Augenbraue hoch und geht selbst ans Gewürzregal. »Sag mal, hast du hier alles durcheinandergebracht? Ich hatte das doch alphabetisch geordnet.«

»Nach Farben fand ich aber hübscher.«

»Immer wieder ein Abenteuer, mit dir zusammen zu kochen«, seufzt Gerrit.

»Finde ich ja auch«, grinst Sina. »Und wie schreibt man *auseinanderhalten*, *durcheinanderbringen* und *zusammen kochen*?«

|| *Auseinanderhalten* und *durcheinanderbringen* müssen Sina und Gerrit zusammenschreiben. *Zusammen kochen* wird getrennt geschrieben.

Adverbien gehen besonders gern eine Verbindung mit Verben ein. Beispiele für solche verbindungsfreudigen Adverbien sind *auseinander*, *zurück* oder *zusammen*.

NORMALERWEISE ZUSAMMEN

Man schreibt Adverb-Verb-Verbindungen in der Regel zusammen:

- Ich kann die beiden nicht auseinanderhalten.
- Am liebsten würde sie davonlaufen.
- Wirst du in die Firma zurückkehren?
- Das Angebot wird nicht mehr wiederkommen.

GETRENNTSCHREIBUNG BEI ZWEITER BEDEUTUNG

Einige solcher Fügungen können jedoch auch getrennt geschrieben werden, wenn die Betonung es nahelegt. Oft entsteht dabei eine zweite Bedeutung. Meine Unterstreichung markiert die Betonung.

- Er wird nicht wiederkommen (= zurückkehren).
- Er wird nicht wieder kommen (= erneut kommen).

- Die Zukunft kann niemand vorhersagen (= prophezeien).
- Kannst du mir das nicht vorher sagen (= früher sagen)?

- Ich würde die beiden Punkte untereinanderschreiben.
- Wir sollten uns untereinander helfen.

ZUSAMMEN UND *MITEINANDER*

Das Adverb *zusammen* fügen Sie nur in wenigen Fällen direkt ans Verb an:

- Da muss man halt mal die Zähne zusammenbeißen.
- Ich muss noch meine Sachen zusammensuchen.

Könnten Sie *zusammen* hingegen durch das Wort *gemeinsam* ersetzen, schreiben Sie getrennt. Die Betonung gibt Ihnen einen sicheren Hinweis:

- Wollen wir morgen zusammen kochen?
- Sie können gut zusammen arbeiten (= gemeinsam in einem Raum arbeiten).

  Aber: Sie können gut zusammenarbeiten (= kooperieren).

Das Adverb *miteinander* erfordert ausschließlich Getrenntschreibung. Auch hier hilft Ihnen wieder die Betonung.

- Wir müssen miteinander reden.
- *Aber:* Müssen denn alle durcheinanderreden?

GETRENNTSCHREIBUNG BEI *SEIN* UND *WERDEN*

Denken Sie außerdem daran, Fügungen mit *sein* und *werden* immer getrennt zu schreiben.

- Da möchte ich gerne dabei sein.
- Ich werde immer für dich da sein.
- Das wird schon wieder werden.

Ausgenommen sind hier natürlich Substantivierungen – so wie bei *danke fürs Dabeisein.*

☑ Verbindungen aus Adverb plus Verb schreibe ich in der Regel zusammen. Wenn die Betonung es nahelegt, kann aber auch Getrenntschreibung richtig sein. Fügungen mit *sein* und *werden* schreibe ich auf jeden Fall getrennt.

2.3 Zusammen oder getrennt: Adjektiv- und Partizipverbindungen

Auch Adjektive sind wortbildungsfreundlich und nehmen gerne andere Wörter in sich auf.

- Substantiv + Adjektiv: feuerfest
- Adjektiv + zweites Adjektiv: schwerreich, blau-weiß
- Verb + Adjektiv: sterbenslangweilig

Was Sie dabei beachten müssen, erkläre ich Ihnen hier:

2.3.1 Deine Ausreden sind mal wieder nobelpreisverdächtig. Was passiert, wenn ein Adjektiv noch ein weiteres Wort aufnimmt?

In den nächsten beiden Unterkapiteln geht es um Partizipien. Ein Partizip geht aus einem Verb hervor und nimmt die Eigenschaft eines Adjektivs an. Sie erkennen es an der Endung *-end*: *der lachende Sieger, der weinende Verlierer.* Daneben gibt es auch die Vergangenheitsform: *das gemachte Bett, der verlorene Sohn.*

Partizipien schließen sich oft mit Substantiven oder Adjektiven zusammen:

- Eine Dienst habende / diensthabende Ärztin ist eine Ärztin, die Dienst hat.
- Ein ernst zu nehmender / ernstzunehmender Vorfall ist ein Vorfall, den man ernst nehmen muss.

Wie es dabei mit der Zusammen- und Getrenntschreibung aussieht, erfahren Sie hier:

> 2.3.2 Bist du sicher, dass das so eine gewinnbringende Idee ist? Was passiert, wenn zum Partizip ein Substantiv hinzutritt?
>
> 2.3.3 Hast du die gut aussehende Verkäuferin angerufen? Was passiert, wenn zum Partizip ein Adjektiv hinzutritt?

2.3.1 Deine Ausreden sind mal wieder nobelpreisverdächtig.

→ Was passiert, wenn ein Adjektiv noch ein weiteres Wort aufnimmt?

»Hach«, seufzt Sina, während sie die sich räkelnde Katze auf ihrem Schoß streichelt. »Was für ein hundsgemütlicher Abend. Ich steh heute nicht mehr auf.«

»Hundsgemütlich?« Gerrit blickt auf den Dackel. »Tamino sieht das etwas anders. Der muss noch mal raus.«

»Bei diesem nasskalten Wetter? Viel Spaß euch beiden.«

Gerrit schaut sie etwas gekränkt an.

»Was?«, fragt Sina. »Wenn man eine Katze auf dem Schoß hat, kann man nicht aufstehen. So will es das Gesetz.«

»Deine Ausreden sind mal wieder nobelpreisverdächtig«, sagt Gerrit und greift nach der Leine. »Komm, Tamino. Draußen überlegen wir mal, wie man *hundsgemütlich, nasskalt* und *nobelpreisverdächtig* schreibt.«

|| Gerrit kommt beim Gassigehen bestimmt auf die richtige Lösung: *hundsgemütlich*, *nasskalt* und *nobelpreisverdächtig* schreiben sich in einem Wort.

Das Deutsche ist wirklich herrlich mit seinen Möglichkeiten, Wörter aneinanderzupuzzeln – so auch bei Adjektiven. Doch wann schreibt man zusammen, wann mit Bindestrich?

ADJEKTIV PLUS SUBSTANTIV

Besonders gerne nehmen Adjektive noch ein Substantiv auf. So ein Konstrukt schreibt man klein und zusammen.

- eine blütenweiße Weste
- ein messerscharfer Verstand
- eine kostenneutrale Lösung
- eine nobelpreisverdächtige Idee

Auch wenn Sie neue Wörter ersinnen, schreiben Sie zusammen:

- ein düsenjetschneller Gedanke
- ein kartenhauswackliges Konstrukt

ADJEKTIV PLUS VERB

Seltener nimmt das Adjektiv auch mal ein Verb mit auf.

- Ein sterbenslangweiliger Vortrag ist so langweilig, dass man sterben möchte.
- Ein blitzsauberer Boden ist so sauber, dass es blitzt.

ADJEKTIV PLUS ADJEKTIV

Nur beim Zusammentreffen von zwei Adjektiven müssen Sie zwei verschiedene Schreibweisen unterscheiden. Solche Konstruktionen werden nämlich entweder zusammen- oder mit Bindestrich geschrieben.

Zunächst die Zusammenschreibung. Hier gibt es viele Verbindungen, bei denen ein zweites Adjektiv zur Verstärkung vorangestellt wird.

- eine bitterkalte Nacht
- ein hochaktuelles Thema
- ein schwerkrimineller Nachbar
- eine tieftraurige Geschichte
- eine wildfremde Frau

Als Test können Sie probeweise ein *und* zwischen die Adjektive setzen. Das Thema ist hoch und aktuell, der Nachbar ist schwer und kriminell, die Frau ist wild und fremd – ergibt das Sinn? Nein. Dann schreibt man zusammen.

WANN SCHREIBT MAN MIT BINDESTRICH?

Einen Bindestrich brauchen Sie in der Regel, wenn Sie die beiden Adjektive mit *und* oder *oder* verbinden könnten.

- Ein kalt-warmes Buffet hält kalte *und* warme Speisen bereit.
- Die deutsch-französische Freundschaft ist die Freundschaft zwischen Deutschland *und* Frankreich.

Dennoch gibt es Fälle, die man trotzdem zusammenschreibt:

- Ein nasskaltes Wetter ist nass und kalt.
- Eine süßsaure Suppe ist süß und sauer.

Den Grund würde ich darin sehen, dass hier bereits eine neue Bedeutung entstanden ist. *Nasskalt* und *süßsauer* bezeichnen ganz eigene Qualitäten.

Der Unterschied zwischen Zusammen- und Getrenntschreibung wird hier klar:

- Ein grüngelber Pulli ist ein Pulli, dessen Farbton zwischen Grün und Gelb liegt.
- Ein grün-gelber Pulli ist ein Pulli, der sowohl grüne als auch gelbe Farbbereiche aufweist.

Der Bindestrich hilft Ihnen also, die richtige Bedeutung zu vermitteln.

☑ Adjektivverbindungen schreibe ich in der Regel zusammen. Ein Bindestrich ist die richtige Wahl, wenn ich probeweise ein *und* zwischen die Adjektive setzen kann.

2.3.2 Bist du sicher, dass das so eine gewinnbringende Idee ist?

→ Was passiert, wenn zum Partizip ein Substantiv hinzutritt?

»Sina!« Gerrit klingt ganz aufgeregt. »Du hast doch neulich den Witz mit der Origami-Weltmeisterschaft gerissen.«

»Ja. Und?«

»Ich hab die Idee meinem Origami-Verein vorgeschlagen. Nur eben auf regionaler Ebene.«

»Autsch. Bist du sicher, dass das so eine gewinnbringende Idee ist?«

»Die Leute vom Verein fanden's gut.« Gerrit wackelt freudig mit dem Kopf.

»Na, das wird ja was. Lauter origamifaltende Spinner in einem Raum.«

»Spinner?«

»Virtuosen, meinte ich«, grinst Sina. »Aber wie schreibt man wohl *gewinnbringend* und *origamifaltend*?«

|| Der Duden empfiehlt die Schreibweise *gewinnbringend*. Analog können Gerrit und Sina *origamifaltend* schreiben.

Zur Erinnerung: Partizipien werden wie Adjektive verwendet, sind jedoch von einem Verb abgeleitet. Solche Partizipien können durch ein Substantiv erweitert werden: ein *zweckorientiertes* Bündnis, eine *gewinnbringende* Entscheidung. Die richtige Schreibweise kann hier etwas Kopfzerbrechen bereiten.

ZUSAMMEN ODER GETRENNT?

Bei vielen Partizipgruppen können Sie zwischen Zusammen- und Getrenntschreibung entscheiden. Der Duden empfiehlt meist (aber nicht immer) die Zusammenschreibung.

- eine **gewinnbringende** / Gewinn bringende Entscheidung
- die **deutschsprechende** / Deutsch sprechende Bevölkerung
- die **diensthabende** / Dienst habende Ärztin
- die schlangestehenden / Schlange stehenden Bürger*innen
- die notleidenden / **Not leidenden** Tiere
- der hilfesuchende / **Hilfe suchende** Patient

Entscheidend in diesen Beispielsätzen ist, dass sich die Partizipgruppen sinnvoll zu Substantiv und Verb auflösen lassen.

- Die Entscheidung bringt Gewinn.
- Die Bevölkerung spricht Deutsch.
- Die Ärztin hat Dienst.

Bei den folgenden Beispielen geht das nicht. Hier brauchen Sie beim Auflösen noch ein weiteres Wort, meist eine Präposition.

- ein wutschnaubender Vater
  Nicht: *Der Vater schnaubt Wut.
  Sondern: Der Vater schnaubt vor Wut.

- ein angsterfüllter Blick
  Aufgelöst: Der Blick ist von Angst erfüllt.

- eine nachfragebedingte Inflation
  Aufgelöst: Die Nachfrage ist durch die Inflation bedingt.

- die schneebedeckten Hänge
  Aufgelöst: Die Hänge sind von Schnee bedeckt.

- ein zweckorientiertes Bündnis
  Aufgelöst: Das Bündnis ist an einem Zweck orientiert.

Das zusätzliche Wort kann auch ein Artikel sein:

- ein ausschlaggebender Tipp
  Aufgelöst: Der Tipp gibt den Ausschlag.

- ein appetitanregender Duft
  Aufgelöst: Der Duft regt den Appetit an.

Benötigen Sie beim Auflösen ein solches zusätzliches Wort, müssen Sie Substantiv und Partizip zusammenschreiben.

ZUSAMMENSCHREIBUNG BEI FUGENZEICHEN

Noch eine Regel: Bei Verbindungen, die ein Fugen-s oder -n enthalten, müssen Sie immer zusammenschreiben.

- ein erfolgsbasiertes Modell
- die gnadenbringende Nacht

Am einfachsten ist es, sich die Zusammenschreibung zu merken. Sie ist schließlich in allen Fällen erlaubt.

☑ Wird ein Partizip durch ein Substantiv erweitert, merke ich mir am besten die Zusammenschreibung.

BEI ABKÜRZUNGEN

Handelt es sich bei dem Substantiv um eine Abkürzung, können Sie nicht einfach zusammenschreiben. Dann brauchen Sie einen Bindestrich:

- ABS-gesteuerte Bremsen
- ein CDU-geführtes Bundesland
- ein TÜV-geprüftes Spielzeug

An der Schreibweise der Abkürzung ändert sich beim Koppeln nichts; Großbuchstaben bleiben groß.

Wäre hier auch eine Getrenntschreibung möglich? Nein, denn wir benötigen beim Auflösen wieder mindestens ein weiteres Wort:

- Die Bremsen sind durch das ABS gesteuert.
- Das Bundesland ist von der CDU geführt.
- Das Spielzeug ist vom TÜV geprüft.

Anders sieht es bei der folgenden Verbindung aus:

- ein Lkw-fahrender / Lkw fahrender Chef
  Aufgelöst: Der Chef fährt Lkw.

Hier benötigen Sie beim Auflösen kein weiteres Wort und dürfen die Partizipgruppe daher wahlweise getrennt schreiben.

☑ Abkürzungen setze ich mit Bindestrich ans Partizip und behalte ihre Schreibweise bei.

GETRENNTSCHREIBUNG, WENN EIN ADJEKTIV HINZUTRITT

Am Ende gibt es nur eine Ausnahme, die Sie zu Getrenntschreibung zwingt. Dazu kommt es, wenn Sie noch ein Adjektiv vor Ihr Konstrukt setzen:

- Es war eine großen Gewinn bringende Entscheidung.
  Nicht: *eine großen gewinnbringende Entscheidung

- Die große Not leidenden Tiere wurden befreit.
  Nicht: *die große notleidenden Tiere

Die »ungrammatische« Schreibweise fällt hier recht gut ins Auge, sodass sich der Fehler vermeiden lassen sollte.

2.3.3 Hast du die gut aussehende Verkäuferin angerufen?

→ Was passiert, wenn zum Partizip ein Adjektiv hinzutritt?

»Hast du eigentlich die gut aussehende Verkäuferin angerufen?«, fragt Sina wie nebenbei, während sie an ihrem Kaffee nippt. »Die, die dir neulich den Zettel zugesteckt hat?«

»Nee«, sagt Gerrit. »Tamino hat den Zettel gefressen.«

Sina ahnt, dass das nicht der wahre Grund ist, streckt aber trotzdem dem Dackel die Hand hin: »*High five,* Tamino!« Der legt ungerührt den Kopf auf die Pfoten.

Gerrit grinst. »Der Hund hat echt die Ruhe weg. Sehr wohltuend.«

»Toll, bei dir gibt er doch auch Pfötchen«, mault Sina. »Und wie schreibt man wohl *gut aussehend* und *wohltuend*?«

|| Laut Duden-Empfehlung sollte Sina *gut aussehend* getrennt schreiben. *Wohltuend* wird hingegen zusammengeschrieben.

Eben hatten wir den Fall, dass zum Partizip ein Substantiv hinzutritt. Das Gleiche kann auch mit einem Adjektiv passieren. Aus *erziehend* wird dann *alleinerziehend*. Wie sieht es hier mit der Zusammen- oder Getrenntschreibung aus?

AUSSCHLAGGEBEND IST DER INFINITIV

Um zwischen Zusammen- und Getrenntschreibung zu entscheiden, müssen wir uns den Infinitiv anschauen, also die Grundform des Verbs.

Fall 1: Der Infinitiv wird zusammengeschrieben. Das gilt dann auch fürs Partizip:

- der freigeschaltete Code → kommt von *freischalten*
- die wohltuende Massage → kommt von *wohltun*
- die schwarzarbeitenden Bauarbeiter → kommt von *schwarzarbeiten*

Fall 2: Im Infinitiv sind beide Schreibweisen erlaubt. Dann ist auch beim Partizip beides erlaubt:

- das **warm gemachte** / warmgemachte Essen → kommt von ***warm machen*** oder *warmmachen*
- das **klein geschnittene** / kleingeschnittene Gemüse → kommt von ***klein schneiden*** oder *kleinschneiden*
- ein **gut gehendes** / gutgehendes Geschäft → kommt von ***gut gehen*** oder *gutgehen*

Fall 3: Der Infinitiv wird getrennt geschrieben. Dennoch sind beim Partizip *beide* Schreibweisen erlaubt. Der Duden empfiehlt die Getrenntschreibung.

- *ernst nehmen:* ein **ernst zu nehmender** / ernstzunehmender Vorschlag
- *frei stehen:* ein **frei stehendes** / freistehendes Haus
- *gut verdienen:* ein **gut verdienendes** / gutverdienendes Paar

Eine Ausnahme ist *alleinerziehend* – hier empfiehlt der Duden die Zusammenschreibung:

- *allein erziehen:* ein allein erziehender / **alleinerziehender** Vater
  Vgl. auch: Die Änderung betrifft besonders **Alleinerziehende** / allein Erziehende.

Wenn Sie unsicher sind, wie der Infinitiv geschrieben wird, bleibt nur der Blick in den Duden. Doch wir können auch schlau sein und schauen, wo die Gemeinsamkeit liegt. Und zwar wo? Richtig, es ist immer Zusammenschreibung erlaubt.

SONDERFALL *ZUGRUNDE LIEGEND*

Einen Sonderfall will ich noch nennen: *zugrunde liegend*. (*Zugrunde* ist kein Adjektiv, sondern ein Adverb. Ich nehme es trotzdem dazu.) Der Punkt ist, dass es hier im Infinitiv zwei mögliche Schreibweisen gibt. Man schreibt *zugrunde liegen* oder *zu Grunde liegen*. Daraus lassen sich folgende Partizipien bilden:

- der **zugrunde liegende** Sachverhalt
- der zugrundeliegende Sachverhalt
- der zu Grunde liegende Sachverhalt

☑ Will ich bei Partizipverbindungen nach Duden-Empfehlung gehen, hilft meist nur nachschlagen. Alternativ kann ich einfach immer zusammenschreiben.

2.4 Zusammen oder getrennt: Typische Zweifelsfälle

Im letzten Kapitel der Reihe »Zusammen oder getrennt?« will ich mir mit Ihnen noch ein paar Zweifelsfälle anschauen. Wir beginnen mit dem Wort *mal*:

> 2.4.1 Kann man nicht ein Mal in Ruhe baden? Wie schreibe ich Wendungen mit *mal*?

Fügungen mit *so* sind besonders fehleranfällig. Sie werden mal getrennt, mal zusammengeschrieben. Hier erfahren Sie, wie es richtig geht:

> 2.4.2 Soweit ich mich erinnere, war's lustig. Wie schreibe ich *soweit* und *solange*?

> 2.4.3 Na, ob das so bald passiert … Wie schreibe ich andere Ausdrücke mit *so*?

Den Abschluss macht ein kleines Potpourri aus Einzelfällen:

> 2.4.4 Immer dasselbe mit dir. Welche weiteren Fälle sollte ich mir merken?

Dasselbe schreibt man zusammen. Wie steht es um *wie viel*, *inwiefern* und *aufgrund dessen*? Nach der Lektüre wissen Sie es.

2.4.1 Kann man nicht ein Mal in Ruhe baden?

→ Wie schreibe ich Wendungen mit *mal*?

Kann man nicht ein Mal in Ruhe baden?, denkt Gerrit und angelt mit nassen Fingern nach dem Handy. »Ja?«

»Hi«, ertönt Sinas Stimme. »Wollen wir heute mal wieder ausgehen?«

»Hm«, grummelt Gerrit. »Lieber ein andermal.«

»Pff«, macht Sina. »Das sagst du jedes Mal.«

»Frag doch deine Freundinnen. Beim nächsten Mal komme ich wieder mit, okay?«

»Gib's zu, du liegst gerade in der Badewanne.«

»Quatsch«, sagt Gerrit. Ob Sina wohl heimlich eine Kamera installiert hat?

Sina seufzt. »Bevor ich dich jetzt zu überreden versuche, noch eine Frage: Wie schreibt man *mal wieder, ein andermal, jedes Mal* und *beim nächsten Mal*?«

|| Ob Gerrit wohl in der Badewanne die nötige Konzentration für Sinas Rechtschreibfrage aufbringt? Korrekt ist: *mal wieder, ein andermal, jedes Mal* und *beim nächsten Mal*. Sein gedachtes *ein Mal in Ruhe baden* schreibt sich hier aufgrund der besonderen Betonung am besten getrennt.

Konstruktionen mit *mal* sind ganz schön tückisch. Mal werden sie groß und getrennt geschrieben, mal klein und zusammen.

ZUSAMMEN ODER GETRENNT?

Schauen wir uns zunächst ein paar Beispiele für Zusammenschreibung an:

- Kannst du das noch einmal wiederholen?
- Auf einmal war sie fort.

- Ich komme lieber ein andermal wieder.
- Ich habe dich schon zweimal / dreimal / viermal angerufen.
- Das ist mir allemal lieber.

In den folgenden Beispielen steht *Mal* hingegen getrennt – und wird dann großgeschrieben:

- Bist du zum ersten Mal dabei?
- Das ist für mich das erste Mal.
- Beim nächsten Mal bringe ich Kaffee mit.
- Ein letztes Mal will ich ihn wiedersehen.
- Das sagst du jedes Mal.
- Mit einem Mal fühlte ich mich mutig.
- Ich will das ein für alle Mal klären.

Zwar könnte ich argumentieren, dass man hier ein Substantiv erkennen kann – *das erste Mal* –, doch könnte man so ein Substantiv auch bei *einmal* oder *zweimal* vermuten. Hilft also nicht wirklich.

ZWEI MÖGLICHE SCHREIBWEISEN

Tatsächlich gibt es Fälle, in denen je nach Betonung die Getrennt- und Zusammenschreibung erlaubt ist:

- einmal *oder* ein Mal
- keinmal *oder* kein Mal
- tausendmal *oder* tausend Mal
- ein paarmal *oder* ein paar Mal
- wievielmal *oder* wie viel Mal

Bei der ersten Variante liegt die Betonung vorne, bei der zweiten auf beiden Wörtern.

Betonung vorne:

- Einmal ist keinmal.
- Ein paarmal war ich schon dort.

Betonung auf beiden Wörtern:

- Wenn du das noch ein Mal machst, gibt es Ärger.
- Ich habe meine Aufgaben noch kein Mal vergessen.
- Ein paar Mal wird das ja wohl durchgehen.

Die Getrenntschreibung wählen Sie also dann, wenn Sie eine besonders starke Betonung setzen möchten.

Und wie vermeiden Sie es nun, Wendungen falsch zu schreiben? Ich denke, viele falsche Zusammenschreibungen erkennen Sie von selbst. **Letztesmal, *zum erstenmal* – da stimmt etwas nicht. Sobald Sie solche Zweifel bekommen, schreiben Sie lieber groß und getrennt.

MAL ALS ABKÜRZUNG FÜR *EINMAL*

Mal kann auch eine Abkürzung für *einmal* sein. Dann schreiben Sie das Wort klein und getrennt.

- Wollen wir wieder mal ausgehen?
- Das hast du mir schon mal erzählt.
- Darüber muss ich erst mal nachdenken.

Wenn Sie unsicher sind, ersetzen Sie *mal* einfach testweise durch *einmal*. So gelangen Sie auf die richtige Piste.

Im Umkehrschluss heißt das, dass Sie *mal* nur dann klein und getrennt schreiben dürfen, wenn Sie es durch *einmal* ersetzen können.

– *Richtig oder falsch?* Ich war schon *ein paar mal dabei.
  Probe: Ich war schon *ein paar einmal dabei.
  Geht nicht, daher: Ich war schon ein paarmal / ein paar Mal dabei.

DIE ENDUNGEN -*S* UND -*E*

Noch zwei Regeln: Verbindungen mit *-s* schreibt man immer klein und zusammen, *Male* mit *-e* immer groß und getrennt.

– Ich habe mich mehrmals verfahren.
– Ich danke Ihnen vielmals.

– Ich habe mich mehrere Male verfahren.
– Ich habe es viele Male versucht.
– Wie viele Male habe ich dir schon geholfen?
– Ihr Video wurde bereits viele Tausend Male angeklickt.

MIT ZIFFERN

Wenn Sie Ziffern verwenden, koppeln Sie *mal* mit Bindestrich an:

– 1- bis 2-mal
– 1000-mal

In einem Fließtext ist es allerdings stilistisch besser, Zahlen auszuschreiben. Für die Schreibweise mit Ziffern sollte es einen besonderen Grund geben, etwa die Darstellung in einer Tabelle.

☑ Ich merke mir insbesondere die Schreibweisen *einmal, zweimal, dreimal* etc. *Ein Mal* kann ich auch groß und getrennt schreiben, wenn ich die Betonung auf beide Wörter lege. Bei den meisten anderen Verbindungen ist die substantivische Verwendung gut erkennbar *(beim nächsten Mal)*. Kann ich *mal* durch *einmal* ersetzen, schreibe ich klein und getrennt *(erst mal)*.

2.4.2 Soweit ich mich erinnere, war's lustig.

→ Wie schreibe ich *soweit* und *solange*?

»Und? Wie war's gestern?«

»Gerrit, hallo.« Sinas Stimme tönt belegt durchs Handy. »Soweit ich mich erinnere, war's lustig.«

»Was heißt das denn? Hast du zu viel getrunken?«

»Ach – solange ich alles unter Kontrolle habe … Aber jetzt brauche ich eine Kopfschmerztablette.«

Gerrit hört sie rumoren und fluchen, als ihr offenkundig der Inhalt des Badezimmerschranks entgegenkommt. »Ich hab eine bessere Idee«, interveniert Gerrit. »Ich hol dich in zehn Minuten mit dem Dackel ab, und wir gehen ein bisschen an die frische Luft.«

»Okay. Aber ich muss noch duschen. Kannst du so lange warten?«

Gerrit hatte mit mehr Widerstand gerechnet. »Na klar. Aber bevor du auflegst: Wie war das noch gleich mit *soweit* und *solange*?«

|| Mit ihrem Kater wird Sina wohl Mühe haben, die Frage richtig zu beantworten. In den Formulierungen *soweit ich mich erinnere* und *solange ich alles unter Kontrolle habe* gilt die Zusammenschreibung, bei *so lange warten* dagegen nicht.

Soweit und *solange* können sowohl zusammen- als auch getrennt geschrieben werden. Beide Varianten bezeichnen jeweils etwas anderes, sind also nicht austauschbar.

SOLANG[E] UND *SO LANGE*

Das zusammengeschriebene *solang* oder *solange* ist eine Konjunktion, die einen Nebensatz einleitet:

- Solang Sie nichts von uns hören, ist alles gut.
- Ich warte, solange ich kann.

Davon zu unterscheiden ist die getrennt geschriebene adverbiale Fügung *so lange*. Am einfachsten erkennen Sie sie, wenn sie in der Mitte oder am Ende eines Teilsatzes steht. Dann kann es nämlich keine Konjunktion sein – ein sicheres Zeichen, *so lange* getrennt zu schreiben.

- Halten Sie den Knopf so lange gedrückt, bis das Gerät anspringt.
- Ich warte so lange, bis du kommst.

Steht *so lange* am Anfang eines Teilsatzes, müssen Sie etwas genauer hinschauen. Dann könnte nämlich beides zutreffen.

- So lange warte ich schon hier, dass mir fast die Füße einschlafen.
- *Aber:* Solange ich hier warte, kann ich mich ja nützlich machen.

Versuchen Sie in dem Fall einfach, die Stellung von *so lange* zu verändern. Wenn das klappt, wird die Verbindung getrennt geschrieben.

- Ich warte hier schon so lange, dass mir fast die Füße einschlafen.
- *Aber nicht:* *Ich warte hier so lange, kann ich mich ja nützlich machen.

☑ Steht so *lange* in der Mitte oder am Ende eines Teilsatzes – oder lässt es sich probeweise dorthin verschieben –, schreibe ich es getrennt. Andernfalls schreibe ich *solange* zusammen.

SOWEIT UND *SO WEIT*

Soweit ich weiß, kann man *so weit* sowohl zusammen- als auch getrennt schreiben. Aber wann ist was richtig?

Auch bei *soweit* handelt es sich um eine Konjunktion. Können Sie stattdessen *nach dem, was* einsetzen – alternativ auch *soviel* oder *in dem Maße, wie* –, ist Zusammenschreibung richtig.

- Soweit ich weiß, ist morgen mein Bruder dran.
  Vgl.: Nach dem, was ich weiß, ist morgen mein Bruder dran.

- Soweit mir bekannt ist, war das ein Irrtum.
  Vgl.: Soviel mir bekannt ist, war das ein Irrtum.

- Soweit ich dazu in der Lage bin, mache ich mit.
  Vgl.: In dem Maße, wie ich dazu in der Lage bin, mache ich mit.

In allen anderen Fällen schreibt man *so weit* getrennt.

- Das Essen ist noch nicht so weit.
- Bist du so weit, können wir losfahren?
- Es kommt noch so weit, dass sie sich verletzt.
- So weit, so gut.
- So weit wie möglich will er mitmachen.
- Ich werde das so weit unterstützen, dass du dir keine Sorgen zu machen brauchst.
- Ich kann dir so weit folgen.

Die Testphrasen passen hier nicht:

- Ich kann dir so weit folgen.
  Nicht: Ich kann dir *nach dem, was folgen.
  Nicht: Ich kann dir *soviel folgen.
  Nicht: Ich kann dir *in dem Maße, wie folgen.

☑ Am besten merke ich mir die Phrasen *soweit ich weiß*, *soweit ich mich erinnere* und *soweit mir bekannt ist* – hier wird *soweit* zusammengeschrieben. In so gut wie allen anderen Fällen wird so *weit* getrennt geschrieben.

2.4.3 Na, ob das so bald passiert …

→ Wie schreibe ich andere Ausdrücke mit so?

»Ganz schön bewölktes Wetter für eine Sonnenbrille«, bemerkt Gerrit, als Sina aus der Haustür tritt.

»Die trage ich ja auch nicht gegen die Sonne, sondern gegen den Kater«, erwidert Sina. »Sobald es mir besser geht, kommt sie runter.«

»Na, ob das so bald passiert …«, zweifelt Gerrit.

»Jetzt hör auf, dich zu beschweren. Du siehst doch genauso komisch aus mit deinem Käppi. Wozu hast du das auf, wenn die Sonne nicht scheint?«

Gerrit denkt an seine Geheimratsecken, laut sagt er: »Das nennt man ›Mode‹.«

Sina kichert. »Du warst auch schon mal glaubwürdiger. Aber wie schreibt man eigentlich *sobald* und *genauso*?«

|| Richtig heißt es: *sobald es mir besser geht; ob das so bald passiert; du siehst genauso komisch aus.*

Nach *soweit* und *solange* habe ich noch vier weitere Fügungen mit *so* für Sie, die sich mal zusammen-, mal getrennt schreiben: *genauso*, *sobald*, *sofern* und *sodass*.

GENAUSO UND GENAU SO

In den meisten Fällen schreibt sich *genauso* zusammen. Hier folgt in der Regel ein *wie* – oder Sie können es zumindest im Kopf ergänzen.

- Die Pizza schmeckt fast genauso lecker wie in Italien.
- Ich bin genauso ratlos (wie du).

Außerdem gibt es noch die Wendung *genauso gut* – in dem Fall ohne *wie*:

- Da kannst du genauso gut zu Fuß gehen.

Nachfolgende Wörter werden immer getrennt geschrieben: *genauso viel*, *genauso wenig*, *genauso oft* … Ausnahme ist die Fügung *genausovielmal* (auch: *genauso viel Mal*).

Davon zu unterscheiden ist ein Aufeinandertreffen der beiden Wörter *genau* und *so* in der Bedeutung »exakt auf diese Weise«. Hier folgt oft ein *dass*. Sie merken den Unterschied an der Betonung. Können Sie das *so* betonen, wird getrennt geschrieben.

- Die Deko sieht toll aus. Genau so habe ich es mir vorgestellt.
- Er hat alles genau so vorbereitet, dass er nachher keinen Zeitdruck bekommt.

☑ *Genau* so wird nur dann getrennt geschrieben, wenn ich das so betonen kann.

SOBALD UND *SO BALD*, *SOFERN* UND *SO FERN*

Die zusammengeschriebenen Wörter *sobald* und *sofern* sind Konjunktionen. Sie stehen immer am Anfang eines Teilsatzes.

- Ich sage dir Bescheid, sobald ich mehr weiß.
- Sofern du mitmachst, bekommst du auch ein Gummibärchen.

Ein getrennt geschriebenes *so bald* oder *so fern* kann hingegen auch an anderer Stelle auftreten. Ein sicheres Zeichen für Getrenntschreibung ist außerdem ein nachfolgendes *wie*.

- Ich sage dir so bald wie möglich Bescheid.
- Eine solche Reaktion liegt mir so fern wie nur irgendwas.

Wenn die Verbindungen am Satzanfang stehen und Sie sich unsicher sind, können Sie einen Test durch Umstellen machen.

- So bald kommt er nicht, ich sage dir dann Bescheid.
  Test: Er kommt so bald nicht, ich sage dir dann Bescheid.
  = Getrenntschreibung richtig

- Sobald ich mehr weiß, sage ich dir Bescheid.
  Nicht: *Ich weiß so bald mehr, sage ich dir Bescheid.
  = Zusammenschreibung richtig

- So fern mir die Zukunft scheint, ich versuche trotzdem zu planen.
  Test: Die Zukunft scheint mir so fern, ich versuche trotzdem zu planen.
  = Getrenntschreibung richtig

– Sofern ich die Zukunft beeinflussen kann, werde ich das versuchen.
  Nicht: *Ich kann die Zukunft so fern beeinflussen, werde ich das versuchen.
  = *Zusammenschreibung richtig*

☑ Ich schreibe *sobald* und *sofern* zusammen, wenn sie am Anfang eines Teilsatzes stehen und sich auch nicht verschieben lassen.

SODASS UND SO DASS

Bei der Konjunktion *sodass* dürfen Sie zwischen beiden Schreibweisen entscheiden. Der Duden empfiehlt die Zusammenschreibung.

– Der Workshop ist gut angelaufen, **sodass** / so dass ich bereits den zweiten Durchgang plane.

Daneben kann es passieren, dass *so* und *dass* in zwei Teilsätzen aufeinandertreffen:

– Ich mache das so, dass alle Spaß haben.

Sie hören das an der Betonung: Die liegt auf *so*. Natürlich dürfen Sie hier das Komma nicht vergessen.

☑ Die Konjunktion *sodass* schreibe ich nach Duden-Empfehlung zusammen. Die Getrenntschreibung ist aber auch erlaubt.

2.4.4 Immer dasselbe mit dir.

→ Welche weiteren Fälle sollte ich mir merken?

»Oh, der ging ins Gebüsch«, bemerkt Sina trocken, nachdem Gerrit einen Stock für den Dackel geworfen hat.

»Ach, Tamino findet den schon.«

»Ich glaube, das hast du nicht zu Ende gedacht.«

»Inwiefern?«

»Na ja, Tamino findet vielleicht den Stock. Aber findest du auch Tamino?«

Gerrit guckt besorgt, ruft und steigt schließlich selbst ins Gebüsch.

»Immer dasselbe mit dir«, grummelt er, als er mit dem Dackel im Schlepptau wieder auftaucht.

»Was erwartest du?«, grinst Sina. »Und noch was: Wie schreibst du *inwiefern* und *dasselbe*?«

|| Gerrit kann Sinas Frage bestimmt beantworten: *Inwiefern* und *dasselbe* schreibt man zusammen.

Lassen Sie uns noch ein paar häufige Verbindungen anschauen, die wir uns merken können.

WIE VIEL UND ZU VIEL

Wie viel wird getrennt geschrieben. *Wie oft* würde man auch nicht zusammenschreiben – so lässt es sich vielleicht am besten merken. Auch *zu viel* wird immer getrennt geschrieben.

- Schau bitte nach, wie viel Post heute gekommen ist.
- Besser zu viel als zu wenig.
- Du hast ihm zu viel zugemutet.

DANKE SCHÖN

Die Kombination von *danke* und *schön* wird klein- und getrennt geschrieben. Außer es liegt eine Substantivierung vor – dann groß und zusammen.

- Liebe Oma, danke schön für deine Karte.
- *Aber:* Hiermit übersenden wir Ihnen ein herzliches Dankeschön.

INFOLGEDESSEN UND *INFOLGE DESSEN*

Die Fügung *infolgedessen* schreibt sich mal zusammen, mal getrennt – mit einem wichtigen Bedeutungsunterschied. Zunächst gibt es das Wort *infolgedessen* im Sinne von »deshalb«. Das schreibt man zusammen:

- Ich habe einen Fehler gemacht, infolgedessen muss ich noch mal neu anfangen.
  Vgl.: Ich habe einen Fehler gemacht, deshalb muss ich noch mal neu anfangen.

Davon zu unterscheiden ist die Verbindung mit dem Demonstrativpronomen *dessen*:

- Ich ärgere mich über meinen Fehler, infolge dessen ich noch mal neu anfangen muss.

Setzen Sie hier *deshalb* ein, stimmt der Satzbau nicht mehr:

- *Nicht:* Ich ärgere mich über meinen Fehler, *deshalb ich noch mal neu anfangen muss.

AUFGRUND DESSEN

Bei *aufgrund dessen* gilt ausschließlich die Getrenntschreibung:

- Ich ärgere mich über meinen Fehler, aufgrund dessen ich noch mal neu anfangen muss.

Statt *aufgrund dessen* können Sie auch *auf Grund dessen* schreiben. Nicht erlaubt ist **in Folge dessen*; hier bleibt es bei der Schreibweise *infolge dessen*.

Kleiner Stiltipp am Rande: *Infolge(-)dessen* und *aufgrund dessen* sind sehr schriftsprachlich. Wenn Sie es weniger steif halten wollen, suchen Sie – auch beim Schreiben – nach einer anderen Formulierung: *Ich habe einen Fehler gemacht, jetzt muss ich noch mal neu anfangen – wie ärgerlich.*

INWIEWEIT UND *INWIEFERN*

Inwieweit und *inwiefern* schreibt man ausnahmslos zusammen:

- Inwieweit er das vorher wusste, kann ich dir nicht sagen.
- Ich wüsste nicht, inwiefern dich das etwas angeht.

DERSELBE, DIESELBE, DASSELBE

Die Verbindung zwischen bestimmtem Artikel und *selbe* wird immer zusammengeschrieben.

- Zieht er etwa jeden Tag denselben Pulli an?
- Typisch: Es helfen immer dieselben Leute.
- Das ist doch ein und dasselbe.

Tritt eine Präposition hinzu, in der der Artikel bereits enthalten ist, steht *selbe* allein.

- Im selben Moment kam der Hund um die Ecke.
- Willst du wirklich wieder ins selbe Ferienhaus fahren?
- Durchs selbe Tor musste ich auch gehen.
- Sie telefonieren immer zur selben Uhrzeit.

Alternativ könnten Sie hier *in dasselbe, durch dasselbe* und *zu derselben* schreiben. (*In demselben Moment* ist weniger gebräuchlich.)

Achtung: *Dasselbe* ist ein Pronomen und wird daher immer kleingeschrieben, selbst wenn Personen gemeint sind. Bei dem Adjektiv *gleich* kann es hingegen zu einer Substantivierung kommen.

- Es helfen doch immer dieselben.
- Ich nehme dasselbe wie du.
- *Aber:* Ich nehme das Gleiche wie du.

Zur Unterscheidung zwischen *dasselbe* und *das Gleiche* siehe Kapitel 3.3.4.

☑ Ich merke mir Getrenntschreibung bei folgenden Begriffen: *wie viel, zu viel, danke schön, aufgrund dessen.* Zusammenschreibung merke ich mir bei *infolgedessen* (im Sinne von »deshalb«), *inwiefern, inwieweit, dasselbe.*

3 GRAMMATIK-HÜRDEN

Weder der Kratzbaum noch meine Katze sollte hier Thema sein.

Wo lauern die häufigsten Grammatik-Fallstricke?

»Was ist das denn für ein Ungetüm?«, fragt Sina, als sie in Gerrits Küche kommt.

»Oh, das? Meine neue Teigrührmaschine«, antwortet Gerrit stolz.

Sina guckt zweifelnd. »Die Hälfte deiner Küchenmaschinen setzt doch schon Staub an.«

»Stimmt gar nicht. Dank meines Faibles für Küchenmaschinen konnte ich dir neulich das perfekte Eis servieren.«

»Inklusive Streuseln«, erinnert sich Sina verzückt. »Das stimmt.«

»Außerdem: Du solltest mal lieber ganz ruhig sein mit deinem neuen Riesenkratzbaum«, verteidigt sich Gerrit.

»Weder der Kratzbaum noch meine Katze sollte hier Thema sein«, sagt Sina mit gespielt tadelndem Blick. »Dafür habe ich zwei Numerus-Fragen. Die Hälfte deiner Küchenmaschinen *setzt* oder *setzen* Staub an? Weder Kratzbaum noch Katze *sollte* oder *sollten* Thema sein?«

»Da kann ich kontern – nämlich mit zwei Fallfragen. Heißt es *dank deines Faibles* oder *dank deinem Faible*? Und *inklusive Streuseln* oder *inklusive Streusel*?«

Sina stöhnt, dann lacht sie. »Grammatik kann echt die Hölle sein.«

|| Sowohl der Singular als auch der Plural ist in den Beispielsätzen erlaubt. Die beiden Fälle haben Sina und Gerrit korrekt nach Duden-Empfehlung konstruiert: *dank meines Faibles* und *inklusive Streuseln.* Die anderen Varianten sind ebenfalls möglich.

Ab in die Grammatik-Hölle? Zum Glück hat Sina das nicht ernst gemeint. Wir nehmen lieber eine positive Haltung ein und werden die im Dialog aufgeworfenen Fragen Schritt für Schritt klären.

WELCHER KASUS? WELCHER NUMERUS?

Unsere erste Etappe führt uns zum richtigen Fall (oder »Kasus«) in schwierigen Konstruktionen. Auch die von Gerrit ins Spiel gebrachten Wörter *dank* und *inklusive* zählen dazu. Folgt der Nominativ, Genitiv, Dativ oder Akkusativ?

Weiter geht es mit der Frage nach Singular oder Plural. Im offiziellen Regelwerk finden Sie diese Thematik unter dem Stichwort »Kongruenz im Numerus«. »Kongruenz« bedeutet, dass das Verb normalerweise im Numerus auf das Subjekt abgestimmt ist:

> Der Vogel singt.
> Die Vögel singen.

Zweifel entstehen, wenn der Satz mehrere Subjektteile beinhaltet *(weder Katze noch Kratzbaum)* oder wenn ein Singular-Subjekt eine pluralische Bedeutung annimmt *(die Hälfte der Küchenmaschinen)*. Dann ist es nämlich plötzlich gar nicht mehr so klar, ob man das Verb in den Singular oder Plural setzen soll.

Die gute Nachricht hier: In vielen Zweifelsfällen sind beide Lösungen erlaubt.

NOCH MEHR GRAMMATIK-HILFEN

Im Anschluss schauen wir uns noch ein paar verwirrende Wortentscheidungen und häufige Grammatik-Fragen an. Heißt es *gewöhnt* oder *gewohnt*, *lassen* oder *gelassen*? Und wie lautet die korrekte Zeitenbildung in der indirekten Rede? Nach der Lektüre sind Sie um einige Erkenntnisse reicher.

3.1 Grammatik-Hürden: Welcher Fall ist richtig?

Los geht es mit der Herausforderung, in schwierigen Konstruktionen den korrekten Fall zu wählen. Um den Erklärungen folgen zu können, müssen Sie zunächst einmal die Fälle sicher voneinander unterscheiden. Mir hilft dabei immer eine Hilfsfrage. Die Antwort bringt Sie auf die richtige Flexion (Endung) Ihrer Substantive und Adjektive.

- Nominativ: *Wer* ist dabei?
  Ein schwarzer Hund / Eine weiße Katze ist dabei.

- Genitiv: *Wessen* Schuld ist es?
  Es ist die Schuld eines schwarzen Hundes / einer weißen Katze.

- Dativ: *Wem* habe ich es zu verdanken?
- Ich habe es einem schwarzen Hund / einer weißen Katze zu verdanken.

- Akkusativ: *Wen* suche ich?
  Ich suche einen schwarzen Hund / eine weiße Katze.

Was fällt auf? Manche Formen lauten gleich. Den folgenden Sätzen sehen Sie den Fall nicht an:

- Ich habe das Versteck der weißen Katze gefunden.
- Ich folge der weißen Katze.
- Die weiße Katze springt auf den Zaun.
- Ich habe die weiße Katze gefüttert.

Erst die Fragewörter *wessen*, *wem*, *wer* und *wen* bringen Sie auf die richtige Spur.

Wir starten mit zwei besonders schwierigen Fällen – *als* und *inklusive*:

> 3.1.1 Mein Bild des Hundes als bester Freund des Menschen hat einen Knacks bekommen. Welcher Fall nach *als*?
> 3.1.2 Inklusive Leuchtbällen habe ich dreißig Euro bezahlt. Welcher Fall nach *inklusive*?

Bei *statt* und *außer* gibt es mehrere Möglichkeiten:

> 3.1.3 Ich trage lieber zwei Pullis statt einer Jacke. Welcher Fall nach *statt*?
> 3.1.4 Ich habe alles dabei außer deinen geliebten Buchteln. Welcher Fall nach *außer*?

Bis ist ebenfalls eine ziemliche Herausforderung, weil es hier unter anderem darauf ankommt, ob noch eine Präposition folgt. Die Regeln lesen Sie hier:

> 3.1.5 Bis zu zwei Kilometern Umweg würde ich in Kauf nehmen. Welcher Fall nach *bis*?

In den nächsten beiden Unterkapiteln geht es um *dank* und *wegen*:

> 3.1.6 Dank deines Spleens fällt das Picknick ins Wasser. Welcher Fall nach *dank*?
> 3.1.7 Wegen Gewitters müssen wir neu planen. Welcher Fall nach *wegen*?

Zu guter Letzt schauen wir uns noch die nachgestellte Erläuterung an, die sogenannte Apposition.

3.1.8 Mit Regen, diesem Geschenk des Himmels, schmeckt eh alles gleich. Welchen Fall bekommt eine nachgestellte substantivische Erläuterung?

3.1.1 Mein Bild des Hundes als bester Freund des Menschen hat einen Knacks bekommen.

→ Welcher Fall nach *als*?

»Wie witzig«, bemerkt Sina, »Taminos Spielzeug sieht ja aus wie dein Hausschuh.«

»Was …? Tamino! Gib das her!« Gerrit springt auf und macht einen Schritt auf den Dackel zu, der jedoch mit seiner Beute unters Sofa flüchtet.

»Seit ich diesen Dackel kenne«, grinst Sina, »hat mein Bild des Hundes als bester Freund des Menschen einen interessanten Knacks bekommen.«

»Jaja, mach dich nur lustig«, schmollt Gerrit. »Was ich viel wichtiger finde: *Dein Bild des Hundes als bester Freund* – ist das überhaupt richtig? Muss es nicht heißen: *dein Bild des Hundes als besten Freund*?«

»Wenn, dann *als besten Freundes*«, grübelt Sina. »Oder?«

|| Sinas erster Gedanke war richtig: *als bester Freund*.

Eine schwere Frage, die Gerrit und Sina hier zu knacken versuchen. Um den richtigen Fall solcher als-Konstruktionen zu ermitteln, brauchen wir zwei recht komplizierte Regeln.

BEZUGSWORT IM NOMINATIV, DATIV ODER AKKUSATIV

Regel Nr. 1: Steht das Bezugswort im Nominativ, Dativ oder Akkusativ, dann erfolgt der Anschluss im gleichen Fall. Beispiel:

- Sie als treuer Kunde profitieren von unserem besonderen Angebot.

Schritt eins ist, das Bezugswort zu identifizieren. Auf wen oder was bezieht sich die als-Gruppe? In unserem Beispiel: auf *Sie*. Wir halten also fest: *Sie* ist das Bezugswort.

Im zweiten Schritt müssen wir herausfinden, in welchem Fall dieses Bezugswort steht. Hier: im Nominativ. *Wer* profitiert von dem Angebot? Sie.

Dann können wir in einem dritten Schritt den Fall der als-Gruppe danach ausrichten. Wir schreiben also: *als treuer Kunde* – Nominativ.

Machen wir dasselbe Spiel noch einmal mit Dativ und Akkusativ. Das Bezugswort habe ich Ihnen unterstrichen, die als-Gruppe rot gesetzt.

- *Dativ:* Zum Jubiläum machen wir Ihnen als treuem Kunden / treuer Kundin ein besonderes Angebot.
- *Dativ:* Mir als überzeugtem Vegetarier / überzeugter Vegetarierin ist das wichtig.
- *Akkusativ:* Als überzeugten Vegetarier / überzeugte Vegetarierin betrifft mich das nicht.

Wem mache ich ein Angebot? *Ihnen* – Dativ. Deshalb setzen Sie *als treuem Kunden* auch in den Dativ.

Wem ist es wichtig? *Mir* – Dativ. *Wen* betrifft das nicht? *Mich* – Akkusativ. In diese beiden Fälle setzen Sie dann auch Ihre als-Gruppen.

BEZUGSWORT IM GENITIV

Regel Nr. 2: Ein Sonderfall liegt vor, wenn das Bezugswort im Genitiv steht. Dann müssen Sie darauf achten, ob ein Artikelwort enthalten ist oder nicht. Artikelwörter sind zum Beispiel *der*, *eine* oder *dieses*.

Fall 1: Die als-Gruppe enthält ein Artikelwort – dann steht sie im Genitiv.

- Das Finden der eigenen Stimme als eines zentralen Teils Ihrer Identität wird später noch ausführlich behandelt.

Das ist furchtbarer Nominalstil, aber fürs Beispiel müssen wir damit leben. Schritt für Schritt:

- Bezugswort ist *Stimme*, es steht im Genitiv: *der eigenen Stimme*.
- In der als-Gruppe steht ein Artikelwort *(eines)*.
- Also wird die als-Gruppe auch in den Genitiv gesetzt.

Fall 2: Die als-Gruppe enthält kein Artikelwort – dann steht sie in der Regel im Nominativ.

- Das Finden der eigenen Stimme als zentraler Teil Ihrer Identität wird später noch ausführlich behandelt.

Auch in Sinas Satz steht das Bezugswort im Genitiv – *des Hundes*. Da in der als-Gruppe kein Artikelwort vorhanden ist, ist dort der Nominativ richtig.

- Mein Bild des Hundes als bester Freund des Menschen …
- *Aber:* Mein Bild des Hundes als des besten Freundes des Menschen …

Im zweiten Satz steht ein Artikelwort in der als-Gruppe *(des)*. Das führt uns zu Fall 1: Genitiv. In diesem Satz kommt aber definitiv zu häufig *des* vor, würde ich sagen – die erste Version ist daher zu bevorzugen.

☑ Bei Konstruktionen mit *als* gilt: Steht das Bezugswort im Nominativ, Dativ oder Akkusativ, erfolgt der Anschluss im gleichen Fall. Steht das Bezugswort im Genitiv, muss ich darauf achten, ob in der als-Gruppe ein Artikelwort enthalten ist. Wenn ja, steht die als-Gruppe im Genitiv; wenn nicht, steht sie im Nominativ.

3.1.2 Inklusive Leuchtbällen habe ich dreißig Euro bezahlt.

→ Welcher Fall nach *inklusive*?

»Oh, eine Neuanschaffung.« Gerrit betrachtet interessiert das Plastikungetüm neben Sinas Couchtisch. »Was ist das?«

»Das ist für Raya«, antwortet Sina. »Eine Spielschiene, durch die sie einen Ball schubsen kann.«

Gerrits Blick wandert zu der faul danebenliegenden Katze. »Scheint sie aber nicht zu interessieren.«

»Ach …« Sina windet sich. »Na ja. Immerhin war's ein Schnäppchen: Inklusive Erweiterungsset und Leuchtbällen habe ich nur dreißig Euro bezahlt.«

»Leuchtbälle, aha. Aber folgt auf *inklusive* nicht der Genitiv? Dann stimmen deine Endungen nicht.«

|| Im Grundsatz hat Gerrit recht, doch es gibt Ausnahmen. Sinas Formen *inklusive Erweiterungsset* und *inklusive Leuchtbällen* sind korrekt; daneben ist auch *Leuchtbälle* möglich.

Welcher Fall folgt auf *inklusive*? Eine harte Nuss – doch wir werden sie schon knacken.

IM NORMALFALL GENITIV

Im Normalfall folgt auf *inklusive* der Genitiv.

- Gilt der Preis inklusive aller Nebenkosten?
- Inklusive gemeinsamen Zoobesuchs dauert der Ausflug acht Stunden.
  Seltener: Inklusive gemeinsamem Zoobesuch dauert der Ausflug acht Stunden.

Wie das letzte Beispiel zeigt, steht im Singular manchmal auch der Dativ.

Ausnahmen greifen vor allem dann, wenn auf *inklusive* sofort ein Substantiv folgt.

DIREKT FOLGENDER PLURAL

Ohne Artikelwort oder Adjektiv ist der Genitiv im Plural meist nicht zu erkennen; man könnte auch an einen unflektierten Plural denken. Hier empfiehlt sich der Dativ als Hilfsfall:

- Der Preis gilt inklusive **Briefumschlägen** / Briefumschläge.
- Inklusive **Eintrittsgeldern** / Eintrittsgelder kostet der Ausflug 50 Euro.
- Inklusive **Streuseln** / Streusel hat das Eis 300 Kalorien.

Achtung: Sobald ein Artikelwort oder Adjektiv hinzutritt, ist der Genitiv wieder erkennbar. Dann bleibt es beim Genitiv.

- Inklusive aller Eintrittsgelder kostet der Ausflug 50 Euro.
- Inklusive der Streusel hat das Eis 300 Kalorien.

DIREKT FOLGENDER SINGULAR

Inklusive Portos – das hört sich doch falsch an, oder? Der Eindruck trügt nicht: Substantive im Singular, die alleine stehen, bleiben unflektiert.

- Inklusive Porto zahlen Sie 20 Euro.
- Das Spielzeug wird inklusive Erweiterungsset verkauft.
- Die Übernachtung kostet 90 Euro inklusive Frühstück.
- *Aber:* Die Übernachtung kostet 90 Euro inklusive eines reichhaltigen Frühstücks.

Im letzten Satz steht *Frühstück* nicht mehr allein, deshalb ist hier der Genitiv korrekt.

☑ Nach *inklusive* steht in der Regel der Genitiv, außer das Substantiv folgt direkt. Dann empfiehlt sich im Plural der Dativ; im Singular bleibt das Wort unflektiert.

3.1.3 Ich trage lieber zwei Pullis statt einer Jacke.

→ Welcher Fall nach *statt*?

»Oh, ohne Jacke?« Sina hebt die Augenbrauen, als sie Gerrit vor der Tür trifft. »Meinst du nicht, es ist zu kalt?«

»Das geht schon«, antwortet Gerrit cool und freut sich insgeheim über Sinas Besorgtheit. »Ich trage lieber zwei Pullis statt einer dicken Jacke.«

»Okay. Aber heißt es nicht: *statt eine Jacke*?«

Gerrit fängt an zu frieren und versucht, sich mit der Grammatik-Frage abzulenken. »Hm, ich bin mir nicht sicher. Und wann sagt man eigentlich *anstatt*?«

|| Sina und Gerrit brauchen nicht zu grübeln. Sie können zwischen Genitiv und Akkusativ wählen: *[an]statt einer/eine Jacke.*

Die gute Nachricht vorweg: *Statt* und *anstatt* sind austauschbar, darüber müssen Sie sich also keine Gedanken machen. Schwieriger ist die Frage nach dem richtigen Fall.

IN DER BEDEUTUNG *ANSTELLE*

Statt kann zunächst die Bedeutung *anstelle* haben. Im Normalfall steht hier der Genitiv – *anstelle* wird schließlich auch mit dem Genitiv gebildet.

- Statt (= anstelle) einer Jacke trage ich lieber zwei Pullis.

Doch es gibt eine Ausnahme, der wir auch schon bei *inklusive* begegnet sind. Ist der Genitiv nicht zu erkennen (weil identisch mit einem anderen Fall), behelfen Sie sich mit dem Dativ:

- Statt Briefumschlägen verwende ich lieber Versandtaschen.

Der Genitiv lautet *Briefumschläge*, was identisch mit dem Nominativ ist. Daher nehmen Sie den Dativ *Briefumschlägen*.

IN DER BEDEUTUNG *UND NICHT*

Statt kann auch die Bedeutung *und nicht* haben. Dann richtet sich der Fall nach dem Verb.

- Ich esse lieber einen Apfel statt (= und nicht) eine Banane.

In diesem Fall ist also der Akkusativ korrekt: Ich esse wen oder was? Ich esse eine Banane.

Könnte man hier nicht auch *anstelle* verwenden? Ja, kann man. Deshalb geht beides:

- Ich esse lieber einen Apfel statt einer Banane (= anstelle einer Banane).
- Ich esse lieber einen Apfel statt eine Banane (= und nicht eine Banane).

- Ich trage lieber zwei Pullis statt einer Jacke (= anstelle einer Jacke).
- Ich trage lieber zwei Pullis statt eine Jacke (= und nicht eine Jacke).

Wenn *statt* jedoch am Satzanfang steht oder direkt aufs Verb folgt, kann man es nicht durch *und nicht* austauschen.

- Statt einer Jacke trage ich lieber zwei Pullis.
  Nicht: *Und nicht eine Jacke trage ich lieber zwei Pullis.

- Ich trage statt einer Jacke lieber zwei Pullis.
  Nicht: Ich trage *und nicht eine Jacke lieber zwei Pullis.

In solchen Fällen können Sie *statt* nur durch *anstelle* ersetzen und brauchen unbedingt den Genitiv.

☑ Auf *[an]statt* in der Bedeutung *anstelle* folgt der Genitiv. Ist der Genitiv Plural formal nicht zu erkennen, behelfe ich mir mit dem Dativ. Wenn ich *statt* durch *und nicht* ersetzen kann, richtet sich der Fall nach dem Verb.

3.1.4 Ich habe alles dabei außer deinen geliebten Bucheln.

→ Welcher Fall nach *außer*?

»Das wird ein ziemlich kühles Picknick«, bemerkt Sina mit Blick auf den sich zuziehenden Himmel. »Ich habe übrigens alles dabei außer deinen geliebten Buchteln.«

»Was?« Gerrit schaut erschrocken.

»Bevor du gleich wieder außer dich gerätst: Da vorne ist der Bäcker.«

Gerrit atmet hörbar aus. »Hoffentlich haben sie welche. Ein Picknick ohne Buchteln …« Er schüttelt sich. »Aber sag mal: *außer deinen Buchteln*? Muss es nicht heißen: *außer deine Buchteln*?«

»Nach *außer* steht doch der Dativ, dachte ich«, überlegt Sina. »Aber dann stimmt *außer dich gerätst* nicht …«

Gerrit beschleunigt den Schritt. »Lass uns lieber erst mal herausfinden, ob sich das Picknick noch retten lässt.«

|| Sina und Gerrit haben beide recht. In ihren Beispielen sind sowohl der Dativ als auch der Akkusativ korrekt: *außer deinen/deine Buchteln; bevor du außer dir/dich gerätst.*

Der richtige Fall nach *außer* sorgt oft für Verwirrung. Zum Glück gibt es mehrere Möglichkeiten.

MÖGLICHKEIT 1: MIT DATIV

Nach *außer* folgt normalerweise der Dativ – insbesondere wenn es in der Bedeutung »ausgenommen, abgesehen von« auftritt:

- Außer einem Koffer habe ich nichts dabei.
- Ich habe alles geputzt außer der Küche.

Ebenso in der Bedeutung »außerhalb«:

- Ich bin ganz außer mir.
- Endlich waren sie außer aller Gefahr.

Weitere Beispiele sind *außer Sicht* und *außer Betrieb* – auch wenn man dort den Dativ nicht erkennt.

MÖGLICHKEIT 2: DAS BEZUGSWORT ENTSCHEIDET

Jetzt die gute Nachricht: Sie können das Ganze auch nach dem Fall des Bezugsworts ausrichten.

- *Normal mit Dativ:* Ich habe alles geputzt außer der Küche.
  Alternativ mit Nominativ: Ich habe alles geputzt außer die Küche.

Das Bezugswort ist hier *alles*, sein Fall wird vom Verb *putzen* bestimmt. Wen oder was habe ich geputzt? *Alles* – Akkusativ. Deshalb kann auch *Küche* in den Akkusativ gesetzt werden.

Noch ein Beispiel:

- *Normal mit Dativ:* Ich werde mich aller Besitztümer entledigen außer dem Nötigsten.
  Alternativ mit Genitiv: Ich werde mich aller Besitztümer entledigen außer des Nötigsten.

Aller Besitztümer steht im Genitiv (wessen werde ich mich entledigen?). Deshalb dürfen Sie auch den Genitiv *des Nötigsten* verwenden.

DREI AUSNAHMEN

Ein paar Ausnahmen gibt es. Erste Ausnahme ist die Wendung *außer Landes*: Hier regiert noch der veraltete Genitiv.

- Der gestohlene Schmuck wurde schon längst außer Landes gebracht.

Die Wendung kennen Sie bestimmt, sodass Sie darüber nicht weiter nachdenken müssen.

Für mehr Verwirrung sorgt die Konstruktion mit *geraten*. Hier sind Dativ *und* Akkusativ erlaubt:

- *Dativ:* Ich könnte vor Entzücken außer mir geraten.
  Akkusativ: Ich könnte vor Entzücken außer mich geraten.

Die dritte Ausnahme bilden Verben der Bewegung, bei denen sich der Akkusativ eingeschlichen hat.

- *Akkusativ:* Ich stelle es außer jeden Zweifel, dass sie die Wahrheit sagt.
  Und nicht Dativ: *Ich stelle es außer jedem Zweifel, dass sie die Wahrheit sagt.

Das kommt aber selten vor. Merken sollten Sie sich daher vor allem die Ausnahme *außer mir/mich geraten.*

☑ Nach *außer* verwende ich entweder den Dativ oder ich richte den Fall nach dem Bezugswort aus. Als besondere Wendung merke ich mir *außer mir geraten* oder *außer mich geraten.*

3.1.5 Bis zu zwei Kilometern Umweg würde ich in Kauf nehmen.

→ Welcher Fall nach *bis*?

»Na toll«, jammert Gerrit, als er aus dem Bäckerladen tritt. »Buchteln ausverkauft.«

»Wir können es ja noch bei zwei bis drei anderen Bäckern versuchen«, tröstet Sina ihn. »Bis zu zwei Kilometern Umweg würde ich für dich in Kauf nehmen.«

»*Bei zwei bis drei anderen Bäckern* klingt richtig«, nickt Gerrit. »Aber *bis zu zwei Kilometern*? Muss es nicht heißen: *bis zu zwei Kilometer*?«

»Gute Frage«, antwortet Sina. »Wir haben auf dem Weg ja noch Zeit, um darüber nachzudenken.«

|| Sina hat sich in beiden Sätzen für den Dativ entschieden. Damit hat sie auch recht: *bei zwei bis drei anderen Bäckern; bis zu zwei Kilometern Umweg.*

Gerrits Einspruch liegt daran, dass er den Fall mit dem Verb in Einklang bringen möchte: Wen oder was nehme ich in Kauf? Dann wäre der Akkusativ richtig. Tatsächlich richtet sich der Fall jedoch nach der Präposition *zu*, und die erfordert den Dativ: zu wem oder was? Schauen wir uns das im Detail an.

BIS PLUS AKKUSATIV

Normalerweise folgt auf *bis* der Akkusativ:

- Die Bar hat bis eine Stunde nach Vorstellungsende geöffnet.
- Ich brauche die Unterlagen bis nächsten Monat.
- Bis letztes Jahr war ich noch Fördermitglied.

Das gilt jedoch nur, wenn die Präposition alleine steht.

BIS IN KOMBINATION MIT EINER WEITEREN PRÄPOSITION

Bis ist ein kleiner Schwächling. Sobald eine weitere Präposition hinzutritt, bekommt sie die Oberhand und entscheidet über den Fall.

- Die Wartezeit beträgt bis zu einer Stunde.
- Bis zu zwei Kilometern Umweg würde ich in Kauf nehmen.
- Ich bin bis über beide Ohren verliebt.
- Das Wasser reicht bis an den Laden.

Auf *zu* folgt der Dativ (zu wem?), auf *über* und *an* der Akkusativ (über wen, an wen?). Das *bis* ändert daran nichts.

Folgt noch eine Erläuterung, wird auch sie von dem Fall der Präposition bestimmt:

- Die Verbindung reicht bis nach Nur-Sultan, der Hauptstadt von Kasachstan.

Nach benötigt den Dativ (nach wem?), deshalb muss auch *Hauptstadt* in den Dativ gesetzt werden.

VON – BIS

Oftmals kommt *bis* in Konstruktionen vor, die einen Bereich angeben. Es steht dann zwischen zwei Größen, zum Beispiel *zwei bis drei*. Auch dann hat *bis* keine eigene »Fallmacht«.

- Ich rechne mit 20 bis 30 Gästen. (Mit wem? = Dativ)
- 20 bis 30 Gäste werden erwartet. (Wer? = Nominativ)
- Die Ausstellung präsentiert Kunst des 18. bis 20. Jahrhunderts. (Wessen Kunst? = Genitiv)

Besonders häufig ist die Konstruktion *von – bis*. Sie können es sich denken: Hier entscheidet die Präposition *von* über den Fall. Sie benötigt den Dativ (von wem?).

- Es besteht erhöhte Unfallgefahr auf einem Abschnitt von drei bis vier Kilometern.
- Kinder von 6 bis 14 Jahren zahlen die Hälfte.

☑ Steht *bis* ohne weitere Präposition, folgt der Akkusativ: *bis eine Stunde*. Tritt hingegen eine weitere Präposition hinzu, entscheidet sie über den Fall. Beispiel: *bis zu einer Stunde*.

3.1.6 Dank deines Spleens fällt das Picknick ins Wasser.

→ Welcher Fall nach *dank*?

»Okay, Gerrit«, sagt Sina, als die beiden wieder auf die Straße treten. »Das war jetzt der vierte Bäcker. Langsam musst du dich mit dem Gedanken anfreunden, dass es keine Buchteln mehr geben wird und …« Sina wird von einem Donnergrollen unterbrochen.

»Na toll«, jammert sie. »Dank deines Buchtel-Spleens fällt unser ganzes Picknick ins Wasser.«

»Seit wann kann ich was für Gewitter?«, gibt Gerrit beleidigt zurück. »Aber wenn schon, denn schon: Heißt es nicht *dank deinem Spleen*?«

Bevor Sina antworten kann, bekommt sie einen dicken Tropfen ins Gesicht: Es fängt an zu regnen.

|| Sinas Genitiv ist die bessere Wahl: *dank deines Spleens*. Wenn Gerrit darauf besteht, kann er aber auch den Dativ nehmen.

Genitiv, Dativ oder doch unflektiert? Beim Wort *dank* müssen wir darauf achten, was genau folgt. Je nachdem wird die Entscheidung unterschiedlich ausfallen.

DANK MIT GENITIV

Die Präposition *dank* geht auf die Wendung *Dank sei …* zurück, so wie bei *Dank sei dir und deinem Einsatz*. Deshalb folgte ursprünglich der Dativ. Mittlerweile hat sich jedoch der Genitiv durchgesetzt und wird auch vom Duden empfohlen.

- Dank zahlreicher Fortbildungen hat er sich stark verbessert.
  Seltener mit Dativ: Dank zahlreichen Fortbildungen hat er sich stark verbessert.

- Nur dank deines Einsatzes konnten wir so schnell helfen.
  Seltener mit Dativ: Nur dank deinem Einsatz konnten wir so schnell helfen.

KONSTRUKTIONEN MIT ADJEKTIV

Keine Regel ohne Ausnahmen: Wenn zu einem Substantiv im Singular ein Adjektiv ohne Artikelwort tritt, wird der Dativ bevorzugt.

- Dank neuem Überzug sieht der Sessel wieder gut aus.
  Seltener mit Genitiv: Dank neuen Überzugs sieht der Sessel wieder gut aus.
  Aber: Dank des neuen Überzugs sieht der Sessel wieder gut aus.

WENN DAS SUBSTANTIV DIREKT FOLGT

Noch stärker müssen Sie achtgeben, wenn das Substantiv direkt folgt, also ohne Artikelwort oder Adjektiv steht. Im Plural wird dann der Dativ verwendet, im Singular bleibt das Wort unflektiert.

- Dank Versuchen mit künstlicher Intelligenz weiß man heute mehr darüber.
- Dank Duschvorhang wird mein Bad nicht mehr nass.

Der Genitiv ist hier nicht zu empfehlen.

VOR RELATIVPRONOMEN

Dritte Ausnahme: Wenn auf *dank* ein Relativpronomen folgt, wird ebenfalls gerne der Dativ gewählt. Im Singular empfiehlt der Duden das sogar.

- Das Training, dank **dem** / dessen ich so gut abgenommen habe, kann ich nur empfehlen.
- Deine guten Wünsche, dank denen / derer ich neuen Mut gefasst habe, werde ich nie vergessen.

☑ Nach *dank* ist meist der Genitiv die richtige Wahl. Wichtigste Ausnahme: Das Substantiv folgt direkt. Dann nehme ich im Plural den Dativ; im Singular bleibt das Wort unflektiert.

GROSS- UND KLEINSCHREIBUNG

Achtung: Als Präposition wird *dank* immer kleingeschrieben, im Unterschied zum Substantiv *Dank*.

- Wie schön – dank deiner Blumen kommt wieder Farbe ins Spiel.
- *Aber:* Vielen Dank für die Blumen.

3.1.7 Wegen Gewitters müssen wir neu planen.

→ Welcher Fall nach *wegen*?

»Ich seh schon, so ein Satz mit *dank* ist kein Spaziergang«, bemerkt Gerrit, während die beiden vor dem Regen unter ein Vordach flüchten. »Was ist mit *wegen*? Darf man da mittlerweile auch den Dativ benutzen?«

»*Wegen deinem Spleen* fällt unser Picknick ins Wasser?«, fragt Sina. »Nee. *Wegen deines Spleens*. Oder auch: *Deinetwegen*.«

»Hm.« Gerrit ist nicht überzeugt. »Was ist mit: *Wegen Gewitter* müssen wir neu planen?«

Sina grinst. »Na gut. Zeig doch mal, was du zu essen dabeihast – dann picknicken wir eben hier.« Während Gerrit schon in seinem Rucksack wühlt, setzt sie hinzu: »Das Genitiv-s brauchst du aber trotzdem: *wegen Gewitters*.«

|| Sina ist hier sehr standardsprachlich unterwegs: *wegen deines Spleens, wegen Gewitters* (auch: *wegen Gewitter*), *deinetwegen*. Im Mündlichen ist der Dativ jedoch ebenso korrekt; Gerrit hat also nichts falsch gemacht.

Nach *wegen* hört man immer öfter den Dativ. Ist das mittlerweile erlaubt?

WEGEN PLUS GENITIV – ZUMINDEST SCHRIFTLICH

Standardsprachlich gilt: *wegen* plus Genitiv. Im gesprochenen Deutsch hat sich der Dativ jedoch als Zweitform durchgesetzt; beide Formen sind hier als korrekt einzustufen.

– *Standardsprachlich:* Ich habe mich noch einmal wegen des Termins erkundigt.
  Mündlich auch: Ich habe mich noch einmal wegen dem Termin erkundigt.

WENN DAS SUBSTANTIV DIREKT FOLGT

Bei direkt folgenden Substantiven greifen die gleichen Ausnahmen wie bei *dank*. Im Singular können Sie das Wort unflektiert lassen; im Plural wählt man den Dativ.

- Wegen **Gewitters** / Gewitter muss das Fest ausfallen.
- Wegen Hygieneproblemen musste der Laden schließen.

Verglichen mit *dank* ist der Genitiv hier aber etwas stabiler. Er ist beim Singular nach wie vor üblich und wird vom Duden auch empfohlen.

VOR RELATIVPRONOMEN

Folgt auf *wegen* ein Relativpronomen im Singular, verwenden Sie den Dativ: *wegen dem*. Im Plural können Sie frei zwischen Genitiv und Dativ entscheiden.

- Das Gewitter, wegen dem das Fest ausfallen musste, ist schon vorübergezogen.
- Die Probleme, wegen derer / denen ich mich an Sie gewandt habe, haben sich verschärft.

☑ Standardsprachlich gilt: *wegen* plus Genitiv. In der gesprochenen Sprache darf ich auch den Dativ verwenden. Bei einem direkt folgenden Substantiv im Plural wähle ich den Dativ, ebenso bei Relativpronomen im Singular *(wegen dem)*.

WEGEN PLUS PERSONALPRONOMEN

Tritt *wegen* zu einem Personalpronomen hinzu, werden besondere Fügungen gebraucht:

- Meinetwegen musst du nicht kochen.
- Hast du das extra ihretwegen gemacht?

Umgangssprachlich sagt man auch *wegen mir, wegen ihr* etc. Das ist in der Standardsprache jedoch zu vermeiden.

3.1.8 Mit Regen, diesem Geschenk des Himmels, schmeckt eh alles gleich.

→ Welchen Fall bekommt eine nachgestellte substantivische Erläuterung?

Gerrit wühlt in seinem Rucksack. »Also ich habe Baguette, Käse und Oliven dabei. Und du?«

Sina verzieht das Gesicht. »Ich habe – Überraschung: Baguette, Käse und Oliven dabei.«

»Wir hätten uns doch absprechen sollen«, seufzt Gerrit.

»Mit Regen, diesem Geschenk des Himmels, schmeckt eh alles gleich«, sagt Sina mit Blick auf den immer stärker werdenden Regen. »Nämlich nach nichts. Wir werden das Picknick wohl wirklich verschieben müssen.«

Gerrit sieht es positiv. »Das heißt: neue Chance für Buchteln.«

»Wenn ich noch einmal ›Buchteln‹ höre …!«, lacht Sina und schubst Gerrit in den Regen.

»He!« Gerrit springt schnell zurück unters Vordach. »Aber sag mal: *diesem Geschenk*? Warum nicht *dieses*?«

|| Sinas Satz war richtig. *Mit* erfordert den Dativ, deshalb heißt es: *mit Regen, diesem Geschenk des Himmels.*

Eine nachgestellte substantivische Erläuterung bezeichnet man auch als Apposition. Setzt man sie in den Nominativ oder gleicht sich der Fall dem Bezugswort an?

APPOSITION IM SELBEN FALL

Die Apposition steht in der Regel im selben Fall wie das Bezugswort. Im folgenden Beispiel ist *meinem Tanzpartner* die Apposition; sie erläutert das Bezugswort *Timo.*

- Gestern habe ich mich mit Timo, meinem Tanzpartner, getroffen.

Dass *Timo* im Dativ steht, sieht man ihm nicht an, weil Namen in der Regel nicht flektiert werden. Dennoch bringt uns die *Wem*-Frage auf den Dativ: Mit *wem* habe ich mich getroffen? Mit meinem Tanzpartner.

Bei den anderen Fällen verhält es sich natürlich genauso:

- *Nominativ:* Timo, mein Tanzpartner, kommt auch mit.
- *Akkusativ:* Gestern habe ich Timo, meinen Tanzpartner, im Café getroffen.
- *Genitiv:* Das ist das Verdienst meiner Freundin, dieser wundervollen Person.

Achtung: Die Fallangleichung gilt auch dann, wenn die Apposition nicht direkt auf das Bezugswort folgt. So wie hier:

- Gestern habe ich mich mit Timo getroffen, meinem Tanzpartner.
  Nicht: Gestern habe ich mich mit Timo getroffen, *mein Tanzpartner.

APPOSITION OHNE ARTIKELWORT

Eine Ausnahme gibt es: Steht die Apposition ohne Artikelwort, ist der Nominativ vorzuziehen.

- In Würdigung des Biografen Giorgio Vasari, Begründer der Kunstgeschichte.
- Das ist das Auto meines Nachbarn, Hausmeister und Faktotum.

Stünden hier Artikelwörter, müssten Sie die Fälle wieder angleichen:

- In Würdigung des Biografen Giorgio Vasari, des Begründers der Kunstgeschichte.
- Das ist das Auto meines Nachbarn, des nettesten Hausmeisters der Welt.

☑ Die Apposition (nachgestellte substantivische Erläuterung) bekommt den gleichen Fall wie das Bezugswort. Nur wenn sie ohne Artikelwort auftritt, ist der Nominativ besser.

APPOSITION IN KLAMMERN

Die Apposition kann auch in Klammern geschrieben werden. Wieder entscheidet das Bezugswort über den Fall:

- Die Konsistenz der Jackfrucht (einer tropischen Baumfrucht) erinnert an Schweinefleisch.
- Mit meinem VW Käfer (einem Oldtimer) komme ich nicht weit.

Statt als Apposition kann man das in Klammern Stehende oft auch als erklärenden Zusatz verstehen, als Parenthese. Dieser Zusatz steht im Nominativ, weil er als eigenständiges Element aufgefasst wird, unabhängig von der Satzstruktur.

- *Auch:* Die Konsistenz der Jackfrucht (eine tropische Baumfrucht) erinnert an Schweinefleisch.

Eine Alternative zu den Klammern sind Gedankenstriche:

- Die Konsistenz der Jackfrucht – eine tropische Baumfrucht – erinnert an Schweinefleisch.

Im Jackfrucht-Beispiel sind also beide Sichtweisen möglich – Apposition im Genitiv oder Parenthese im Nominativ.

3.2 Grammatik-Hürden: Singular oder Plural?

Grund und Boden war vorhanden – oder *waren* vorhanden? Nicht immer ist die Frage nach dem Numerus des Verbs leicht zu entscheiden. Diese Problematik bezeichnet man auch als Fragen der Kongruenz. Tatsächlich gibt es eine ganze Reihe von Fällen im Deutschen, in denen das Verb im Singular steht, obwohl es sich auf zwei Substantive bezieht. Sprache ist eben mehr als Mathematik.

Den Anfang machen Konstruktionen wie *sowohl – als auch*:

3.2.1 Sowohl Erdbeeren als auch Mehl war ausverkauft. Steht das Verb nach *sowohl – als auch*, *weder – noch* und *entweder – oder* im Singular oder Plural?

Als Nächstes schauen wir uns verschiedene Mengenangaben an, bei denen Einzahl und Mehrzahl aufeinandertreffen: *die Hälfte der Leute, ein Pfund Erdbeeren, zwanzig Prozent.*

3.2.2 Die Hälfte der Leute hat einfach kein Distanzgefühl. Setze ich nach einer singularischen Mengenangabe das Verb in den Singular oder Plural?

3.2.3 Meinst du, ein Pfund Erdbeeren reicht für den Kuchen? Wie behandle ich das Verb nach Maßangaben, Währungen, Prozentzahlen und Bruchzahlen?

Die letzten drei Unterkapitel zeigen weitere Fälle, in denen das Verb im Singular stehen kann, obwohl mehrere Dinge gemeint sind.

3.2.4 Backen und Kochen gehört nicht gerade zu meinen Stärken. Zwei Substantive, Verb im Singular – welche Fälle sollte ich mir merken?

3.2.5 Ohne dich wäre mein Leben, mein Alltag nur halb so spaßig. Welche Fälle gibt es noch, in denen ich das Verb in den Singular setzen kann?

3.2.6 Mehr als drei Stück sind nicht übrig. Wie gehe ich mit Wendungen wie *mehr als*, *weniger als* und *nichts als* um?

3.2.1 Sowohl Erdbeeren als auch Mehl war ausverkauft.

→ Steht das Verb nach *sowohl – als auch*, *weder – noch* und *entweder – oder* im Singular oder Plural?

»Was ist los?«, fragt Sina, als sie Gerrits Gesicht sieht. Der schiebt sich mit seinem Dackel gerade durch die Wohnungstür.

»Ich wollte uns doch für heute einen Erdbeerkuchen backen«, grummelt er. »Aber Pech gehabt: Sowohl Erdbeeren als auch Mehl war ausverkauft.«

»Ach, schade.« Sina krault den Dackel. »Guck mal, Tamino schaut auch ganz traurig.« Doch Gerrit reagiert nicht.

»Ich seh schon, dich kann weder der Dackelblick noch mein Mitgefühl aufmuntern«, gibt Sina sich geschlagen. »Das kann nur Erdbeerkuchen. Komm, wir gehen noch mal los zu meinem Supermarkt.«

»Okay.« Gerrit klingt schon besser.

»Aber sag mal«, setzt Sina nach, »müsste es nicht heißen: Sowohl Erdbeeren als auch Mehl *waren* ausverkauft? Und genauso: Dich *können* weder der Dackelblick noch mein Mitgefühl aufmuntern?«

»Lass uns das auf dem Weg diskutieren«, sagt Gerrit und greift nach der Hundeleine.

|| Der Duden tendiert in beiden Fällen zum Singular. Beim ersten Satz können sich Gerrit und Sina aus der Affäre ziehen, indem sie die Erdbeeren zuletzt nennen. Dann ist nämlich der Plural richtig: *Sowohl Mehl als auch Erdbeeren waren ausverkauft.*

Steht das Verb nach *sowohl – als auch, nicht nur – sondern auch* und *weder – noch* im Singular oder Plural? Und wie sieht es bei oder-Sätzen aus? Das ist gar nicht so leicht zu entscheiden.

SOWOHL – ALS AUCH UND *NICHT NUR – SONDERN AUCH*

Werden zwei Singular-Subjekte mit *sowohl – als auch* oder *nicht nur – sondern auch* verbunden, so steht das Verb im Allgemeinen im Singular. Bei *sowohl – als auch* ist auch der Plural erlaubt.

- Sowohl die Unterkunft als auch die Umgebung **hat**/haben mir gut gefallen.
- Nicht nur die Unterkunft, sondern auch die Umgebung hat mir gut gefallen.

Stehen beide Wörter im Plural, nehmen Sie natürlich den Plural. Und wenn nur eines der Wörter im Plural steht? Dann richtet sich das Verb in der Regel nach dem Wort, das ihm näher steht:

- Sowohl die Unterkunft als auch die Freizeitmöglichkeiten haben mir gut gefallen.
- Sowohl die Freizeitmöglichkeiten als auch die Unterkunft hat mir gut gefallen.

Der zweite Satz klingt komisch, oder? Sie können die Irritation vermeiden, indem Sie sich für die davor genannte Version entscheiden.

WEDER – NOCH

Bei *weder – noch* lässt der Duden die Wahl. Stehen die beiden Subjekte am Satzanfang, also vor dem Verb, ist der Plural allerdings geläufiger.

- Weder die Unterkunft noch die Umgebung haben mir gefallen.
  Seltener: Weder die Unterkunft noch die Umgebung hat mir gefallen.

Wird hingegen das Verb zuerst genannt, wird meist der Singular bevorzugt:

- Leider hat mir weder die Unterkunft noch die Umgebung gefallen.
  Seltener: Leider haben mir weder die Unterkunft noch die Umgebung gefallen.

ODER, ENTWEDER – ODER UND *BEZIEHUNGSWEISE*

Bei oder-Konstruktionen (zu denen wir auch *beziehungsweise* rechnen können) ist in der Regel der Singular angebracht:

- Ein Apfel- oder Birnbaum hätte hier noch Platz.
- Den Käse hat entweder der Hund oder die Katze vom Tisch geklaut.
- Mein Assistent beziehungsweise meine Assistentin wird Sie kontaktieren.

Das erklärt sich damit, dass nur eine der genannten Möglichkeiten in Betracht kommt.

In selteneren Fällen kann *oder* auch den Plural nach sich ziehen:

- Niko oder Tamara werden dich später abholen.

Möglich sind hier folgende Abholszenarien: Niko kommt oder Tamara kommt oder es kommen beide Personen. Weil es auch beide sein könnten, passt der Plural.

☑ Um es nicht zu kompliziert zu machen, merke ich mir bei den folgenden Konstruktionen am besten den Singular: 1) *sowohl – als auch*, 2) *nicht nur – sondern auch*, 3) *weder – noch*, 4) *[entweder] oder*, 5) *beziehungsweise*. Dies gilt, wenn zwei Subjekte im Singular aufgeführt werden.

3.2.2 Die Hälfte der Leute hat einfach kein Distanzgefühl.

→ Setze ich nach einer singularischen Mengenangabe das Verb in den Singular oder Plural?

»Supermärkte!«, stöhnt Gerrit, als er sich mit einer Packung Mehl zu Sina gesellt. »Die Hälfte der Leute hat einfach kein Distanzgefühl. Eben kam mir so ein Haufen Jugendliche entgegen. Denkst du, einer von denen hätte mal Platz gemacht?«

»Wozu machst du Yoga, wenn du immer so gestresst bist?«, fragt Sina zurück.

»Yoga hilft nicht gegen Menschen«, grummelt Gerrit.

Sina stupst ihn in die Seite. »Aber sag mal: *Die Hälfte der Leute hat kein Distanzgefühl, ein Haufen Jugendliche kam dir entgegen* – müssten die Verben nicht im Plural stehen?«

»Gute Frage«, sagt Gerrit. »Lass uns erst mal nach den Erdbeeren schauen.«

|| Gerrits Singular entspricht der Duden-Empfehlung: *Die Hälfte der Leute hat kein Distanzgefühl; ein Haufen Jugendliche kam ihm entgegen.* Sinas Plural wäre aber auch möglich.

Die Hälfte und *ein Haufen* gehören zu den sogenannten singularischen Mengenangaben. Folgt ein Wort im Plural, hat man Einzahl und Mehrzahl zugleich. Was passiert dann mit dem Verb?

SINGULARISCHE MENGENANGABEN

Zu den singularischen Mengenangaben gehören folgende Wörter:

Anzahl, Mehrzahl, Zahl
Dutzend, Hälfte, Paar
Fülle, Haufen, Masse, Menge
Handvoll, Kreis, Reihe, Teil, Großteil
Bande, Gruppe, Heer, Schar, Trupp, Volk

All diese Wörter stehen in der Einzahl, meinen aber eine Mehrzahl. Wie heißt es dann richtig?

- Die Hälfte der Leute **hat** die Karte im Internet gekauft.
- Die Hälfte der Leute haben die Karte im Internet gekauft.

Rein formal wäre der Singular korrekt, da das Subjekt des Satzes in der Einzahl steht: *die Hälfte*. Konstruiert man jedoch nach Sinn, wählt man eher den Plural – es sind ja mehrere Leute.

Welche Sichtweise ist ausschlaggebend? Der Duden zieht die grammatische Sichtweise vor, empfiehlt also das Verb im Singular. Der Plural ist jedoch auch erlaubt.

WEITERE BEISPIELE

Zur Verdeutlichung zeige ich Ihnen noch ein paar Beispielsätze.

- Ein Haufen Hühner **kam** / kamen mir entgegen.
- Eine Handvoll Küken **folgte** / folgten ihnen.
- Eine Reihe von Argumenten **spricht** / sprechen dagegen.
- Eine Fülle von Ideen **sprudelte** / sprudelten aus seinem Mund.
- Die Mehrzahl der Urlauber*innen **bucht** / buchen im Internet.
- Nur ein Teil der Urlauber*innen **bucht** / buchen noch im Reisebüro.
- Ein Dutzend Rechtschreibfehler **ist** / sind zu viel.
- Eine große Anzahl Fehler **lässt** / lassen sich vermeiden.

Eine Ausnahme gibt es: Auf *Gruppe* folgt immer der Singular.

- Eine Gruppe verärgerter Eltern hat einen Brandbrief geschrieben.
  Nicht: Eine Gruppe verärgerter Eltern *haben einen Brandbrief geschrieben.

☑ Singularische Mengenangaben wie *Reihe*, *Dutzend* oder *Hälfte* stehen in der Einzahl und meinen eine Mehrzahl. Deshalb kann ich das darauffolgende Verb meist sowohl in den Singular als auch in den Plural setzen.

3.2.3 Meinst du, ein Pfund Erdbeeren reicht für den Kuchen?

→ Wie behandle ich das Verb nach Maßangaben, Währungen, Prozentzahlen und Bruchzahlen?

»Meinst du, ein Pfund Erdbeeren reicht für den Kuchen?«, fragt Gerrit Sina, während er nachdenklich die Erdbeeren in der Hand wiegt.

»Kann es sein, dass ein gutes Drittel deiner Sätze weltfremd ist?«, fragt Sina zurück.

»Wieso?«

»Als ob ich backen könnte und Ahnung von Erdbeermengen hätte«, grinst Sina.

»Stimmt!« Gerrit schlägt sich gespielt an die Stirn. »Aber sag mal, müsste es nicht heißen: *Ein Drittel deiner Sätze sind weltfremd* – statt *ist?*«

»Genauso wollte ich dich schon fragen, ob ein Pfund Erdbeeren wirklich *reicht* – es könnte doch auch *reichen* heißen, oder?«

|| Kein Wunder, dass Gerrit und Sina unsicher sind: Beide Varianten sind möglich. Ihr erster Impuls – der Singular – war jedoch nicht schlecht, entspricht er doch der Duden-Empfehlung: *Ein Pfund Erdbeeren reicht, ein Drittel der Sätze ist weltfremd.*

Bei Maßangaben, Prozentzahlen und Bruchzahlen kann es passieren, dass das Zahlwort zwar in der Einzahl steht, darauf aber eine Mehrzahl folgt – so wie bei *ein Pfund Erdbeeren*. Wir schauen uns an, wie es richtig weitergeht. Auch Währungen verdienen eine gesonderte Betrachtung.

MASSANGABEN (KILO, PFUND …)

Ähnlich wie bei den singularischen Mengenangaben (*Hälfte, Dutzend* etc.) kann es auch bei den Maßangaben zu einer Mischung aus Einzahl und Mehrzahl kommen. Ich habe dann zwar *ein Kilo*, aber viele

Erbsen. Was gewinnt? Beide Sichtweisen sind erlaubt; der Duden bevorzugt auch hier den Singular.

- Ein Kilo Erbsen **fehlt** / fehlen noch.
- Ein Pfund Karotten **ist** / sind genug.

Und wenn das Zahlwort höher als eins ist? Dann folgt in der Regel der Plural.

- Zwei Kilo Erbsen fehlen noch.
- Zwei Pfund Karotten sind genug.

Steht die bezeichnete Sache in der Einzahl, können Sie von dieser Regel abweichen. Der Plural ist aber zu bevorzugen.

- Zwei Kilo Gemüse reichen aus.
  Selten: Zwei Kilo Gemüse reicht aus.

WÄHRUNGEN (EURO, CENT ...)

Wie sieht es bei Währungen aus? Der Fall liegt hier etwas anders, weil *Euro* und *Cent* ja alleine stehen (*1 Kilo Erdbeeren* versus *1 Euro* ohne weiteres Wort). Dennoch ist die Verwendung von Plural oder Singular nicht sofort einsichtig.

Bei Geldbeträgen höher als eins gilt: Standardsprachlich korrekt ist der Plural. Umgangssprachlich wird manchmal auch der Singular verwendet.

- Zwanzig Euro fehlen in der Kasse.
  Ugs. auch: Zwanzig Euro fehlt in der Kasse.

Standardsprachlich erlaubt ist der Singular dann, wenn Sie das Verb *sein* verwenden und das Bezugswort in der Einzahl steht (hier: *viel Geld, zu wenig*).

- Zwanzig Euro sind / ist viel Geld.
- Zwei Euro sind / ist zu wenig.

PROZENT- UND BRUCHZAHLEN

Auch bei Prozent- und Bruchzahlen kann sich eine Mischung aus Einzahl und Mehrzahl ergeben. Wie bei den Maßangaben sind beide Lösungen korrekt, der Singular ist aber vorzuziehen.

- Ein Drittel der Befragten **war** / waren unzufrieden.
- Nur ein Prozent der Abgeordneten **hat** / haben mit Ja gestimmt.

Entweder richten Sie sich nach *ein Drittel* und *ein Prozent*, dann entscheiden Sie sich für den Singular. Oder Sie betonen *die Befragten* und *die Abgeordneten* – dann verwenden Sie den Plural.

Wenn das Zahlwort höher als eins ist, ist der Plural richtig. Der Singular wird umgangssprachlich verwendet.

- Zwanzig Prozent der Waldfläche wurden bereits vernichtet.
  Ugs. auch: Zwanzig Prozent der Waldfläche wurde bereits vernichtet.

- Drei Viertel des Weges sind sehr steil.
  Ugs. auch: Drei Viertel des Weges ist sehr steil.

Folgt auf die Prozent- oder Bruchzahl jedoch direkt die bezeichnete Sache (ohne *der/des*), ist beides korrekt.

- Zwanzig Prozent Waldfläche wurden / wurde bereits vernichtet.
- Zwei Drittel mehr Energie wären / wäre dafür nötig.

Noch einmal zum Vergleich:

- Zwanzig Prozent Waldfläche wurden / wurde bereits vernichtet.
  Aber: Zwanzig Prozent der Waldfläche wurden bereits vernichtet.

☑ Bei Maßangaben, Währungen, Prozentzahlen und Bruchzahlen schaue ich mir am besten immer das Zahlwort an. Beträgt es *eins*, setze ich das Verb in den Singular. Ist die Zahl höher, nehme ich den Plural.

3.2.4 Backen und Kochen gehört nicht gerade zu meinen Stärken.

→ Zwei Substantive, Verb im Singular – welche Fälle sollte ich mir merken?

»Hilfst du mir denn beim Backen?«, fragt Gerrit, als die beiden die Einkäufe auf Sinas Küchentisch auspacken.

»Nun ja.« Sina windet sich. »Du weißt doch, Backen und Kochen gehört nicht gerade zu meinen Stärken.«

»Jetzt hast du schon wieder den Singular benutzt«, bemerkt Gerrit. »Warum nicht: *Backen und Kochen gehören nicht zu meinen Stärken*?«

»Theoretisch hast du recht«, grübelt Sina. »Aber es klingt irgendwie falsch.«

|| Sinas Singular ist legitim: *Backen und Kochen gehört nicht zu ihren Stärken.*

Wir haben in den letzten Kapiteln schon gesehen, dass sich der Numerus des Verbs (Singular oder Plural) nicht immer mathematisch entscheiden lässt. Genauso kann auf zwei Substantive ein Verb im Singular folgen. Wie es dazu kommt, schauen wir uns jetzt an.

ZWEI SUBSTANTIVE ALS EINHEIT

Zuweilen sind zwei Substantive inhaltlich so eng miteinander verbunden, dass man sie als Einheit begreifen kann. Dann dürfen Sie das Verb in den Singular setzen. Die Substantive stehen dabei in der Regel ohne Artikel, oder sie haben ein gemeinsames Artikelwort – hier *mein* und *aller*:

- Grund und Boden war vorhanden, nur das Haus fehlte noch.
- Mein Wunsch und Traum ist zum Greifen nah.
- Aller Gram und Kummer war vergessen.

SUBSTANTIVIERTE VERBEN

Eine Einheit sieht der Duden insbesondere dann, wenn es sich bei den Begriffen um substantivierte Verben handelt. Es empfiehlt sich zu schreiben:

- Stricken und Häkeln ist sehr beliebt.
- Singen und Tanzen tut jedem gut.

☑ Wenn zwei inhaltlich eng verwandte Substantive ohne Artikel oder mit gemeinsamem Artikelwort stehen, kann ich sie als Einheit begreifen und das Verb in den Singular setzen. Auch bei zwei substantivierten Verben ist der Singular eine gute Wahl.

*JEDE*R, KEIN*E, MANCHE*R*

Noch eine Kopfnuss: Was, wenn Ihr Satz zwei Subjekte mit *jede*r* enthält? Ob Sie das Verb in den Singular oder in den Plural setzen, hängt von Ihrer gewünschten Aussage ab.

- Jeder Kunde und jede Kundin **möchte** gut beraten werden.
- Jeder Kunde und jede Kundin möchten gut beraten werden.

Mit dem Singular zielen Sie mehr auf die einzelne Person ab: jeder einzelne Kunde und jede einzelne Kundin. Geht es Ihnen hingegen mehr um die Gesamtmenge – alle Kunden und Kundinnen –, ist auch der Plural möglich. Laut Duden ist der Singular allerdings vorzuziehen. (Sonst könnte man ja einfach *alle* schreiben.)

Ähnlich liegt der Fall bei *kein*e* und *manche*r:*

- Kein Krümel und kein Staubkorn **ist** / sind zu sehen.
- Mit dabei **war** / waren auch manche Filmschauspielerin und mancher Fernsehstar.

Auch hier sind je nach Perspektive Singular und Plural möglich. Aus meiner Sicht ist der Plural bei *jede*r* eher unüblich, bei *kein*e* und *manche*r* hingegen durchaus gängig.

☑ Enthält mein Satz zwei Subjekte mit *jede*r, kein*e* oder *manche*r*, kann ich den Singular oder Plural wählen.

3.2.5 Ohne dich wäre mein Leben, mein Alltag nur halb so spaßig.

→ Welche Fälle gibt es noch, in denen ich das Verb in den Singular setzen kann?

»So«, sagt Gerrit zufrieden und streicht ein letztes Mal den Teig glatt. »Ab in den Ofen damit.«

»Fehlt da nicht noch was?«, fragt Sina. »Die Erdbeeren?«

Gerrit schaut sie stumm an.

»Was?«

»Sehe ich das richtig: Du würdest jetzt die Erdbeeren auf den Teig legen und das Ganze in den Ofen schieben?«

Sina bemerkt die Fangfrage. »Ähm …«

»Eins steht fest«, sagt Gerrit grinsend. »Ohne dich wäre mein Leben, mein ganzer Alltag nur halb so spaßig.«

»Wie rührend«, grinst Sina zurück. »*Wären*, oder? Es sind ja zwei Dinge, *Leben* und *Alltag*.«

|| Trotz Sinas Einwand ist Gerrits Singular korrekt: *Ohne Sina wäre sein Leben, sein Alltag nur halb so spaßig.* Der Plural ist aber auch möglich.

Nach den Fällen im vorherigen Kapitel wollen wir uns hier weitere Beispiele anschauen, bei denen sich zwei Substantive ein Singular-Verb »teilen«.

AUFZÄHLUNGEN OHNE *UND*, VERB STEHT VORN

Bei einer Aufzählung ohne *und*, bei der das Verb vorne steht, verwendet man vorzugsweise den Singular.

- Im Safe liegt der Schmuck, das Bargeld.
- Neben der Bank wächst eine Forsythie, ein Stachelbeerstrauch, ein Mandelbäumchen.

Sie könnten gedanklich ergänzen: *Im Safe liegt der Schmuck, liegt das Bargeld.*

Folgt das Verb erst nach den Substantiven, benötigen Sie auf jeden Fall den Plural.

- Der Schmuck, das Bargeld liegen im Safe.
- Eine Forsythie, ein Stachelbeerstrauch, ein Mandelbäumchen wachsen neben der Bank.

Die gedankliche Ergänzung oben funktioniert ja nur, weil das Verb *(liegt, wächst)* bereits genannt wurde. Kommt es erst später im Satz, kann ich es schlecht im Kopf ergänzen.

Tritt ein *und* oder eine andere Konjunktion hinzu, verwenden Sie ebenfalls den Plural.

- Im Safe liegen der Schmuck und das Bargeld.
- Neben der Bank wachsen eine Forsythie, ein Stachelbeerstrauch sowie ein Mandelbäumchen.

VERB STEHT IN DER MITTE

Der nächste Fall bereitet kein großes Kopfzerbrechen, weil Ihnen Ihr Sprachgefühl intuitiv den Singular nahelegen wird.

- Der Platz wurde geräumt und die Zufahrt gesperrt.
- Ihr Zeugnis liegt nun bereit sowie die Bescheinigung, um die Sie gebeten hatten.

Auch hier gibt es eine gedankliche Ergänzung: *Wurde* und *liegt* lassen sich später im Satz gedanklich wiederholen; man braucht sie nicht noch einmal aufzuschreiben.

ZWEI ADJEKTIVE, EIN SUBSTANTIV

So wie eben das gleichlautende Verb weggelassen wurde, kann man auch ein gleichlautendes Substantiv aussparen. Dabei sind – je nach gewünschter Aussage – beide Schreibweisen möglich:

- Bei dieser Aufgabe zählt / zählen künstlerisches und handwerkliches Geschick.
- Empathisches und höfliches Verhalten wird / werden honoriert.

Verwenden Sie den Plural, dann gehen Sie davon aus, dass zwei verschiedene Fähigkeiten vonnöten sind – zum einen künstlerisches Geschick, zum anderen handwerkliches Geschick. Beim Singular greift hingegen beides ineinander: künstlerisch-handwerkliches Geschick.

TABELLARISCHE ÜBERSICHTEN

Ein letzter Fall: In tabellarischen Übersichten wird das Verb ebenfalls gerne in den Singular gesetzt.

- Benötigt wird: ein Eierkarton, eine Bastelschere, Klebstoff …

Hier können Sie das Wort *Folgendes* hinzudenken – *benötigt wird Folgendes: …*

☑ Zwei Subjekte, Verb im Singular – das geht immer dann, wenn ich den Satz gedanklich noch ergänzen kann. Ein häufiger Fall ist eine Aufzählung ohne *und*, bei der das Verb vorne steht. Beispiel: *Im Safe liegt der Schmuck, das Bargeld.*

3.2.6 Mehr als drei Stück sind nicht übrig.

→ Wie gehe ich mit Wendungen wie *mehr als, weniger als* und *nichts als* um?

»Da haben wir ja gut gegessen«, bemerkt Sina mit Blick auf die Kuchenplatte. »Mehr als drei Stück ist nicht übrig.«

»Mehr als drei Stück *sind* nicht übrig, meinst du«, wendet Gerrit ein.

»Nee, wieso? Mehr *ist* nicht übrig.«

»Würdest du dann etwa auch sagen: *Nichts als zwei Tassen Kaffee kann mich jetzt retten*?«, fragt Gerrit nach.

»Klar«, nickt Sina.

»Na, ich weiß nicht«, zweifelt Gerrit. »Ich würde *können* sagen.«

|| Bei *mehr als* irrt sich Sina: Hier ist nur der Plural möglich. Bei *nichts als* gehen beide Varianten.

Zu unserer Fallgruppe gehören die folgenden Wendungen: *mehr als, weniger als, nichts als* und *anderes als*. Ein Problem entsteht dann, wenn ein Subjekt in der Mehrzahl folgt – *mehr als drei Stück, nichts als zwei Tassen*. Was bedeutet das für das Verb des Satzes?

MEHR ALS

Mehr als ist insofern ein Sonderfall, als hier nur der Plural möglich ist.

- Mehr als hundert Gäste werden nicht erwartet.
- Mehr als ein paar Kekse waren nicht übrig.
  Nicht: Mehr als ein paar Kekse *war nicht übrig.

In den anderen Fällen sind beide Formen erlaubt. Der Duden empfiehlt den Plural oder gibt ihn zumindest als bevorzugte Form an:

- Im Zimmer **standen** / stand nichts als drei Stühle.
- Weniger als sieben Rosen **ergeben** / ergibt keinen schönen Strauß.
- Anderes als Vollkornbrötchen **kommen** / kommt mir nicht auf den Tisch.

Die Wahlmöglichkeit finde ich hilfreich. Meinem Sprachgefühl folgend würde ich sagen:

- Weniger als sieben Rosen ergeben keinen schönen Strauß.
- *Aber eher:* Anderes als Vollkornbrötchen kommt mir nicht auf den Tisch.

Im letzten Satz sage ich schließlich, dass *anderes* nicht auf den Tisch komme. Ich sage nicht, dass Vollkornbrötchen nicht auf den Tisch kommen. Aber das mag mein persönlicher Geschmack sein – so wie auch Sina zum Singular tendiert.

☑ Folgt auf die Wendungen *weniger als*, *nichts als* und *anderes als* ein Subjekt in der Mehrzahl, kann ich das Verb in den Plural oder Singular setzen. Bei *mehr als* ist nur der Plural erlaubt.

3.3 Grammatik-Hürden: Welches Wort ist richtig?

Es gibt Fälle, in denen schwanken selbst Muttersprachler*innen zwischen zwei Wörtern. Regelmäßig passiert das bei folgenden Partizipien: *gewohnt/gewöhnt, gehängt/gehangen, lassen/gelassen*. Die ersten beiden Unterkapitel bringen Licht ins Dunkel:

3.3.1 Ich bin es gewohnt, dass es bei dir etwas chaotisch ist. Wann verwende ich *gewohnt*, wann *gewöhnt*?

3.3.2 Hast du ein neues Bild aufgehängt? *Gehängt* oder *gehangen, lassen* oder *gelassen* – wann verwende ich was?

Als Nächstes schaue ich mir mit Ihnen an, wie Sie *diese* und *jene* richtig unterscheiden:

3.3.3 Diese war sauer, jene beleidigt. Wie verwende ich *dieses* und *jenes* korrekt?

Im letzten Unterkapitel habe ich schließlich noch drei weitere Wortentscheidungshilfen für Sie zusammengetragen:

3.3.4 Anscheinend hat der Dackel das ganze Katzenfutter aufgefressen. Wie unterscheide ich *dasselbe* und *das Gleiche, anscheinend* und *scheinbar, umso* und *desto*?

3.3.1 Ich bin es gewohnt, dass es bei dir etwas chaotisch ist.

→ Wann verwende ich *gewohnt*, wann *gewöhnt*?

»Ich bin es ja gewohnt, dass es bei dir etwas chaotisch ist.« Gerrit dreht einen Gegenstand in seinen Händen. »Aber was bitte macht der Pfannenwender auf dem Couchtisch?«

»Das war bestimmt Raya«, murmelt Sina und nimmt Gerrit das Utensil aus der Hand.

»Der ist doch viel zu groß für die Katze«, protestiert Gerrit.

»Ah. Stimmt, ich erinnere mich. Den Pfannenwender brauchte ich, um meinen Ohrring unter dem Schrank hervorzuangeln, den Raya dort runtergeschossen hatte.«

»Du und die Katze, ihr nehmt euch nicht viel«, grinst Gerrit.

Sina zuckt mit den Schultern. *»Du bist es gewohnt*, hast du eben gesagt. Oder doch eher *gewöhnt?«*

Gerrit schaut sie nachdenklich an.

|| *Gerrit ist es gewohnt* – völlig richtig. Alternativ könnte er sagen: *Ich bin daran gewöhnt.*

Gewohnt oder *gewöhnt*? Meist können Sie beides verwenden. Bei der richtigen Konstruktion gibt es jedoch einiges zu beachten.

DIE KORREKTE BILDUNG

Gewohnt wird mit *sein* gebildet. Oft tritt ein *es* hinzu:

- Ich bin es gewohnt, früh aufzustehen.

Gewöhnt wird mit *sein* oder *haben* gebildet und erfordert die Ergänzung *an* oder *daran*:

- An frühes Aufstehen bin ich gewöhnt.
- Ich bin daran gewöhnt, früh aufzustehen.
- Ich habe mich daran gewöhnt, früh aufzustehen.

**Ich bin es gewöhnt* wäre also falsch – statt *es* müsste hier *daran* stehen.

INHALTLICHE ABGRENZUNG

Inhaltliche Unterschiede zeigen sich am ehesten bei der Bildung mit *haben*. Bei der Formulierung *ich habe mich daran gewöhnt* merkt man nämlich, dass von einem Prozess die Rede ist beziehungsweise vom Ergebnis dieses Prozesses. Es geht um eine *Gewöhnung*.

Ich bin es gewohnt bezeichnet hingegen einen Zustand – denken Sie an *die Gewohnheit*.

Noch mal zum Vergleich:

- Ich habe mich an das frühe Aufstehen gewöhnt.

Damit deute ich an, dass es nicht immer so war; anfangs machte mir das frühe Aufstehen zu schaffen. Ich musste mich erst daran gewöhnen. Dagegen:

- Ich bin das frühe Aufstehen gewohnt.

Diese Formulierung spricht dafür, dass ich entweder schon immer früh aufgestanden bin oder schon seit so langer Zeit früh aufstehe, dass der vorherige Zustand irrelevant geworden ist. Das frühe Aufstehen ist eine Gewohnheit von mir.

☑ *Gewohnt* bilde ich mit *sein*, *gewöhnt* mit *sein* oder *haben*. Es heißt: *Ich bin es gewohnt* sowie *ich bin* oder *habe mich daran gewöhnt*.

3.3.2 Hast du ein neues Bild aufgehängt?

→ *Gehängt* oder *gehangen*, *lassen* oder *gelassen* – wann verwende ich was?

»Oh, hast du ein neues Bild aufgehängt?« Gerrit schaut etwas überrascht auf die Darstellung eines Hirsches auf einer Lichtung.

»Ach, das hat vorher bei meiner Oma im Flur gehangen. Sie wollte es nicht mehr haben.« Sina streicht über den Rahmen. »Ich hab's erst aus Jux hierhin gehängt – und hab's dann einfach hängen lassen. Es ist so schön ironisch, findest du nicht auch?«

»Ironisch?« Gerrit kann Sina nicht folgen und lenkt mit einer anderen Frage ab: »*Gehängt* oder *gehangen* – was denn nun? Und bei *hängen lassen* bin ich mir auch nicht sicher. Warum nicht *hängen gelassen*?«

|| Verständlich, dass Gerrit ins Straucheln kommt. Doch die Formen sind korrekt: *Sina hat ein neues Bild aufgehängt; es hat im Flur gehangen; sie hat es hängen lassen.*

Gehängt oder *gehangen*, *lassen* oder *gelassen*? Schauen wir uns zunächst *hängen* an. Davon gibt es zwei Versionen, ein starkes und ein schwaches Verb.

HÄNGEN ALS SCHWACHES VERB

Ein schwaches Verb zeichnet sich dadurch aus, dass der Stamm beim Konjugieren gleich bleibt. Die Vergangenheitsformen von *hängen* lauten demnach *hängte* und *gehängt*.

Bei dieser Version von *hängen* folgt auf das Subjekt normalerweise noch ein Objekt. Ich, das Subjekt, tue etwas mit einem Objekt – der Wäsche, dem Bild.

- Ich hänge die Wäsche ab. → Ich habe die Wäsche abgehängt, ja, ich hängte sie ab.
- Ich hänge das Bild an die Wand. → Ich habe das Bild an die Wand gehängt, ja, ich hängte es an die Wand.

Test: Vom schwachen Verb *hängen* lässt sich ein Passiv bilden.

- Das Bild wurde von mir an die Wand gehängt.
- Die Wäsche wurde von mir abgehängt.

HÄNGEN ALS STARKES VERB

Davon unterscheidet sich *hängen* als starkes Verb. Hier verändert sich beim Konjugieren der Stamm; die Vergangenheitsformen lauten *hing* und *gehangen*.

Interessant für uns: Als starkes Verb steht *hängen* für sich alleine, es folgt kein Objekt.

- Das Bild hängt an der Wand. → Das Bild hat an der Wand gehangen, ja, es hing an der Wand.
- Das Seil hängt bis zum Boden. → Das Seil hat bis zum Boden gehangen, ja, es hing bis zum Boden.

Ein Passiv lässt sich hier nicht bilden, denn es fehlt ein handelnder Akteur.

☑ Wird *hängen* so verwendet, dass eine Person etwas mit einem Gegenstand tut, lautet die Vergangenheit *hängte* und *gehängt*. Steht der Gegenstand alleine, heißt es *hing* und *gehangen*.

LASSEN ODER *GELASSEN*?

Kommen wir nun noch zum Verb *lassen* in Verbindung mit *haben*. Ohne weiteren Infinitiv ist *gelassen* richtig:

- Ich habe den Satz unkorrigiert gelassen.
- Er hat sein Handy bei mir gelassen.

Tritt dagegen noch ein Infinitiv hinzu, ist überwiegend *lassen* korrekt. In vielen Fällen können Sie jedoch auch *gelassen* schreiben.

- Die Ladenbesitzerin hat den Dieb laufen lassen.
- Ich habe den Satz unkorrigiert stehen **lassen** / gelassen.
- Er hat sein Handy bei mir liegen **lassen** / gelassen.

Achtung: Ist Ihr Satz eine Passivkonstruktion (erkennbar an Formen wie *wird* oder *wurde*), passt nur *gelassen*. Es heißt:

- Der Satz wurde von mir unkorrigiert stehen gelassen.

☑ Ich merke mir vor allem die Variante *Infinitiv + lassen*. Tritt kein Infinitiv hinzu oder steht mein Satz im Passiv, schreibe ich *gelassen*.

3.3.3 Diese war sauer, jene beleidigt.

→ Wie verwende ich *dieses* und *jenes* korrekt?

»Sorry, da musste ich rangehen.« Entschuldigend legt Gerrit das Handy zur Seite. »Meine Mutter hat sich gerade mit meiner Tante verkracht.«

»Was war das Problem?«, fragt Sina.

»Ach.« Gerrit fährt sich durch die Haare. »Diese war sauer, jene beleidigt.«

»Wer war sauer – deine Mutter oder deine Tante? Sorry, ich komme nicht ganz mit.«

»Keine Sorge«, erwidert Gerrit, »ich auch nicht.«

|| Gerrits Satz bedeutet, dass seine Tante sauer und seine Mutter beleidigt war.

Dieses und *jenes* werden oft falsch verwendet. Schauen wir uns einmal an, wie es richtig geht.

DIESES UND *JENES*

Möchten Sie auf ein Wort verweisen, das Sie vorher bereits verwendet haben, können Sie auf *dieses* oder *jenes* zurückgreifen.

- Siegfried und Hans waren der Einladung gerne gefolgt. Als das Dessert serviert wurde, hatte sich dieser jedoch bereits zurückgezogen.

Wer hatte sich zurückgezogen – Siegfried oder Hans? Die richtige Antwort lautet: Hans. Das Pronomen *dieser/diese/dieses* weist nämlich immer auf das Satzglied hin, das räumlich oder zeitlich näher ist.

Und wenn Sie Siegfried meinen? Dann müssen Sie sagen:

- Siegfried und Hans waren der Einladung gerne gefolgt. Als das Dessert serviert wurde, hatte sich jener jedoch bereits zurückgezogen.

Jener/jene/jenes weist also auf das hin, was räumlich oder zeitlich weiter entfernt ist. Die Frage ist nur, ob Ihre Adressat*innen das auch verstehen.

ERSTERES UND *LETZTERES*

Sicherer ist es, mit *Ersteres* und *Letzteres* zu arbeiten.

- Siegfried und Hans waren der Einladung gerne gefolgt. Als das Dessert serviert wurde, hatte sich Letzterer jedoch bereits zurückgezogen.

Jetzt ist es klarer, oder?

Ersteres und *letzteres* sind Adjektive, die in substantivierter Form großgeschrieben werden. *Dieses* und *jenes* sind dagegen Pronomen; sie werden immer kleingeschrieben.

Schauen wir uns noch ein Beispiel ohne Substantivierung an:

- Ich besitze ein langes und ein kurzes Kleid; ersteres trage ich zu festlichen Anlässen, letzteres vor allem im Sommer.

Hier verweisen beide Adjektive auf den Oberbegriff *Kleid* und werden daher kleingeschrieben.

DIE BESSERE LÖSUNG

Dieses und *jenes*, *ersteres* und *letzteres* – all diese Wörter klingen sehr steif und schriftsprachlich. Wie wäre es, das Wort einfach noch mal zu wiederholen?

- Siegfried und Hans waren der Einladung gerne gefolgt. Als das Dessert serviert wurde, hatte sich Siegfried jedoch bereits zurückgezogen.

Das klingt auf jeden Fall lockerer.

☑ *Dieses* weist auf das hin, was räumlich oder zeitlich näher ist, *jenes* auf das weiter Entfernte. Alternativ kann ich *Ersteres* und *Letzteres* nutzen.

3.3.4 Anscheinend hat der Dackel das ganze Katzenfutter aufgefressen.

→ Wie unterscheide ich *dasselbe* und *das Gleiche*, *anscheinend* und *scheinbar*, *umso* und *desto*?

»Dein Dackel schaut so zufrieden«, sagt Sina misstrauisch. »Warte mal …«

Sie geht in die Küche und ruft Gerrit zu: »Ich hab's doch geahnt. Scheinbar hat Tamino wieder das ganze Katzenfutter aufgefressen.«

»Scheinbar?« Gerrit grinst. »Was du meinst, ist *anscheinend*.«

»Ist das nicht dasselbe?«, fragt Sina.

»Das Gleiche«, korrigiert Gerrit sie. »Und nein, ist es nicht.«

Sina schnaubt zweifelnd. »Na gut. Ich korrigiere zu: Garantiert hat Tamino das Katzenfutter aufgefressen.«

|| Mit dem Wort *anscheinend* hat Gerrit recht. Seine zweite Korrektur war unnötig: Sina kann *dasselbe* oder *das Gleiche* sagen.

In diesem Kapitel habe ich noch drei Wortentscheidungshilfen für Sie zusammengetragen. Es geht um *dasselbe* und *das Gleiche, anscheinend* und *scheinbar* sowie *umso* und *desto.*

DASSELBE ODER *DAS GLEICHE*?

Vielleicht haben auch Sie verinnerlicht, einen Unterschied zwischen *dasselbe* und *das Gleiche* zu machen. Einmal geht es um einen einzelnen Gegenstand, einmal um einen Gegenstand gleicher Art.

- *Identischer Gegenstand:* Denselben Teller habe ich doch gerade eben schon abgewaschen.
- *Identische Art:* Den gleichen Teller habe ich schon mal gekauft.

Ganz so streng ist das jedoch gar nicht zu sehen. Sie können sehr wohl auf den Nachbartisch schielen und sagen:

- Ich möchte dasselbe Essen.

Das bedeutet nicht, dass Sie Ihrem Tischnachbarn tatsächlich den Teller unter der Nase wegziehen wollen. Sie meinen dann: *dieselbe Art von Essen. Das gleiche Essen* ginge natürlich auch.

Schauen wir uns noch folgende Beispiele an:

- Die Kinder haben denselben / den gleichen Nachnamen wie ich.
- Wollen wir uns morgen um dieselbe / die gleiche Uhrzeit treffen?

Wie sollte man hier überhaupt unterscheiden, welcher Ausdruck richtig ist? Wir haben ja keinen greifbaren Gegenstand.

Wichtig ist die Unterscheidung dann, wenn Missverständnisse entstehen können.

- Mein Freund und ich nutzen den gleichen Computer.
- Mein Freund und ich nutzen denselben Computer.

Im ersten Fall handelt es sich um zwei Geräte desselben Modells, im zweiten Fall arbeiten beide an ein und demselben Gerät.

ANSCHEINEND ODER *SCHEINBAR*?

Anscheinend und *scheinbar* werden oft synonym verwendet, dabei besagen sie so ziemlich das Gegenteil voneinander.

Mit *anscheinend* äußern Sie die Vermutung, dass etwas tatsächlich so ist, wie es aussieht.

- Anscheinend haben meine Kolleginnen den ganzen Kaffee ausgetrunken.
- Ich habe ihn anscheinend verpasst.

Mit *scheinbar* versichern Sie hingegen: Der Sachverhalt wirkt nur so, ist aber in Wirklichkeit anders.

- Die Sonne geht scheinbar im Meer unter.
- Er ist scheinbar selbstbewusst, aber im Herzen doch unsicher.

Also aufgepasst – wenn Sie sagen: »Sie hat *scheinbar* recht«, sagen Sie damit, dass die Person eigentlich unrecht hat. Wenn Sie vermuten, dass die Person richtigliegt, muss es heißen: »Sie hat *anscheinend* recht.«

UMSO ODER *DESTO*?

Wann verwende ich *je – umso*, wann *je – desto*? Aufatmen: Es gibt keinen Unterschied.

- Je früher du mir Bescheid sagst, umso / desto besser kann ich mich vorbereiten.

Außerdem gibt es noch die Variante *je – je*. Sie ist veraltet, aber noch üblich in kurzen Wendungen:

- Je länger, je lieber.
- Je oller, je doller.

☑ Eine strenge Unterscheidung zwischen *dasselbe* und *das Gleiche* ist nicht notwendig, außer um Missverständnisse zu vermeiden. *Scheinbar* bedeutet: Es ist nicht wirklich so. Oft ist in Wahrheit *anscheinend* gemeint. *Umso* und *desto* schließlich kann ich synonym verwenden.

3.4 Grammatik-Hürden: Indirekte Rede und weitere Herausforderungen

Den Abschluss unserer Grammatik-Hürden bildet ein buntes Potpourri aus verschiedenen Zweifelsfällen. Wie war das noch gleich mit dem Konjunktiv in der indirekten Rede? Das zeige ich Ihnen im ersten Unterkapitel:

3.4.1 Du meintest doch, dass dir die Yogastunde gefallen habe. Wie bilde ich korrekt die indirekte Rede?

Weiter geht es mit folgenden Themen:

3.4.2 Hilf mir lieber die Katze suchen. Wann benötigt mein Infinitiv ein *zu*?

3.4.3 Ich habe heute zu viel gesessen. Wann bilde ich das Perfekt mit *sein*, wann mit *haben*?

3.4.4 Es gibt noch einen schwerwiegenderen Grund. Wie bilde ich in schwierigen Fällen die richtige Steigerungsform?

Im fünften Unterkapitel habe ich noch ein schönes Thema für Sie – die richtige Flexion von Farben. Heißt es *lila Schal, lilaner Schal* oder *lilafarbener Schal*? Das erfahren Sie hier:

3.4.5 Bist du dir sicher, dass mir ein lila Schal steht? Wie flektiere ich Farben richtig?

Zum Schluss schauen wir uns die Grammatik der Wörter *jedes, dieses, jenes, deren* und *derer* an. Sie sehen alle recht ähnlich aus, aber keine Sorge: Mit ein paar Erklärungen wird es einfacher.

3.4.6 Das ist der schönste Moment jedes Tages. Wie bilde ich den Genitiv von *jedes, dieses* und *jenes*?

3.4.7 Ich habe eine Information, aufgrund derer ich das annehmen kann. Wie verwende ich *dessen, deren* und *derer* korrekt?

3.4.1 Du meintest doch, dass dir die Yogastunde gefallen habe.

→ Wie bilde ich korrekt die indirekte Rede?

»Ich hab ein Geschenk für dich.« Freudig überreicht Gerrit Sina ein quaderförmiges Päckchen.

»Oh, danke!« Sina öffnet das Geschenkpapier und stutzt. »Was ist das?«

»Ein Yogablock«, strahlt Gerrit.

Aus Sinas Augen sprechen Fragezeichen.

»So kannst du weiter üben. Du meintest doch, dass dir die Yogastunde gefallen hat. *Gefallen habe.*« Gerrit gerät ins Schlingern. »Oder *gefallen hätte*?«

»Oh ja, uff, indirekte Rede!«, bekräftigt Sina, um vom Yoga-Thema abzulenken.

|| Standardsprachlich muss hier der Konjunktiv I stehen: *Du meintest doch, dass dir die Yogastunde gefallen habe.* In der mündlichen Alltagssprache ist es Gerrit allerdings nicht zu verübeln, dass er lieber den Indikativ wählt. Für die Form *gefallen hätte* gibt es keine Veranlassung.

Gerrits Unsicherheit ist wenig überraschend: Der korrekte Umgang mit dem Verb in der indirekten Rede kann einige Kopfschmerzen bereiten.

INDIKATIV ODER KONJUNKTIV?

Um die Aussage einer Person korrekt wiederzugeben, nutzen Sie standardsprachlich den Konjunktiv I – mit oder ohne *dass*:

- Paul sagt, er reise am liebsten allein.
- Paul sagt, dass er am liebsten allein reise.

Bei manchen redeeinleitenden Verben passt auch eine Infinitivkonstruktion:

- Paul behauptet, am liebsten allein zu reisen.

Nur wenn es sich bei dem Gesagten um eine unumstößliche Tatsache handelt, können Sie alternativ den Indikativ wählen:

- Karl sagt, der Hallimasch sei / ist das größte Lebewesen der Welt.
- Karl sagt, dass der Hallimasch das größte Lebewesen der Welt sei / ist.

DIE RICHTIGE ZEITENFOLGE

Macht es einen Unterschied, wenn der Begleitsatz nicht *er sagt* lautet, sondern *er sagte*? Nein – das hat keine Auswirkungen auf die indirekte Rede. Sie orientieren sich einzig und allein an den Zeitformen, die in der direkten Rede vorkommen.

- *Direkte Rede im Präsens:* »Pilze esse ich gern.«
  Er sagt / hat gesagt / sagte / wird sagen, er esse Pilze gern.

- *Direkte Rede im Perfekt:* »Ich habe Pilze schon früher gern gegessen.«
  Er sagt / hat gesagt / sagte / wird sagen, er habe Pilze schon früher gern gegessen.

WANN VERWENDE ICH DEN KONJUNKTIV II?

Bei einigen Verben gibt es nun das Problem, dass die Formen von Konjunktiv I und Indikativ übereinstimmen.

- Karl hat gesagt, ich müsse sie nicht abholen. Sie finden schon nach Hause.

Sowohl im Indikativ als auch im Konjunktiv I lautet die Verbform der 3. Person Plural *finden*. Handelt es sich also um eine Einschätzung, die ich als Sprecherin selbst äußere? Oder handelt es sich immer noch um die indirekte Rede, um das, was Karl gesagt hat? Das lässt sich beim Lesen nicht unterscheiden. Um Missverständnisse zu vermeiden, sollte ich mir daher mit dem Konjunktiv II behelfen:

- Karl hat gesagt, ich müsse sie nicht abholen. Sie fänden schon nach Hause.

WANN VERWENDE ICH *WÜRDE*?

Manchmal hilft selbst das Ausweichen auf den Konjunktiv II nicht.

- *Konjunktiv I:* Karl meinte, es sei alles anders verlaufen als geplant. Sie warten schon zu lange.

Hat Karl gesagt, dass sie schon zu lange warten, oder ist das meine eigene Einschätzung? Angenommen, es ist Karls Aussage. Wird das durch den Konjunktiv II klarer?

- *Konjunktiv II:* Karl meinte, es sei alles anders verlaufen als geplant. Sie warteten schon zu lange.

Formal stimmt der Konjunktiv II mit dem Indikativ Präteritum überein. Auch hier ist es daher nicht eindeutig erkennbar, wer diese Bewertung abgibt. In solch einem Fall können Sie auf *würde* zurückgreifen, um die indirekte Rede zu verdeutlichen:

- Karl meinte, es sei alles anders verlaufen als geplant. Sie würden schon zu lange warten.

Außerdem wird die Form mit *würde* gewählt, wenn der Konjunktiv II sehr ungebräuchlich ist.

- Die Touristen behaupteten, sie würden sich auskennen.
  Ungebräuchlich: Die Touristen behaupteten, sie kennten sich aus.

Von diesen Ausnahmen abgesehen ist die indirekte Rede mit *würde* als umgangssprachlich einzustufen. Das Gleiche gilt für einen »unbegründeten« Konjunktiv II.

- *Ugs.:* Sie sagte, das Baby würde nach seinem Vater kommen.
  Ugs.: Sie sagte, das Baby käme nach seinem Vater. (Konjunktiv II)
  Korrekt: Sie sagte, das Baby komme nach seinem Vater. (Konjunktiv I)

☑ Um eine Aussage als indirekte Rede zu kennzeichnen, verwende ich standardsprachlich den Konjunktiv I. Dabei sollte ich darauf achten, nicht versehentlich zum Konjunktiv II zu greifen. Letzterer wird nur benötigt, um Missverständnisse zu vermeiden.

3.4.2 Hilf mir lieber die Katze suchen.

→ Wann benötigt mein Infinitiv ein *zu*?

»Wann passt es dir besser mit dem Yoga – am Dienstag oder am Donnerstag?«, fragt Gerrit.

Sina seufzt. »Du gibst wohl nie auf, was?«

»Tja«, antwortet Gerrit bescheiden. »Mein Yoga hat mich Geduld haben gelehrt.«

»Hilf mir lieber die Katze suchen. Raya versteckt sich irgendwo, weil sie weiß, dass sie gleich ihre Medizin bekommt.«

Gerrit schaut unters Sofa und murmelt etwas Unverständliches.

»Wie bitte?«, fragt Sina nach.

Gerrit richtet sich wieder auf. »Ich habe mich nur gefragt, ob es nicht heißen müsste: *Mein Yoga hat mich gelehrt, Geduld zu haben* und *Hilf mir, die Katze zu suchen* – mit *zu*.«

»Frag mich das noch mal, wenn wir Raya gefunden haben«, antwortet Sina und raschelt mit dem Trockenfutter.

|| Gerrit und Sina können ganz entspannt sein: Beide Sätze sind in beiden Versionen korrekt, mit und ohne *zu*.

Wann braucht ein Infinitiv ein *zu*, wann steht er ohne? Das ist nicht immer leicht zu entscheiden.

WENN DER INFINITIV ALS SUBJEKT STEHT

Nehmen wir uns als Erstes folgenden Beispielsatz vor:

- Es ist eine Strafe, dich singen zu hören.

Hier wissen Sie: Das *zu* muss sein, ganz klar. Doch was, wenn Sie den Satz umdrehen?

- Dich singen (zu) hören ist eine Strafe.

Sie könnten auch sagen: »Brokkoli ist eine Strafe.« Dann wäre *Brokkoli* Ihr Subjekt. Hier steht jetzt das Verb an der Subjekt-Stelle. Brauchen Sie dann ein *zu* oder nicht? Beides geht:

- Dich singen zu hören[,] ist eine Strafe.
- Dich singen hören ist eine Strafe.

Noch ein Beispiel:

- Eine Party vorzubereiten[,] macht Spaß.
- Eine Party vorbereiten macht Spaß.

Das Komma bei der Version mit *zu* ist fakultativ. Verwenden Sie den Infinitiv ohne *zu*, dürfen Sie keins setzen.

NACH *ALS*

Auch nach *als* haben Sie die Wahl, ob Sie zum Infinitiv das *zu* hinzunehmen:

- Ich kann mir nichts Schöneres vorstellen als ausschlafen.
- Ich kann mir nichts Schöneres vorstellen, als auszuschlafen.

- Ich will lieber Single bleiben als in einer unglücklichen Partnerschaft versauern.
- Ich will lieber Single bleiben, als in einer unglücklichen Partnerschaft zu versauern.

Die Konstruktion mit *zu* wird nach meiner Beobachtung bevorzugt.

Achtung: Hier ist das Komma bei der Konstruktion mit *zu* Pflicht (Grund ist die Konjunktion *als*).

HELFEN, LERNEN, LEHREN, HEISSEN

Wie heißt es richtig?

- Hilfst du mir[,] die Kartoffeln zu schälen?
- Hilfst du mir die Kartoffeln schälen?

Beides ist korrekt. Zur gleichen Kategorie gehören *lehren*, *lernen* und *heißen*:

- Ich lerne neuerdings[,] Gitarre zu spielen.
- Ich lerne neuerdings Gitarre spielen.

- Das hat mich gelehrt[,] Geduld zu haben.
- Das hat mich Geduld haben gelehrt.

- Ich heiße dich[,] geduldig zu sein.
- Ich heiße dich geduldig sein.

☑ In folgenden Fällen kann ich zwischen einem Infinitiv mit *zu* und einem ohne *zu* wählen: 1) Infinitiv in der Rolle eines Subjektes, 2) nach *als*, 3) nach *helfen, lernen, lehren, heißen*.

NICHT BRAUCHEN

Die Wendung *nicht brauchen* erfordert standardsprachlich ein *zu*. Die Variante ohne *zu* ist umgangssprachlich.

- Du brauchst nicht mehr zu kommen.
  Ugs.: Du brauchst nicht mehr kommen.

Tritt *nicht brauchen* in einer Satzkonstruktion auf, die an sich schon ein *zu* mit sich bringt, müssen Sie tatsächlich zweimal *zu* schreiben. Eleganter ist es, in diesem Fall umzuformulieren.

- Ich glaube, das nicht zu erklären zu brauchen.
  Besser: Ich glaube, dass ich das nicht zu erklären brauche.

Weitere Wendungen mit *zu* sind etwa *sich zu erkennen geben* und *etwas zu bedenken geben*. Auch hier sollten Sie aus Stilgründen ein doppeltes *zu* vermeiden.

- Er war im Raum, ohne sich zu erkennen zu geben.
  Besser: Er war im Raum, hat sich aber nicht zu erkennen gegeben.

MEHRERE VERBEN

Besteht eine Infinitivkonstruktion aus zwei Verben, ist ein doppeltes *zu* nicht zu vermeiden. Das zweite *zu* wird hier oft vergessen, ist aber erforderlich.

- Sie begann[,] zu kichern und zu lachen.
  Nicht: *Sie begann[,] zu kichern und lachen.

☑ Standardsprachlich ist das *zu* bei *nicht brauchen* Pflicht. In einer Konstruktion mit mehreren Verben müssen alle Infinitive ein *zu* erhalten.

3.4.3 Ich habe heute zu viel gesessen.

→ Wann bilde ich das Perfekt mit *sein*, wann mit *haben*?

»Huch«, sagt Sina, als Gerrit ihr die Tür öffnet. »Was ist denn mit dir passiert? Du bist so rot im Gesicht.«

»Ich habe gejoggt«, sagt Gerrit stolz.

»Du meinst, du *bist* gejoggt«, korrigiert ihn Sina.

»Hm? Jedenfalls hatte ich das Gefühl, ich habe heute zu viel gesessen. Da brauchte ich etwas Bewegung.«

»Du *bist* zu viel gesessen.«

»Was? Nein. Wovon redest du?«

Sina lacht. »Ich schlage vor, du gehst erst mal duschen.«

»Und danach? Bin ich dann geduscht oder habe ich geduscht?«

Sina grübelt. »Beides, oder?«

|| Gerrit *hat* oder *ist gejoggt* – das geht beides. Bei *sitzen* sollte er das Perfekt besser mit *haben* bilden. Er kann sagen: *Ich habe geduscht* (Tätigkeit) oder: *Ich bin frisch geduscht* (Zustand).

Die meisten Verben bilden das Perfekt mit *haben*. Nur einige wenige bilden es mit *sein*. Manchmal geht jedoch auch beides.

WANN NUTZT MAN *SEIN*?

Typisch für die Perfektbildung mit *sein* sind Verben, die anzeigen, dass das Subjekt des Satzes eine Veränderung durchgemacht hat.

- Er ist tief gesunken.
- Die Blumen sind längst vertrocknet.

Der zweite typische Fall sind Verben, die eine Fortbewegung ausdrücken. Viele Bewegungsverben können das Perfekt sowohl mit *haben* als auch mit *sein* bilden.

- Ich habe geschwommen / bin geschwommen.
- Er hat gejoggt / ist gejoggt.
- Sie hat geklettert / ist geklettert.

Tritt eine Richtungsangabe hinzu, muss das Perfekt auf jeden Fall mit *sein* gebildet werden:

- Ich bin ans andere Ufer geschwommen.
- Er ist nach Hause gejoggt.
- Sie ist auf den Gipfel geklettert.

Die Verben *gehen* und *reisen* werden ausschließlich mit *sein* gebildet.

- Er ist schon weit gereist.
- Ich bin alleine gegangen.

Generell nimmt bei den Bewegungsverben die Perfektbildung mit *sein* zu. »Ich habe gejoggt« hört man also immer seltener.

REGIONALE UNTERSCHIEDE

Bei einigen Verben gibt es auch regionale Unterschiede. In Norddeutschland sagt man:

- Ich habe schon zu lange gestanden.
- Sie hat neben mir gelegen.
- Er hat hier gesessen.

In Süddeutschland, Österreich und der Schweiz hört man hingegen eher:

- Ich bin schon zu lange gestanden.
- Sie ist neben mir gelegen.
- Er ist hier gesessen.

☑ Beim Perfekt von Bewegungsverben habe ich oftmals die Wahl zwischen *sein* und *haben*. Sobald eine Richtungsangabe hinzutritt, muss ich auf jeden Fall *sein* nehmen.

PARTIZIPIEN

Und wie steht es jetzt um *ich habe geduscht* versus *ich bin geduscht*? Das Perfekt bilden Sie natürlich mit *haben*. Das Partizip II *geduscht* kann aber auch als Adjektiv verwendet werden, dann kommt es zur Konstruktion mit *sein*.

- Ich habe eben geduscht.
  Als Adjektiv: Ich bin frisch geduscht (= sauber).

- Ich habe die Arbeit erledigt.
  Als Adjektiv: Die Arbeit ist erledigt (= fertig).

Den Unterschied sehen Sie noch mal bei folgendem Frage-Antwort-Spiel:

- Wen habe ich geduscht? Mich. Jetzt bin ich frisch geduscht.
- Was habe ich erledigt? Die Arbeit. Jetzt ist die Arbeit erledigt.

3.4.4 Es gibt noch einen schwerwiegenderen Grund.

→ Wie bilde ich in schwierigen Fällen die richtige Steigerungsform?

»Du wolltest dir doch eine neue Anlage kaufen«, bemerkt Sina, als sie mit Gerrit an einem Elektrogeschäft vorbeikommt. »Wie wäre es mit der hier im Schaufenster?«

»Ich werde bestimmt nicht spontan in einen Laden gehen und mir die erstbeste Anlage kaufen. Da gehört schon etwas mehr Recherche dazu.«

»Jaja, Recherche. Dafür kannst du dich vor Ort beraten lassen.«

»Es gibt noch einen schwerwiegenderen Grund dafür, an dem Laden vorbeizugehen.«

»Welchen denn?«

»Meinen Kontostand«, grinst Gerrit. »Aber sag mal: *Erstbeste* klingt irgendwie doppelt gemoppelt. Und müsste es nicht heißen: *ein schwerer wiegender Grund*?«

|| Ein *schwerwiegenderer* oder *schwerer wiegender* Grund – das geht beides. Das Wort *erstbeste* ist ein eigenständiger Ausdruck und daher korrekt.

Gut, besser, am besten – Muttersprachler*innen bereiten die Steigerungsformen normalerweise keine große Mühe. Ein paar Fallstricke gibt es aber.

ADJEKTIVISCHE FÜGUNGEN STEIGERN

Bei manchen Wörtern ist es nicht leicht, zu entscheiden, welcher Bestandteil wohl gesteigert wird – so wie bei Gerrits *schwerwiegend*. Steigert man da *schwer* oder *wiegend*?

Wichtig ist zunächst, ob die Fügung in ihrer Grundform zusammen- oder getrennt geschrieben wird. (Die Regeln dazu können Sie in Kapitel 2.3.3 nachlesen.) Trifft Zusammenschreibung zu, lässt sich nur der letzte Bestandteil steigern:

- Deine Massage war wohltuend.
- Aber das Ausschlafen war noch wohltuender.
  Nicht: *wohlertuend

Viele Fügungen können jedoch wahlweise zusammen- oder getrennt geschrieben werden. Hier können Sie in den meisten Fällen auswählen, welchen Bestandteil Sie steigern möchten.

- Deine Einwände sind schwer wiegend / **schwerwiegend**.
- Doch seine Einwände sind schwerer wiegend / schwerwiegender.

- Es wurden weit reichende / **weitreichende** Maßnahmen ergriffen.
- Wir müssen aber noch weiter reichende / weitreichendere Maßnahmen ergreifen.

Achten Sie dabei auf die korrekte Zusammen- und Getrenntschreibung:

- *Nicht:* *schwererwiegende Einwände
  Sondern: schwerer wiegende Einwände
- *Nicht:* *schwer wiegendere Einwände
  Sondern: schwerwiegendere Einwände

Merkhilfe: Niemals innerhalb eines Wortes steigern. So verhindern Sie schon mal den ersten Fehler.

Bei einigen wenigen Fügungen kann nur der erste Bestandteil gesteigert werden.

- Die Garage hat **tief liegende** / tiefliegende Stellplätze.
- Die tiefer liegenden Stellplätze wurden überflutet.
  Nicht: *die tief liegenderen Stellplätze

Auf jeden Fall wird immer nur *ein* Bestandteil gesteigert.

- *Nicht:* Wir müssen *weiter reichendere Maßnahmen ergreifen.

WELCHE STEIGERUNGSFORM NACH *ZUNEHMEND*?

Ein paar Fragezeichen ergeben sich auch beim Wort *zunehmend*. Was meinen Sie – wie lautet der folgende Satz richtig?

- Die Aufgaben werden zunehmend schwierig.
- Die Aufgaben werden zunehmend schwieriger.

Je nach gewünschter Aussage ist beides korrekt. Werden die Aufgaben *zunehmend schwierig*, so waren sie vorher eher einfach. Jetzt ändert sich das, und man kann sie mittlerweile durchaus als schwierig bezeichnen.

Werden die Aufgaben hingegen *zunehmend schwieriger*, waren sie schon immer schwierig. Nun steigt der Anspruch weiter; sie werden immer schwieriger.

FALSCHE »DOPPELSUPERLATIVE«

Bisher hatten wir nur mit der ersten Steigerungsform zu tun, dem Komparativ *(besser)*. Schauen wir uns nun noch den Superlativ an *(am besten)*. Hier kommt es mitunter zu einem Phänomen, das man als Doppelsuperlativ bezeichnen kann. Eine solche Bildung ist nicht korrekt.

- *Nicht:* Die *bestmöglichste Lösung liegt in der *weitestgehendsten Einigung.

Die Regel, dass nur ein Bestandteil gesteigert werden darf, hilft auch gegen Doppelsuperlative. Ist der erste Wortbestandteil bereits ein Superlativ, darf es sich beim zweiten nicht ebenfalls um einen Superlativ handeln.

- *Nicht:* *der bestbezahlteste Job
  Sondern: der bestbezahlte Job
- *Nicht:* *der größtmöglichste Profit
  Sondern: der größtmögliche Profit
- *Nicht:* *das meistgebräuchlichste Tool
  Sondern: das meistgebräuchliche Tool
- *Nicht:* *die weitestgehendste Einigung
  Sondern: die weitestgehende Einigung

ERSTBESTE UND *NÄCHSTBESTE*

Zwei doppelte Superlative finden sich dennoch im Duden: *erstbeste* und *nächstbeste.*

- Du musst ja nicht gleich in das erstbeste Geschäft gehen.
- Bei der nächstbesten Gelegenheit sage ich es ihm.

Aber sind das tatsächlich Doppelsuperlative? Man könnte auch sagen: *das erste Geschäft, die nächste Gelegenheit. Beste* tritt nur zur Verstärkung hinzu und hat hier gar keine wörtliche Aussagekraft. Es handelt sich ja wahrscheinlich eben *nicht* um das beste Geschäft oder die beste Gelegenheit. Kurz: Beide sind eigenständige Ausdrücke.

Von diesen Ausnahmen abgesehen gilt: Ein Superlativ genügt.

☑ Will ich eine adjektivische Fügung steigern, schreibe ich sie am besten zusammen und steigere den zweiten Bestandteil: *wohltuender, weitreichender.* Von den Ausdrücken *erstbeste* und *nächstbeste* abgesehen darf immer nur ein Bestandteil gesteigert werden.

3.4.5 Bist du dir sicher, dass mir ein lila Schal steht?

→ Wie flektiere ich Farben richtig?

»Nachdem du mir neulich den Yogablock geschenkt hast«, setzt Sina an und überreicht Gerrit ein Päckchen, »habe ich dir heute auch etwas mitgebracht.«

»Wow, danke!« Gerrit freut sich und öffnet sorgfältig das Papier, ohne es zu beschädigen.

»Oha … Bist du dir sicher, dass mir ein lila Schal steht?«

»Warum nicht? Du kannst doch nicht immer nur Schwarz tragen.«

»Übertreib nicht«, grinst Gerrit. »Gerade habe ich immerhin eine kaki Hose an.«

»Kaki Hose«, grübelt Sina. »Das klingt noch komischer als *lila Schal*.«

|| Die Ausdrücke *kaki Hose* und *lila Schal* sind korrekt. Wenn sich Sina – wenig verwunderlich – damit unwohl fühlt, kann sie auf *lilafarben* und *kakifarben* ausweichen.

Ein *blaues Meer*, eine *rote Rose* – die Grundfarben lassen sich problemlos flektieren. Bei vielen anderen Farbadjektiven geht das nicht so einfach. Sie sind oftmals aus fremdsprachlichen Substantiven hervorgegangen und »sperren« sich daher gegen die normale adjektivische Flexion.

ROSA, LILA, PINK

Die Adjektive *rosa*, *lila* und *pink* dürfen standardsprachlich nicht flektiert werden. Es heißt:

- Rosa Hemden sind bei Männern sehr beliebt.
- Diese lila Blumen finde ich besonders hübsch.
- Ihr pink Fahrrad sieht man schon von Weitem.

Die folgenden Formen sind also nur umgangssprachlich:

- *Ugs.:* Rosane Hemden sind bei Männern sehr beliebt.
- *Ugs.:* Diese lilanen Blumen finde ich besonders hübsch.
- *Ugs.:* Ihr pinkes Fahrrad sieht man schon von Weitem.

Rosa Hemden geht ja noch, aber *pink Fahrrad* – das kommt einem doch schwer über die Lippen beziehungsweise die Tastatur. Zum Glück gibt es noch eine weitere Lösung. Greifen Sie einfach auf *-farben* oder *-farbig* zurück:

- Rosafarbige Hemden sind bei Männern sehr beliebt.
- Diese lilafarbenen Blumen finde ich besonders hübsch.
- Ihr pinkfarbenes Fahrrad sieht man schon von Weitem.

Bei *violett* besteht das Problem übrigens nicht – das dürfen Sie flektieren:

- Diese violetten Blumen finde ich besonders hübsch.

KAKI, CREME, OCKER

Ähnlich seltsam wie das *pink Fahrrad* klingen die folgenden Beispiele mit *kaki*, *creme* und *ocker:*

- Er trägt heute eine kaki Weste.
- Dein creme Pullover steht dir gut.
- Meine ocker Fliesen gefallen mir nicht mehr.

Korrekt sind diese Formen zwar, dennoch würde ich den Zusatz *-farben* oder *-farbig* auf jeden Fall vorziehen:

- Er trägt heute eine kakifarbene Weste.
- Dein cremefarbener Pullover steht dir gut.
- Meine ockerfarbigen Fliesen gefallen mir nicht mehr.

ORANGE, BEIGE, TÜRKIS

Bei *orange, beige* und *türkis* ist sowohl die undeklinierte als auch die deklinierte Form erlaubt. Die Form mit Endung ist jedoch weitaus üblicher.

- Mit ihren orangen Mützen sind die Kinder gut zu sehen.
- Dein beiges Kleid steht dir gut.
- Meine türkise Halskette würde perfekt dazu passen.

Alternativ können Sie natürlich auch hier *-farben* oder *-farbig* verwenden:

- Mit ihren orangefarbenen Mützen sind die Kinder gut zu sehen.
- Dein beigefarbenes Kleid steht dir gut.
- Meine türkisfarbige Halskette würde perfekt dazu passen.

Umgangssprachlich gibt es zu *orange* noch die Form mit zusätzlicher Silbe:

- *Ugs.:* Mit ihren orangenen Mützen sind die Kinder gut zu sehen.

☑ Viele Farbadjektive dürfen standardsprachlich nicht flektiert werden, darunter *rosa, lila* und *pink. Beige, orange* und *türkis* darf ich hingegen mit Endungen verwenden. In jedem Fall kann ich mich mit *-farben* oder *-farbig* behelfen.

3.4.6 Das ist der schönste Moment jedes Tages.

→ Wie bilde ich den Genitiv von *jedes, dieses* und *jenes*?

»Wie war dein Tag?«, fragt Sina, als sie sich mit ihrem Kaffee zu Gerrit aufs Sofa setzt.

Gerrit streichelt gedankenverloren den Dackel. »Wenn ich mit dir nach Feierabend auf dem Sofa sitze und alles ruhig ist – das ist der schönste Moment jeden Tages.«

Argh, denkt Gerrit, habe ich das gerade wirklich laut ausgesprochen?

Sina lächelt. »Ich chille auch sehr gerne mit dir. Aber sag mal: der schönste Moment *jeden Tages*? Müsste es nicht heißen: der schönste Moment *jedes Tages*?«

Gerrit möchte das Thema lieber nicht weiter vertiefen und steht schnell auf. »Weiß nicht. Ich mache uns noch einen Kaffee, okay?«

|| Beide Möglichkeiten sind korrekt: der schönste Moment *jedes* oder *jeden* Tages.

Der Genitiv von *jedes, dieses* und *jenes* kann einige Probleme bereiten. Wird er stark gebildet, also mit Genitiv-s, oder schwach mit -*n*? Schauen wir uns das einmal an.

DER GENITIV VON *JEDES*

Wie lautet der Genitiv von *jede, jeder* und *jedes*? Die weibliche Form ist noch einfach:

– Ihre Anschuldigung entbehrt jeder Grundlage.

Schwieriger ist es bei männlichen oder sächlichen Substantiven. Lautet der Genitiv dann *jedes* oder *jeden*? Es geht beides:

- Ihre Anschuldigung entbehrt jedes / jeden Beweises.
- Stichtag ist der 10. jedes / jeden Monats.

Das gilt für stark flektierte Substantive, also solche, die im Genitiv die normale Genitiv-Endung *-[e]s* bekommen *(des Beweises, des Monats)*.

Schwach flektierte Substantive haben im Genitiv die Endung *-[e]n*; Beispiel: *des Kunden*. Hier brauchen Sie *jedes*, weil irgendwo ein Genitiv-s auftauchen muss.

- Das größte Glück jedes Kunden ist, gut beraten zu werden.
  Nicht: das größte Glück *jeden Kunden

Doch Achtung: Geht ein unbestimmter Artikel voraus, dann heißt es *jeden*. Das Genitiv-s steckt dann nämlich bereits im Artikel, und zwei Genitiv-s hintereinander können wir nicht gebrauchen.

- Stichtag ist der 10. eines jeden Monats.
- Das größte Glück eines jeden Kunden ist, gut beraten zu werden.
  Nicht: das größte Glück *eines jedes Kunden

Folgt hingegen ein Adjektiv, nehmen Sie *jedes*:

- Die Anschuldigung entbehrt jedes stichhaltigen Beweises.
  Nicht: Die Anschuldigung entbehrt *jeden stichhaltigen Beweises.

Das Adjektiv wird schwach flektiert (mit der Endung *-en*), deshalb suchen wir uns das Genitiv-s woanders – bei *jedes*.

DER GENITIV VON *DIESES* UND *JENES*

Wie ist es nun bei *dieses* und *jenes*? Gelten dieselben Regeln? Nicht ganz. Standardsprachlich ist beim Genitiv die Form mit *-s* korrekt.

- Die Ausstattung dieses Autos spricht für sich.
- Im Sommer jenes Jahres hat sich für ihn alles geändert.

Speziell beim Substantiv *Jahr* hat sich dazu auch die Nebenform *diesen* verbreitet, analog zu *nächsten Jahres*:

- Anfang dieses Jahres habe ich mir ein neues Auto gekauft.
  Auch: Anfang diesen Jahres habe ich mir ein neues Auto gekauft.

Über den unbestimmten Artikel brauchen wir uns in diesem Fall keine Gedanken zu machen. Anders als bei *jedes* können Sie nämlich keinen voranstellen:

- *Nicht:* der beste Moment *eines diesen Tages
  Sondern nur: der beste Moment dieses Tages

Folgt ein Adjektiv, erhält es die schwache Endung *-en*:

- Am Ufer dieses großen Teiches wachsen seltene Pflanzen.
- Gleich in den ersten Stunden jenes dunklen Tages hätte ich es ahnen müssen.

Gehen wir noch einen Schritt weiter. Was passiert, wenn ein Possessivpronomen hinzukommt, zum Beispiel *sein*? Ein solches Possessivpronomen wird stark flektiert, bekommt also die Genitiv-Endung *-es*.

– In den Grundmauern dieses seines ersten Hauses ist sein Geist nach wie vor zu spüren.
Nicht: *dieses seinen ersten Hauses

Der Fall kommt aber nur selten vor.

☑ Den Genitiv von *jeder/jedes, dieser/dieses* und *jener/jenes* bilde ich am besten mit -s: *der schönste Moment jedes Tages, Anfang dieses Jahres.* Eine Ausnahme stellt die Kombination mit einem unbestimmten Artikel dar: *der schönste Moment eines jeden Tages.*

3.4.7 Ich habe eine Information, aufgrund derer ich das annehmen kann.

→ Wie verwende ich *dessen, deren* und *derer* korrekt?

»Sieht so aus, als würde der Dackel noch eine Weile bei dir bleiben«, sagt Sina zu Gerrit.

»Wie kommst du darauf?«

»Ich habe da eine Information, aufgrund derer ich das annehmen kann«, antwortet Sina betont umständlich und reicht Gerrit die Ansichtskarte, die sie gerade von seiner Fußmatte aufgehoben hat.

»Oh …«, sagt Gerrit. »Ja, die ist von Taminos Besitzern. Hier steht, sie wollen in Paraguay ein Hostel übernehmen.«

»Und? Was denkst du darüber?«

»Ich bin erleichtert!«, lacht Gerrit und knuddelt übermütig den Dackel. »Aber sag mal: *aufgrund derer*? Heißt es nicht *aufgrund deren*?«

|| Beide Möglichkeiten sind korrekt: *aufgrund derer* oder *aufgrund deren.*

Dessen und *deren* sind recht steife Ausdrücke, die Sie nicht ohne Not verwenden sollten. Reicht vielleicht ein einfaches *seine* oder *ihre*? Und wann verwendet man eigentlich *derer*? Das schauen wir uns jetzt an.

SEINE UND *IHRE* ALS BESSERE WAHL

Dessen und *deren* können zunächst einmal die Possessivpronomen *seine* und *ihre* ersetzen. Aber wann ist das überhaupt nötig?

- Mein Bruder und dessen Partnerin sind auch eingeladen.
  Besser: Mein Bruder und seine Partnerin sind auch eingeladen.

- Meine Brüder und deren Partnerinnen sind auch eingeladen.
  Besser: Meine Brüder und ihre Partnerinnen sind auch eingeladen.

Hier gibt es keinen Grund, *dessen* und *deren* zu verwenden. Sie brauchen sie nur dann, wenn *seine* und *ihre* für Unklarheit oder Missverständnisse sorgen würden.

BEZÜGE KLARSTELLEN

Schauen wir uns dazu den folgenden Satz an:

- Die Betreuerin der Kinder ist schon da. Ihre Eltern kommen später nach.

Streng genommen bezieht sich *ihre* auf das Subjekt des vorangegangenen Satzes, also auf *Betreuerin*. Doch die Eltern der Betreuerin sind ja gar nicht gemeint. Um eindeutig zu sein, müssen wir schreiben:

- Die Betreuerin der Kinder ist schon da. Deren Eltern kommen später nach.

Deren bezieht sich immer auf den zuletzt genannten Ausdruck, der grammatisch passt – hier also auf *Kinder*. Trotzdem würde ich das steife *deren* lieber vermeiden. Vermutlich würde der Leser oder die Leserin unseres Beispielsatzes wohl auch bei einem einfachen *die* den richtigen Schluss ziehen:

– Die Betreuerin der Kinder ist schon da. Die Eltern kommen später nach.

In anderen Fällen lohnt es sich, genau zu sein, um Missverständnisse zu vermeiden. Wessen Kinder sind in dem folgenden Satz wohl gemeint? Das ist unklar.

– Eingeladen sind meine Stammkund*innen, meine Freund*innen und die Kinder.

Wollen Sie nur die Kinder Ihrer Freund*innen dabeihaben, können Sie schreiben:

– Eingeladen sind meine Stammkund*innen, meine Freund*innen und deren Kinder.

Die richtige Deutung von *deren* ist jedoch recht anspruchsvoll. Klarer wird es mit einem *sowie*:

– Eingeladen sind meine Stammkund*innen sowie meine Freund*innen und deren Kinder.

Hier wird deutlicher markiert, dass auf der einen Seite die Stammkund*innen stehen und auf der anderen Seite die Freund*innen mit Kindern.

Das Gleiche gilt natürlich für die männliche Form. Auch *dessen* verwenden Sie dann, wenn Sie damit Missverständnissen vorbeugen können.

- Thomas verabschiedete sich von Michael und seiner Mutter.
  Besser: Thomas verabschiedete sich von Michael und dessen Mutter.

Nur Satz 2 klärt eindeutig, dass Michaels Mutter gemeint ist. Geht es hingegen um Thomas' Mutter, schreiben Sie am besten: »Thomas verabschiedete sich von *seiner Mutter* und Michael.«

MIT NACHFOLGENDEM ADJEKTIV

Dessen und *deren* haben keine Artikelfunktion. Ein nachfolgendes Adjektiv wird daher stark flektiert:

- Thomas verabschiedete sich von Michael und dem aufgeregten Hund.
  Aber: Thomas verabschiedete sich von Michael und dessen aufgeregtem Hund.

Aufgeregt bekommt im zweiten Satz die Dativ-Endung *-em*, weil man *dessen* – anders als *dem* im ersten Satz – den Dativ nicht ansehen kann.

DIE GENITIV-FORMEN *DEREN* UND *DERER*

Auf eine Verwendungsmöglichkeit von *deren* bin ich eben schon eingegangen. Dort ging es um die Fälle, in denen man beispielsweise auch »ihre / ihrer« schreiben könnte, aber mit *deren* deutlicher anzeigen kann, wer gemeint ist:

- Die Betreuerin der Kinder ist schon da. Deren Eltern kommen später nach.
- Mathilda verabschiedete sich von Katja und deren Katze.

Deren verweist zurück auf das davor genannte Substantiv *(Kinder, Katja)*, und es folgt direkt ein weiteres Substantiv *(Eltern, Katze)*.

Es gibt aber auch Rückverweise, bei denen als Genitiv-Form sowohl *deren* als auch *derer* verwendet werden kann. Bedingung ist, dass das Wort ohne direkt folgendes Substantiv steht oder stehen könnte.

- Es sind Hindernisse aufgetreten, infolge deren / derer wir umkehren mussten.
- Es war ein Geschenk der jungen Frau, deren / derer sie sich angenommen hatte.

Einfacher ist es, bei diesen Rückverweisen immer *deren* zu verwenden.

Noch kurz zur Klarstellung: *Derer/deren* ist die weibliche und die Plural-Form des Genitivs. Wenn Sie auf ein männliches oder sächliches Bezugswort verweisen, schreiben Sie:

- Es ist ein Hindernis aufgetreten, infolge dessen wir umkehren mussten.

In einem Fall allerdings darf nur *derer* verwendet werden – und zwar dann, wenn es als Pronomen auf etwas vorausweist, was danach im Satz folgt.

- Es ist die Schuld derer, die nicht hinsehen wollen.
- Ich verneige mich vor dem Engagement derer, die immer an das Gute glauben.

Derer steht hier für ein ungenanntes Substantiv *(der Menschen/der Leute …)* und verweist auf den folgenden Nebensatz, mit dem dieses ungenannte Substantiv näher beschrieben wird *(die nicht hinsehen wollen, die immer an das Gute glauben)*.

☑ Mit *deren* und *dessen* kann ich *ihr, sein* etc. ersetzen, um Missverständnisse zu vermeiden. Sie können außerdem als Genitiv-Formen bei Rückverweisen dienen *(infolge deren/dessen)*. Will ich auf etwas hinweisen, das später im Satz folgt, verwende ich in der weiblichen Form und im Plural *derer*.

4 ANGLIZISMEN UND ANDERE FREMDWÖRTER

Du solltest mal dein Mindset checken.

Was muss ich beachten, wenn die deutsche Sprache Fremdwörter aufnimmt?

»Meine Kollegin nervt mich echt«, erzählt Sina. »Weißt du, was sie gestern zu mir gesagt hat? ›Du solltest mal dein Mindset checken. Wenn du hier just for fun performst, bist du bald away from the window.‹«

Gerrit lacht. »So redet die, im Ernst?«

»Ja!«, ruft Sina und pustet sich empört die Haare aus dem Gesicht. »Und sie schreibt auch so.«

»Away from the window«, grinst Gerrit. »Na, so ein Denglisch.«

|| Gerrit amüsiert sich zu Recht: *Away from the window* ist eine falsche Übersetzung von *weg vom Fenster.* Die Schreibweisen der Anglizismen sind korrekt.

In unserer globalisierten Welt halten immer mehr Anglizismen Einzug in die deutsche Sprache – das ist Fakt. Wie wir Sprecher*innen diesen Fakt bewerten, unterscheidet sich jedoch.

BEDROHUNG ODER REICHTUM?

Vielleicht gehören Sie zu den Sprachhüter*innen, die in den Anglizismen eine große Bedrohung für die deutsche Sprache wittern, ja gar deren Untergang prophezeien. Vielleicht sehen Sie das aber auch entspannt – so wie ich. Ich bin der Meinung, unsere Sprache kann das aushalten; es macht sie reich und bunt. Dem Englischen haben wir viele interessante neue Wörter zu verdanken (auch wenn noch nicht alle im Duden stehen):

- Co-Working
- Homeoffice
- Influencer, Influencerin
- Deepfake
- Binge-Watching
- Fake News
- boostern
- triggern
- spoilern

Bei solchen Wortschöpfungen hat die englische Sprache die Nase vorn – entweder weil sie tatsächlich kreativer ist oder weil sich die neuen Begriffe leichter durchsetzen. Schließlich gibt es in unserer globalisierten Welt deutlich mehr Menschen, die auf Englisch miteinander kommunizieren. Auch der Coolness-Faktor ist nicht zu unterschätzen.

Natürlich kann man es auch übertreiben, so wie Sinas Kollegin. Aber übertreiben kann man jedes sprachliche Mittel. Intelligent eingesetzt, ist gegen Anglizismen grundsätzlich nichts einzuwenden. Sprache ist lebendig. Man kann ihr nicht vorschreiben, wohin sie sich – über den Weg ihrer Sprecher*innen – entwickeln soll.

REGEL ODER REGELBRUCH?

Eine Wortschatzerweiterung ist das eine. Etwas anderes ist es, wenn die fremde Sprache in die innersten Strukturen eingreift. Deshalb gibt es das Bestreben, Fremdwörter so weit wie möglich den Regeln deutscher Rechtschreibung und Wortbildung anzupassen. Als da wären:

- Substantive schreibt man groß.
- Komposita (Wortzusammensetzungen) werden zusammen- oder mit Bindestrich geschrieben.
- Verben und Adjektive haben typische Endungen (zum Beispiel *-en, -ig*) und werden nach bestimmten Regeln flektiert.

Doch wie gut klappt es, diese Regeln durchzuhalten?

Gerade bei den Anglizismen fehlt bisher ein umfassendes, gebündelt dargestelltes Regelwerk. Einzelne Wörter lassen sich zwar im Duden nachschlagen, doch was mache ich mit denen, die bislang nicht dort aufgenommen wurden? Schreibe ich *Businessunit, Business-Unit* oder *business unit*? Muss ich den Begriff gar in Anführungszeichen setzen? Und heißt es *er downloaded* oder *er downloadet, er likt, liket oder liked*? Anglizismen richtig zu schreiben, gerät oft zur Herausforderung.

Und nicht nur das: Auch bei den Wörtern, die bereits in den Duden-Korpus übernommen wurden, kommt es zu Widersprüchen. Warum zum Beispiel heißt es *Burn-out* oder *Burnout*, aber nur *Check-out*? Je schwerer die Rechtschreib-Entscheidung nachzuvollziehen ist, desto mehr leidet die Bereitschaft der Schreibenden, sich an die Regeln zu halten.

So kommt ein weiterer Aspekt hinzu – nämlich die gelebte Praxis. Eine Stellenausschreibung für den *Public-Relations-Manager* sieht man eher selten; weit häufiger liest man *Public Relations Manager*.

Solche Schreibweisen prägen sich ein, und es wird immer weniger gekoppelt – was nach deutschem Regelwerk eigentlich nötig wäre.

Trotzdem sollten wir natürlich unseren Anspruch nicht aufgeben, möglichst regelkonform zu schreiben. Denn es gibt sie: Regeln zur richtigen Schreibweise von Anglizismen und anderen Fremdwörtern. Auf den folgenden Seiten werden wir sie uns nach und nach anschauen.

4.1 Fremdwörter im Deutschen

Bevor wir uns dem großen Thema der Anglizismen widmen, lassen Sie uns erst einmal ein paar allgemeine Fragen klären. Denn natürlich gibt es nicht nur englische Fremdwörter, sondern auch Begriffe aus dem Italienischen, Französischen und vielen anderen Sprachen. Dabei geht es mir nicht um Lehnwörter, die schon seit langer Zeit fest in der deutschen Sprache etabliert sind *(Papagei, Magnet, Theater …)*, sondern um solche, die von uns Sprecher*innen noch als Fremdwörter wahrgenommen werden.

Wir starten mit der Groß- und Kleinschreibung. Substantive groß, Adjektive klein? So einfach ist es leider nicht:

> 4.1.1 Kannst du mir einen Latte macchiato machen? Wie gehe ich bei Fremdwörtern mit der Groß- und Kleinschreibung um?

Die zweite Frage betrifft die Deklination von Fremdwörtern. Was gilt hier – die Ursprungssprache oder deutsche Regeln? Das klären wir hier:

> 4.1.2 Sie will mich auf dem Parkplatz ihres Lieblings-Outlets treffen. Wie bilde ich bei Fremdwörtern den Plural und den Genitiv?

Im letzten Unterkapitel geht es um die Wahl des Geschlechts. *Der, die* oder *das*? Das ist gar nicht so leicht zu entscheiden.

4.1.3 Müsste es nicht heißen: *dein Latte macchiato*? Welches Geschlecht wähle ich bei Fremdwörtern?

4.1.1 Kannst du mir einen Latte macchiato machen?

→ Wie gehe ich bei Fremdwörtern mit der Groß- und Kleinschreibung um?

»Soll ich uns ein paar Nudeln kochen?« Gerrit kramt schon nach dem Kochtopf.

»Ich nehme gerade an einer Challenge teil«, bremst ihn Sina. »Kein Weizenmehl, keine Pasta.«

»Du willst dir tatsächlich das *bonheur* frisch gekochter Penne all'arrabbiata versagen?«

»Das was bitte versagen?«

»Ah sorry, ich vergaß – du kannst ja gar kein Französisch. *Bonheur* heißt ›Glück‹.«

»Und was hat das mit italienischer Pasta zu tun?«

Gerrit lächelt. »Das nennt man sprachlich flexibel.«

Sina reibt sich die Stirn. »Ich glaub, ich brauch einen Kaffee. Kannst du mir einen Latte macchiato machen?«

»Mach ich«, antwortet Gerrit. »Aber wie schreibt man die ganzen Fremdwörter eigentlich – groß oder klein?«

|| Die kulinarischen Ausdrücke bestehen aus großgeschriebenen Substantiven und kleingeschriebenen Adjektiven: *Pasta, Penne all'arrabbiata, Latte macchiato. Challenge* wird ebenfalls großgeschrieben. Das Wort *bonheur* steht nicht im Duden; Gerrit schreibt es am besten klein und kursiv.

Substantive groß, Adjektive klein? Bei vielen Fremdwörtern ist das leider nicht ganz so einfach.

SUBSTANTIVE UND PHRASEN

Zu den wichtigsten Regeln im Deutschen gehört, dass Sie Substantive großschreiben müssen. Prinzipiell verfahren Sie auch bei Fremdwörtern so. Doch es gibt eine Einschränkung: Ist der Begriff im Deutschen weniger gebräuchlich, empfiehlt der Duden, die originale Kleinschreibung beizubehalten und das Fremdwort durch Anführungszeichen oder Kursivsetzung kenntlich zu machen. Dies gilt für Begriffe, die nicht im Duden stehen.

Tja, und ab wann ist ein Wort gebräuchlich genug? Das ist natürlich subjektiv. In einem Text über Kryptowährungen würde ich *Coins* und *Tokens* großschreiben, da sie dem Leser oder der Leserin bereits begegnet sein dürften. Bei *bonheur* würde ich zur Kleinschreibung tendieren.

- Was ist der Unterschied zwischen Coins und Tokens?
- Das ist das *bonheur* der kleinen Dinge.

Wie also verfahren? Ihr erster Blick sollte immer dem Duden gelten. Steht das Fremdwort nicht drin, bleibt die Schreibweise Ihrer individuellen Einschätzung überlassen. Behalten Sie dabei insbesondere die Zielgruppe Ihres Textes im Blick.

Komplette Phrasen belassen Sie auf jeden Fall in der fremdsprachlichen Schreibung. Ob Sie sie besonders markieren (durch Anführungszeichen oder Kursivsetzung), hängt ebenfalls davon ab, wie geläufig sie in deutschen Texten sind.

- Es war mal wieder business as usual.
- Was soll ich sagen – c'est la vie.
- »Come as you are«; der Dresscode ist leger.

ADJEKTIVE IN FESTEN BEGRIFFEN

Verwirrung entsteht, wenn zum fremdsprachlichen Substantiv noch ein Adjektiv hinzutritt. Hier müssen wir zwischen Englisch und den romanischen Sprachen unterscheiden.

Bei Begriffen aus den romanischen Sprachen steht das Adjektiv in der Regel hinter dem Substantiv. Es bleibt auch im deutschen Satz klein:

- Zum Nachtisch gibt es Crème brulée / brûlée.
- Ich werde uns heute Spaghetti bolognese kochen.
- Kannst du einen Latte macchiato für mich bestellen?
  Aber kurz: einen Macchiato bestellen

Die Schwierigkeit besteht natürlich darin, das Adjektiv überhaupt als solches zu erkennen. So bedeutet *Latte macchiato* »gefleckte Milch« – das muss man erst mal wissen.

Bei Anglizismen sieht es anders aus. Hier steht das Adjektiv vorne; es wird in deutschen Texten großgeschrieben.

- Sie ist schon lange in den Social Media aktiv.
- Ich würde gerne mal Nordic Walking ausprobieren.
- Ich bin nicht gut im **Small Talk** / Smalltalk.
- Sie trägt am liebsten **High Heels** / Highheels.

Wann es – so wie in den letzten beiden Beispielen – zur Zusammenschreibung kommt, erfahren Sie in Kapitel 4.2.2.

☑ Werden Fremdwörter als Substantive in einen deutschen Text übernommen, schreibe ich sie in der Regel groß. Innerhalb einer Phrase bleiben sie klein. Adjektive schreibe ich klein, wenn sie – in romanischen Ausdrücken – hinten stehen. Adjektive in Anglizismen stehen vorn und werden großgeschrieben.

4.1.2 Sie will mich auf dem Parkplatz ihres Lieblings-Outlets treffen.

→ Wie bilde ich bei Fremdwörtern den Plural und den Genitiv?

Gerrit hantiert gerade an der Kaffeemaschine, als Sina eine Nachricht bekommt.

»Oh, meine Freundin Anna. Sie will mich auf dem Parkplatz ihres Lieblings-Outlets treffen. Boah, nee. Ich finde Outletcenter einfach nur furchtbar.«

»Dann sag ihr ab«, rät Gerrit. »Aber sag mal: *ihres Lieblings-Outlets* oder *ihres Lieblings-Outlet*? Und *Outletcenter* ohne Plural-s?«

»*Outletcenters* hört sich ja wohl total falsch an«, wirft Sina ein.

»Mag sein … aber auf Englisch wäre das ja die korrekte Pluralform.«

»Uff, keine Ahnung«, erwidert Sina. »Ich weiß nur eins: je weniger Outlets, desto besser.«

»*Outlets?* Jetzt also doch mit Plural-s?«

»Oh Mann«, lacht Sina. »Du kannst einen echt verwirren.«

|| Sina hat die Formen richtig gebildet. Das Wort *Outlet* schreibt sich mit Genitiv- und Plural-s. *Outletcenter* erhält hingegen keine Plural-Endung.

Auch Fremdwörter müssen dekliniert werden. Die Frage ist, ob man sich dabei an der Ursprungssprache orientiert oder deutsche Deklinationsregeln anwendet.

DER PLURAL

Viele Fremdwörter erhalten im Deutschen dieselbe Pluralform wie in der Ursprungssprache; oft ist das ein *-s*. Andere Fremdwörter werden eingedeutscht und bekommen dann eine andere Pluralendung. Schauen wir uns ein paar Beispiele an.

Analog zur Ursprungssprache:

- Ich habe dir mehrere E-Mails geschickt.
- Das Kind hat zu viele Bonbons gegessen.
- Auf dem Regal hatte er fein säuberlich seine Eaux de Toilette aufgereiht.

Eingedeutscht:

- Er besitzt zwei Garagen. (*Nicht:* *Garages)
- Meine Cousinen kommen auch. (*Nicht:* *Cousines)
- Die Manager treffen sich heute Mittag. (*Nicht:* *Managers)
- Immer mehr Shoppingcenter müssen schließen. (*Nicht:* *Shoppingcenters)

Verschiedene Formen:

- Das sind meine Lieblings-Sneakers / Sneaker.
- Kannst du uns bitte noch zwei Cappuccini / Cappuccino / Cappuccinos bestellen?
- Zur Party bringe ich drei Baguettes / Baguette mit.

Und warum gibt es die (seltene) Nebenform *drei Baguette*? Das liegt an der französischen Aussprache: *Les baguettes* hört man das Plural-s nicht an.

PLURALBILDUNG BEI WÖRTERN AUF -Y

Eine häufige Fehlerquelle ist die Pluralbildung bei Anglizismen auf *-y*. Im Englischen bekommen diese Wörter die Endung *-ies*: *stories, parties, babies* … Werden sie in deutschen Texten verwendet, ist *-ys* richtig. Es wird also lediglich ein *-s* angehängt.

- eine Story – viele Storys
- eine Party – viele Partys
- ein Baby – viele Babys
- ein Hobby – viele Hobbys

Unsicherheit besteht auch in Bezug auf die Genitiv-Form von männlichen und sächlichen Fremdwörtern. Wie heißt es richtig – *des iPad* oder *des iPads*? Schlägt man ein paar Begriffe im Duden nach, zeigt sich schnell: Die Frage nach dem Genitiv-s ist nicht eindeutig zu beantworten.

Ohne -s:

- Zu den Vorzügen des Homeoffice gehört die freie Zeiteinteilung.
- Sie hat ihn oft des Laisser-faire beschuldigt.

Mit -s:

- Die negativen Folgen des Lockdowns sind nicht zu übersehen.
- Wegen des bevorstehenden Launch[e]s habe ich kaum Freizeit.
- Fans des französischen Chansons kommen hier voll auf ihre Kosten.

Beides möglich:

- Der Eingang des Co-Working-Space / Co-Working-Spaces liegt auf der Gebäuderückseite.
- Der Bildschirm des iPad / iPads hat einen Sprung.
- Dank des dritten Cappuccino / Cappuccinos werde ich langsam wach.
- Die süße Note des Horsd'œuvre / Horsd'œuvres überzeugte sie sofort.

Auch bei Anglizismen auf *-ing* gibt es keine eindeutige Regelung.

Mit -s:

- Zu den Vorteilen des Bowlings gehört, dass man nicht sehr sportlich sein muss.

- Der Sinn des Leasings erschließt sich mir nicht.
- Dank unseres Wildwasser-Raftings bin ich mutiger geworden.

Beides möglich:

- Er hat mithilfe des Nordic Walking / Walkings abgenommen.
- Eine der Grundregeln unseres Marketing / Marketings besagt, nicht zu dick aufzutragen.
- Wegen des Homeschooling / Homeschoolings weisen viele Kinder Lernrückstände auf.

Zwar gilt die Grundregel: Je stärker ein Fremdwort eingedeutscht ist, desto eher wird auch das Genitiv-s gesetzt. Doch wenn wir uns die Beispiele anschauen, stößt diese Regel an ihre Grenzen. Man kann nicht behaupten, dass *Rafting* mehr in der deutschen Sprache angekommen sei als *Marketing* – im Gegenteil.

GENDERN

Schauen wir uns noch eine letzte Frage an: Wie werden Fremdwörter gegendert? Im Englischen gibt es ja in der Regel für alle Geschlechter nur eine Personenbezeichnung. Im Deutschen können Sie fast immer ein *-in* anhängen.

- der Manager, die Managerin
- der Influencer, die Influencerin
- der Freelancer, die Freelancerin
- der Entrepreneur, die Entrepreneurin
- der Coach, die Coachin

Die weibliche Bezeichnung *Coachin* ist zwar noch nicht so verbreitet, aber sie steht im Duden. Der Duden weist auch eindeutig darauf hin, dass *Coach* eine männliche Person bezeichnet.

Bei französischen Personenbezeichnungen wird manchmal die deutsche Endung, manchmal die französische Endung bevorzugt. Wenn Sie unsicher sind, hilft nur Nachschlagen.

- der Sommelier, die Sommelière (*nicht:* *Sommelierin)
- der Connaisseur, die Connaisseuse (*nicht:* *Connaisseurin)
- der Coiffeur, die Coiffeurin (*seltener:* Coiffeuse)

☑ Der Plural, der Genitiv und die weibliche Form von Fremdwörtern folgen keinen festen Regeln. Wenn ich mir unsicher bin, hilft nur ein Blick in den Duden.

4.1.3 Müsste es nicht heißen: *dein Latte macchiato*?

→ Welches Geschlecht wähle ich bei Fremdwörtern?

»Hier, bitte, deine Latte macchiato.« Gerrit reicht Sina ihren Kaffee.

»Deine?«, hakt Sina nach. »Müsste es nicht heißen: *dein Latte macchiato*? *Der* Kaffee.«

»Aber *die* Milch«, erwidert Gerrit. »*Latte* heißt schließlich ›Milch‹.«

»Warte, ich schaue mal nach, wie es im Italienischen ist.« Sina greift nach dem Smartphone. »Ha: *Latte* ist männlich – *il latte*.«

»Im Deutschen sieht das aber weiblich aus mit der Endung auf *-e*.«

»Puh«, sagt Sina. »Ich würde sagen: Gleichstand.«

|| Sina und Gerrit haben beide recht: Es heißt *der* oder *die Latte macchiato*.

Im Deutschen benötigt das Fremdwort natürlich auch ein Geschlecht. Welches nimmt man da? Sina und Gerrit hatten schon gute Ideen dazu – auch wenn sie sich nicht einigen konnten. Schauen wir uns die verschiedenen Möglichkeiten einmal an.

MÖGLICHKEIT 1: ORIENTIERUNG AN DER URSPRUNGS-SPRACHE

Die erste Möglichkeit ist, dem Fremdwort dasselbe Geschlecht wie in der Ursprungssprache zu geben (sofern es dort Geschlechter gibt).

- *le champignon* → der Champignon
- *la bonbonnière* → die Bonbonniere
- *el tequila* → der Tequila

MÖGLICHKEIT 2: ORIENTIERUNG AM BEDEUTUNGSNAHEN WORT

In anderen Fällen orientiert sich das Geschlecht an einem bedeutungsnahen Wort im Deutschen:

- die Hose → die Jeans
- die Gesellschaft → die High Society
- das Zentrum → das Shoppingcenter
- das Auto → das Cabriolet

Das führt oftmals dazu, dass vom Geschlecht der Ursprungssprache abgewichen wird.

- *la chanson – aber:* das Lied → das Chanson
- *le tour – aber:* die Rundfahrt → die Tour
- *la baguette – aber:* das Brot → das Baguette
- *la mozzarella – aber:* der Käse → der Mozzarella

MÖGLICHKEIT 3: ORIENTIERUNG AN DER ENDUNG

Schließlich kann auch die Endung den Ausschlag geben. So sind zum Beispiel Wörter auf *-ie* weiblich *(die Magie)*, Wörter auf *-us* meist männlich *(der Globus)* und Wörter auf *-um* sächlich *(das Museum)*.

La compote etwa ist im Französischen weiblich. Weil man die Endung im Deutschen aber eher männlichen oder sächlichen Substantiven zuordnet *(das Fagott, das oder der Komplott …)*, wurde eingedeutscht zu *das Kompott.*

Interessant sind Wörter auf *-age*: Sie sind im Französischen männlich, im Deutschen hingegen weiblich.

- *le sabotage – aber:* die Sabotage
- *le montage – aber:* die Montage
- *le garage – aber:* die Garage

WIE ENTSCHEIDEN?

Wenn die drei Möglichkeiten zu unterschiedlichen Ergebnissen führen, erlaubt der Duden oftmals zwei Versionen:

- die oder das E-Mail
- die oder der Challenge
- die oder der Battle
- das oder die Hightech
- der oder die Latte macchiato

Meist ist eine Variante aber gebräuchlicher. Ich zumindest würde mich auf jeden Fall für *die E-Mail* und *die Challenge* entscheiden.

Wenn das Wort nicht im Duden steht, lohnt ein Blick ins Internet: Wurde das Fremdwort bereits von verschiedenen Medien aufgegriffen, gibt es eine Tendenz? Ein Richtig oder Falsch gibt es dann aber nicht.

☑ Im Zweifel schlage ich das richtige Geschlecht von Fremdwörtern lieber nach. Falls der Begriff nicht im Duden steht, kann ich selbst entscheiden.

4.2 Anglizismen

Auf geht es zu einem besonders spannenden, da sehr produktiven Thema – den Anglizismen.

Einfache Anglizismen (wie *Manager* oder *Banking*) stellen keine großen Probleme dar. Aber was geschieht, wenn zwei Wörter aufeinandertreffen – schreibt man sie zusammen oder getrennt, mit Bindestrich oder ohne, groß oder klein? Schritt für Schritt gehen wir die verschiedenen Fallgruppen durch:

4.2.1 Treffen wir uns nachher im Shoppingcenter? Wie schreibe ich Anglizismen, die aus zwei Substantiven gebildet werden?

4.2.2 Der Laden geht in den Social Media gerade durch die Decke. Wie schreibe ich Anglizismen, die aus Adjektiv plus Substantiv gebildet werden?

4.2.3 Bei so was habe ich voll den Blackout. Wie schreibe ich Anglizismen, die Partikeln enthalten?

Im vierten Unterkapitel geht es noch einen Schritt weiter: Wir schauen uns längere Komposita an.

4.2.4 Ein Kaffee wäre ein Nice-to-have. Wie schreibe ich Verbindungen mit mehr als zwei Bestandteilen?

Den Abschluss machen die Verben:

4.2.5 In Wahrheit war der ganze Urlaub nur gefakt. Wie konjugiere ich englische Verben im Deutschen?

4.2.1 Treffen wir uns nachher im Shoppingcenter?

→ Wie schreibe ich Anglizismen, die aus zwei Substantiven gebildet werden?

Sinas Handy klingelt, Gerrit ist dran. »Treffen wir uns nachher im Shoppingcenter?«, fragt er.

»Oha, seit wann gehst du ins Shoppingcenter?«

»Ach«, windet sich Gerrit. »Da gibt es diesen leckeren Burgerladen.«

Sina hört nicht auf zu staunen. »Burger? Du als Yoga-Maniac isst Burger?«

»Vegan natürlich«, unterstreicht Gerrit.

»Na gut. Aber sag mir vorher noch, wie man *Shoppingcenter, Burgerladen* und *Yoga-Maniac* schreibt. Zusammen, getrennt, mit Bindestrich?«

»Gute Frage. Ich glaube, ich bin zu hungrig zum Nachdenken.«

|| Bei *Shoppingcenter* und *Burgerladen* empfiehlt sich die Zusammenschreibung. Bei *Yoga-Maniac* ist der Bindestrich die bessere Wahl, weil das ungewohnte Wort so besser zu erfassen ist.

Werden zusammengesetzte englische Begriffe in den deutschen Wortschatz übernommen, greifen deutsche Wortbildungsregeln. Was das im Detail bedeutet, schauen wir uns jetzt einmal an.

ZWEI ZUSAMMENGESETZTE SUBSTANTIVE

Was passiert, wenn Sie zwei deutsche Substantive verbinden? Richtig, Sie schreiben sie in der Regel zusammen: *Markteintritt, Schneehase, Schulschluss.* Das Gleiche können Sie grundsätzlich auch mit Anglizismen machen:

- Economyclass
- Internetbanking
- Shoppingcenter
- Poleposition
- Flatrateparty

Zum Glück hat man aber im Deutschen die Möglichkeit, alternativ einen Bindestrich zu setzen. Statt *Spargelflammkuchen* schreiben Sie vielleicht lieber *Spargel-Flammkuchen*, statt *Dudenempfehlung Duden-Empfehlung*. Deshalb haben Sie auch bei den Anglizismen die Wahl:

- **Economyclass** / Economy-Class
- **Internetbanking** / Internet-Banking
- **Shoppingcenter** / Shopping-Center
- **Poleposition** / Pole-Position
- **Flatrateparty** / Flatrate-Party / Flat-Rate-Party

Bei der Schreibweise mit Bindestrich werden beide Substantive großgeschrieben. Meist empfiehlt der Duden die Zusammenschreibung. Bei unübersichtlichen Verbindungen kann die gekoppelte Version jedoch die bessere Wahl sein:

- Knowledgemanagement / **Knowledge-Management**
- Flagshipstore / **Flagship-Store**

Hier hilft der Bindestrich dem Auge, das Wort richtig zu gliedern und zu erfassen. Beim *Flagshipstore* sehe ich persönlich allerdings die Schwierigkeit nicht. Der *Marketingmanager* wiederum steht nur zusammengeschrieben im Duden, auch wenn eine Schreibweise mit Bindestrich theoretisch möglich sein müsste.

Im Grunde unterscheidet sich das Verfahren also nicht von deutschen Bindestrich-Entscheidungen: Die Zusammenschreibung hat Vorrang; im Sinne der Übersichtlichkeit kann man jedoch auch koppeln. Verglichen mit deutschen Wörtern kommt es bei Anglizismen häufiger zum Bindestrich, weil die ungewohnten Wortkombinationen schwerer zu erfassen sind.

VERBINDUNGEN, DIE NICHT IM DUDEN STEHEN

Alle bisher genannten Beispiele stehen im Duden (abgesehen vom *Yoga-Maniac*). Sie wurden also offiziell in den Korpus der deutschen Sprache übernommen und an die deutschen Regeln angepasst.

Weniger eindeutig ist das bei Fachwörtern der Fall, die noch nicht im Duden stehen. Mein Vorschlag ist, sich zunächst die Bestandteile des Ausdrucks genauer anzuschauen. Steht das letzte Element bereits im Duden, dann sollten Sie den Begriff den deutschen Regeln entsprechend koppeln oder zusammenschreiben:

- App-Store
- Business-Unit
- Mainframe-Computer
- Consulting-Basics
- Salesteam

Steht der letzte Wortbestandteil auch alleine nicht im Duden, wird man den Begriff eher als fremdsprachliches Zitat begreifen und in der englischen Schreibweise belassen:

- Handelt es sich dabei nicht eher um *first world problems*?
- Eine unserer Stärken ist unser weltweites Netzwerk an *member firms*.
- Kritiker*innen sehen hierin eine »cancel culture«.

Eine zusätzliche Markierung durch Kursivsetzung oder Anführungszeichen bietet sich dann an.

☑ Zusammengesetzte Anglizismen behandele ich in der Regel wie deutsche Komposita: Ich schreibe sie entweder zusammen oder setze einen Bindestrich. Wenn allerdings nicht mindestens der letzte Wortbestandteil im Duden steht, spricht dies eher dafür, die englische Schreibweise beizubehalten.

KOMBINATION AUS ENGLISCH UND DEUTSCH

Trifft ein Anglizismus auf ein deutsches Substantiv, gilt erst recht die Regel »zusammenschreiben oder koppeln«. Auch bei solchen Mischbildungen empfiehlt der Duden meist die Zusammenschreibung, vor allem wenn es sich um häufig verwendete Begriffe handelt:

- Marketingagentur
- Businessklasse
- Haarspray

Bei weniger geläufigen Verbindungen werden Sie jedoch eher zum Koppeln tendieren:

- Cloud-Technologien
- Membership-Programm
- Gaming-Experte

Was passiert, wenn die Verbindung noch länger wird, erkläre ich in Kapitel 4.2.4.

4.2.2 Der Laden geht in den Social Media gerade durch die Decke.

→ Wie schreibe ich Anglizismen, die aus Adjektiv plus Substantiv gebildet werden?

Als Sina den vereinbarten Treffpunkt erreicht, hält Gerrit bereits einen Burger in der Hand.

»Uh, Fast Food«, stichelt Sina. »Schmeckt's?«

Gerrit zuckt entschuldigend mit den Schultern. »Der Laden geht in den Social Media gerade durch die Decke. Die machen alles ganz frisch – und rein vegan.«

»Na gut.« Sina zwinkert ihm zu. »Noch spannender finde ich allerdings die Frage, wie man *Fast Food* und *Social Media* korrekt schreibt.«

»Hmpf«, macht Gerrit nur, denn er hat gerade in seinen Burger gebissen.

|| Wenn Gerrit den Mund wieder frei hat, wird er hoffentlich korrekt antworten: Bei *Fast Food* empfiehlt der Duden die Getrenntschreibung; eine Zusammenschreibung wäre jedoch ebenfalls möglich. *Social Media* schreibt sich immer getrennt.

Komplizierter als bei den reinen Substantivverbindungen liegt der Fall, wenn bei einem Anglizismus ein Adjektiv mit ins Spiel kommt. Hier entscheidet die Betonung über die Zusammen- oder Getrenntschreibung.

BETONUNG AUF DEM ADJEKTIV

Liegt die Betonung auf dem ersten Teil, dürfen Sie gemäß der deutschen Regelung zusammen- oder nach englischem Muster getrennt schreiben:

- **Hotspot** / Hot Spot
- **Blackbox** / Black Box
- Fastfood / **Fast Food**
- Smalltalk / **Small Talk**
- Bigband / **Big Band**
- Highheels / **High Heels**

Wie Sie an den Markierungen sehen, empfiehlt der Duden hier mal die Zusammenschreibung, mal die Getrenntschreibung.

Ich persönlich würde mich bei geläufigen Verbindungen wie *Fastfood* oder *Smalltalk* trotz der Duden-Empfehlung für die Zusammenschreibung entscheiden. Sie können es sich aber auch einfach machen und immer getrennt schreiben. So decken Sie die Fälle mit ab, die wir uns jetzt anschauen.

BETONUNG AUF DEM SUBSTANTIV

Liegt die Betonung auf dem zweiten, dem substantivischen Teil des Ausdrucks, gilt die Getrenntschreibung:

- Social Media
- High Society
- Electronic Banking

- Direct Marketing
- Joint Venture
- Public Viewing
- Big Bang
- Blended Learning

Da die Kombination als feststehender Begriff gilt, werden beide Bestandteile großgeschrieben – also auch das Adjektiv.

Die Betonungsregel ist aber nicht immer ganz stringent. *Soft Skills* zum Beispiel würde ich auf dem ersten Teil betonen; dennoch erlaubt der Duden nur die Getrenntschreibung.

ZUSAMMENSETZUNGEN MIT *ONLINE*

Zusammensetzungen mit *online* bilden eine Ausnahme. Hier sieht der Duden die Zusammenschreibung vor; als Nebenform werden Kopplungen genannt.

- **Onlineshop** / Online-Shop
- **Onlineangebot** / Online-Angebot

Der Grund: Der Duden begreift *Online-* als Präfix. Der Adjektivcharakter ist vermutlich verloren gegangen.

☑ Verbindungen aus englischen Adjektiven und Substantiven schreibe ich getrennt, wenn die Betonung auf dem zweiten Teil liegt. Sonst kann ich wahlweise zusammen- oder getrennt schreiben. Alle Wörter schreibe ich groß.

4.2.3 Bei so was habe ich voll den Blackout.

→ Wie schreibe ich Anglizismen, die Partikeln enthalten?

»Die Burger-Verkäuferin war sehr attraktiv«, erzählt Gerrit, während er sich den Mund sauber tupft. »Bisschen viel Make-up vielleicht. Aber irgendwie hatte sie was.«

»Ah so?«, fragt Sina in bemüht neutralem Ton. »Und was hast du gemacht – sie angeflirtet?«

»Nee«, räumt Gerrit ein. »Bei so was habe ich voll den Blackout. Da fehlt mir einfach das Flirt-Know-how.«

»Wie bedauerlich«, zieht Sina ihn auf. »Zeig mal lieber dein Rechtschreib-Know-how: Wie schreibt man *Make-up*, *Blackout* und *Know-how*?«

|| *Make-up* schreibt sich mit Bindestrich. Bei den anderen Begriffen ist sowohl die Bindestrich- als auch die Zusammenschreibung möglich; der Duden empfiehlt *Blackout* und *Know-how*.

Bisher haben wir uns Substantivverbindungen und Zusammensetzungen aus Adjektiv und Substantiv angeschaut. Sinas Beispiele *Make-up*, *Black[-]out* und *Know[-]how* gehören zu einer weiteren Gruppe von Komposita, die eine Partikel – meist ein Adverb – beinhalten.

SCHREIBWEISE MIT BINDESTRICH

Die Partikel wird bei dieser Fallgruppe oft mit einem Bindestrich angehängt:

- Check-out
- Check-in
- Check-up
- Cool-down

- Make-up
- Making-of
- Start-up

Der Anfangsbuchstabe wird großgeschrieben, schließlich handelt es sich um Substantive (*das Making-of, der* oder *das Check-up …*). Die Partikel wird hingegen kleingeschrieben. Hier lässt sich ein wichtiger Unterschied zu den durchgängig großgeschriebenen Anglizismen beobachten, die wir bisher kennengelernt haben.

ZUSAMMEN ODER MIT BINDESTRICH

Bei anderen Verbindungen erlaubt der Duden auch die Zusammenschreibung – und empfiehlt mal die eine, mal die andere Schreibweise:

- Black-out / **Blackout**
- Count-down / **Countdown**
- Hand-out / **Handout**
- Hang-over / **Hangover**
- **Burn-out** / Burnout
- **Buy-out** / Buyout
- **Knock-out** / Knockout
- **Know-how** / Knowhow
- **Warm-up** / Warmup
- **Sit-up** / Situp

WIE UNTERSCHEIDEN?

Und warum schreibt man nun *Buy-out* oder *Buyout*, aber nur *Check-out*? Warum heißt es *Warm-up* oder *Warmup*, aber nur *Make-up*? Das Englische hilft hier auch nicht weiter. Dort gibt es nämlich sehr wohl die Doppelschreibweisen *check-out/checkout* und *make-up / makeup*.

Der Duden nennt zwar die Erklärung, es komme auf die Lesbarkeit an. *Makeup* sei nicht gut lesbar, deshalb nur *Make-up*. Warum *Buyout* gut lesbar sein soll, **Checkout* aber nicht, erschließt sich jedoch nicht.

☑ Einen Anglizismus, dessen zweiter Wortbestandteil eine Partikel wie *in*, *up* oder *down* ist, kann ich immer mit Bindestrich schreiben. Manchmal empfiehlt der Duden auch die Zusammenschreibung; hier hilft nur nachschlagen.

4.2.4 Ein Kaffee wäre ein Nice-to-have.

→ Wie schreibe ich Verbindungen mit mehr als zwei Bestandteilen?

»Jetzt könnte ich einen Kaffee vertragen«, überlegt Gerrit. »Da drüben gibt's welchen. Willst du auch einen oder widerspricht das deiner Clean-Eating-Challenge?«

»Von Clean Drinking habe ich nichts gesagt«, antwortet Sina. »Ein Kaffee wäre super.«

»Oder wie deine Kollegin sagen würde: ein Nice-to-have.«

»Boah, ja«, stöhnt Sina. »Apropos Anglizismen: Wie schreibst du *Clean-Eating-Challenge* und *Nice-to-have*?«

»Ich weiß es nicht«, gibt Gerrit zu. »Aber mit einer Dosis Koffein intus wird es mir vielleicht einfallen.«

|| Ob Gerrit nach dem Kaffee wohl noch auf die Lösung kommt? Man schreibt *Clean-Eating-Challenge* und *Nice-to-have*.

Anglizismen machen nicht bei zwei Bestandteilen halt. Wir müssen uns also noch anschauen, was bei längeren Verbindungen passiert.

ZUSAMMENSCHREIBEN ODER KOPPELN

Erinnern wir uns an die Grundregel für Komposita, sie lautete: »Zusammenschreiben oder koppeln«. Bei mehr als zwei Bestandteilen wird die Tendenz eher zum Koppeln gehen.

- Non-Profit-Organisation / Nonprofitorganisation
- Multi-Cloud-Architektur
- Video-Product-Placement

Sind beim Anglizismus mehrere Schreibweisen erlaubt (hier: *Burn[-]out*), gibt es beim erweiterten Kompositum ebenfalls mehrere Möglichkeiten:

- **Burn-out-Syndrom**
- Burnout-Syndrom
- Burnoutsyndrom

Die Regeln gelten auch für Zusammensetzungen, die ein Adjektiv enthalten. Es heißt also nicht: **Social Media-Kanal* oder **Social Media Kanal*, sondern Sie koppeln komplett durch: *Social-Media-Kanal*. Ebenso schreibt man:

- True Crime – *aber:* True-Crime-Podcast
- Big Bang – *aber:* Big-Bang-Theorie
- Public Viewing – *aber:* Public-Viewing-Termin
- Worst Case – *aber:* Worst-Case-Szenario

GROSS- UND KLEINSCHREIBUNG

Die Groß- und Kleinschreibung sollten wir uns noch mal gesondert anschauen. Groß schreiben Sie den ersten Buchstaben des Begriffes sowie die enthaltenen Substantive. Die sonstigen Bestandteile werden kleingeschrieben.

- Coffee-to-go-Becher
- Check-in-Schalter
- Do-it-yourself-Anleitung
- State-of-the-Art-Technologie
- Go-to-Market-Strategie
- All-inclusive-Urlaub

Bei Substantiven, die ein Verb enthalten, kann die Entscheidung etwas schwieriger sein. Grundsätzlich bleibt das Verb innerhalb eines solchen Kompositums kleingeschrieben (es sei denn, es steht am Wortanfang):

- Win-win-Situation
- No-go-Area
- Must-have-Accessoire
- Nice-to-have

Dennoch findet sich auch ein großgeschriebenes Beispiel:

- No-Go

Das lässt sich damit erklären, dass es *das Go* als Substantiv gibt – im Sinne von »Startsignal«. Ein *No-Go* bedeutet also, dass im übertragenen Sinn keine Starterlaubnis erteilt wird. Das Verb *to have* existiert dagegen nicht als Substantiv – **das Have* gibt es nicht.

Manchmal ist es tatsächlich unklar, ob ein Wortbestandteil als Infinitiv oder als Substantivierung zu begreifen ist. Dann erlaubt der Duden beide Schreibweisen:

- **Stop-and-go** / Stop-and-Go

Wie sieht es bei den englischen Verben auf *-ing* aus? Hier handelt es sich um Substantivierungen; daher gilt hier die Großschreibung:

- Public-Viewing-Termin
- Clean-Eating-Challenge

☑ Auch längere Anglizismus-Verbindungen muss ich koppeln oder zusammenschreiben. Beim Koppeln schreibe ich den ersten Buchstaben und die enthaltenen Substantive groß, die sonstigen Bestandteile klein.

VERBINDUNGEN MIT DEUTSCHEM PARTIZIP

Einen Fall habe ich noch für Sie: die Verbindung aus einem englischen Substantiv und einem deutschen Partizip. Hier ist Zusammenschreibung die beste Lösung. Falls das schwer lesbar ist, dürfen Sie aber auch koppeln. In dem Fall belassen Sie das Substantiv groß.

- eine **cloudbasierte** / Cloud-basierte Lösung
- ein gaminggeeigneter / Gaming-geeigneter Rechner

4.2.5 In Wahrheit war der ganze Urlaub nur gefakt.

→ Wie konjugiere ich englische Verben im Deutschen?

»Mit wem hast du dich denn da gerade unterhalten?«, fragt Gerrit, als er mit zwei Kaffeebechern wieder zu Sina stößt.

»Oh, das war eine ehemalige Klassenkameradin von mir«, antwortet Sina freimütig. »Stell dir vor: Sie ist hauptberuflich Influencerin.«

»Ah so?«

»Eben fragt sie mich, warum ich ihre Bilder aus Dubai nicht gelikt habe. Aber weißt du, was?« Sina zieht eine Grimasse. »In Wahrheit war der ganze Urlaub nur gefakt. Sie war gar nicht da!«

Während Sina sich vor Lachen ausschüttet, guckt Gerrit verwirrt. »Hm, gefakte Urlaube … Da komm ich nicht mit. Aber wie schreibt man eigentlich eigentlich die Partizipien von *liken* und *faken* – mit der Endung *-ed*?«

|| Hier irrt sich Gerrit. Richtig heißt es: *gelikt* und *gefakt*.

Anders als englische Substantive können englische Verben nicht einfach in ihrer Ursprungsform im Deutschen verwendet werden, sondern benötigen deutsche Endungen. Das kann bei der Konjugation durchaus Probleme bereiten.

VERBEN AUF *-EN*

Die größte Unsicherheit tritt bei Verben auf *-en* auf. *Ich like* – okay, kein Problem. Aber: *Du likst* oder *likest*? *Er likt* oder *liket*?

Dazu gibt es eine eigentlich ganz einfache Regel. Der Duden behandelt die übernommenen englischen Verben wie normale deutsche Verben auf *-en*. *Liken* wird also genau wie *sagen* konjugiert.

- *sagen*
  ich sage, du sagst, er / sie / es sagt
  wir sagen, ihr sagt, sie sagen
  ich habe gesagt

- *liken*
  ich like, du likst, er / sie / es likt
  wir liken, ihr likt, sie liken
  ich habe gelikt

Die verbreiteten Formen **geliked* und **geliket* zeigen, dass das Verb noch nicht ganz im Deutschen angekommen ist. Man neigt dazu, *gelikt* deutsch zu lesen, und schreibt lieber **geliked* – analog zur englischen Vergangenheitsform *liked*. Korrekt ist das allerdings nicht.

Es fehlt also noch ein gewisser Gewöhnungseffekt. Beim Verb *managen* hat er sich schon eingestellt. Konjugationen wie *er/sie/es managt* oder *ich habe gemanagt* werden auf Anhieb richtig gelesen, obwohl sie den Aussprachegewohnheiten eigentlich genauso widersprechen.

Nach der Regel werden auch alle anderen englischen Verben auf *-en* konjugiert:

- *faken*
  ich fake, du fakst, er / sie / es fakt
  wir faken, ihr fakt, sie faken
  ich habe gefakt

- *tunen*
  ich tune, du tunst, er / sie / es tunt
  wir tunen, ihr tunt, sie tunen
  ich habe getunt

- *timen*
  ich time, du timst, er / sie / es timt
  wir timen, ihr timt, sie timen
  ich habe getimt

Die Formen sehen noch etwas ungewohnt aus, das gebe ich zu.

VERBEN AUF *-ELN*

Und wie ist es mit Verben auf *-eln*? *Ich google, googel, googele?* Die gute Nachricht: Auch dieser Fall wird genau wie ein deutsches Verb mit derselben Endung behandelt, etwa *wechseln*. Die schlechte Nachricht: Auch im Deutschen kann man mit *e* und *l* durcheinanderkommen. Immerhin gibt es in der ersten Person zwei Möglichkeiten: *-le* oder *-ele*.

- *wechseln*
  ich wechsle / wechsele, du wechselst, er / sie / es wechselt
  wir wechseln, ihr wechselt, sie wechseln
  ich habe gewechselt

- *googeln*
  ich google / googele, du googelst, er / sie / es googelt
  wir googeln, ihr googelt, sie googeln
  ich habe gegoogelt

- *canceln*
  ich cancle / cancele, du cancelst, er / sie / es cancelt
  wir canceln, ihr cancelt, sie canceln
  ich habe gecancelt

- ***recyceln*** / *recyclen*
  ich recycle / recycele, du recycelst, er / sie / es recycelt
  wir recyceln, ihr recycelt, sie recyceln
  ich habe recycelt

Wenn Sie unsicher sind, denken Sie also einfach an *wechseln* – oder *kuscheln*.

☑ Englische Verben konjugiere ich wie deutsche Verben mit gleicher Endung: *liken* wie *sagen*, *googeln* wie *wechseln*.

ZUSAMMENGESETZTE VERBEN

Zusammengesetzte englische Verben wie *to download* und *to upgrade* werden im Deutschen in der Regel wie Präfixverben (zum Beispiel *beleuchten* oder *erbauen*) verwendet. Das bedeutet, dass der erste Bestandteil des Verbs bei der Konjugation nicht vom Rest getrennt wird – im Gegensatz etwa zum Verb *herunterladen*, der deutschen Entsprechung von *to download*.

- Ich lade die Fotos mal eben herunter.
- *Aber:* Ich downloade die Fotos mal eben.
  (*Nicht:* *Ich loade sie down.)
- Der Rechner upgradet gerade alle Programme.
  (*Nicht:* *Er gradet sie up.)

Dagegen werden die Partizip-II- und Infinitivformen interessanterweise nach dem Vorbild von Verben wie *herunterladen (heruntergeladen, herunterzuladen)* gebildet:

- Ich habe gestern die neue Version downgeloadet.
  (*Nicht:* *gedownloadet)
- Hast du die Software schon upgegradet?
  (*Nicht:* *geupgradet)

- Ich empfehle dir, die neue Version downzuloaden.
  (*Nicht:* *zu downloaden)
- Ich bin noch nicht dazu gekommen, die Software upzugraden.
  (*Nicht:* *zu upgraden)

VERBEN MIT KONSONANTENVERDOPPLUNG

Einen letzten Stolperstein habe ich noch für Sie. Einige englische Verben erfahren im Deutschen eine Konsonantenverdopplung; so wird zum Beispiel aus *to shop* das deutsche Verb *shoppen* mit doppeltem *p*. Das geschieht in der Regel bei einsilbigen Verben mit kurzen Vokalen, die in der englischen Gerundium-Form ebenfalls einen doppelten Konsonanten aufweisen – wie etwa *shopping*.

Wenn Sie wissen, wie der Infinitiv geschrieben wird, sollte die Konjugation kein Problem sein.

- *shoppen*
  ich shoppe, du shoppst, er / sie / es shoppt
  wir shoppen, ihr shoppt, sie shoppen
  ich habe geshoppt

Weitere Beispiele sind *scannen*, *jobben*, *stoppen* und *toppen*.

5 DATUMS- UND ZEITANGABEN

Hast du am Dienstag, den 9. 8. Zeit?

Wie schreibe ich Datums- und andere Zeitangaben korrekt?

»Hast du am Dienstag, den 9. 8. Zeit?«, fragt Sina Gerrit. »Um 20 Uhr gibt es eine tolle Vorstellung im Stadttheater.«

»Schon vergessen, dass ich letztes Mal eingeschlafen bin?«, fragt Gerrit augenzwinkernd. »Außerdem bin ich dienstagabends beim Yoga.«

»Ich dachte, du gehst montags hin.«

»Das hat sich geändert, ist jetzt immer am Dienstagabend.«

»*Montags, dienstagabends, Dienstagabend* – wie schreibt man das alles?«, fragt Sina. »Mir schwirrt der Kopf.«

»Noch viel schwieriger finde ich dein *am Dienstag, den 9. 8.* Heißt es *den* oder *dem*?« Gerrit ist froh, dass Sina das Theater vergessen hat. »Und wie schreibst du das Datum und die Uhrzeit – mit Nullen oder ohne?«

|| *Den* oder *dem*, mit oder ohne führende Null – Sina und Gerrit haben beim Schreiben des Datums die Wahl. *20 Uhr* ist korrekt, daneben gibt es weitere Varianten mit Nullen. Die anderen Zeitangaben schreibt man so: *montags, dienstagabends, Dienstagabend.*

Sina und Gerrit grübeln zu Recht. Will man ein Datum oder eine Uhrzeit schriftlich festhalten, stellen sich viele Fragen. *Am Dienstag, dem* oder *den*? Muss man vor Einzelziffern eine Null setzen? Durch welchen Strich ersetzt man das Wort *bis*, und kommt zu dem Strich ein Leerzeichen oder nicht?

Egal, ob in Briefen, Einladungen oder bei der Angabe von Öffnungszeiten – die Unsicherheit ist groß. Und das ist auch kein Wunder: Die Materie ist komplex; in vielen Fällen existieren mehrere Schreibweisen parallel. Zudem werden die einschlägigen Regeln im Duden nicht gebündelt dargestellt. Man muss also recht »detektivisch« vorgehen.

Als wäre das nicht genug, kommt im professionellen Bereich noch ein weiteres Regelwerk hinzu: die Büronorm DIN 5008. Diese deutsche Norm bestimmt grundlegende Schreib- und Gestaltungsregeln für die Text- und Informationsverarbeitung und weicht in einigen Punkten von den Duden-Regeln ab. Doch keine Sorge: Wir klären das.

Daneben werden wir uns in diesem Kapitel mit weiteren Rechtschreib- und Grammatik-Fallstricken rund um die Zeit befassen – Fügungen wie *montagmorgens, Achtzigerjahre, im Mai dieses Jahres, ab 10 Jahren* … Sie sehen, es gibt viel zu entdecken.

5.1 Datum und Uhrzeit

Los geht es mit den numerischen Datums- und Zeitangaben:

5.1.1 Ich feiere am 04. 09. Wie schreibe ich Datumsangaben richtig?

5.1.2 Dann stehen die ersten Gäste um 9 Uhr auf der Matte. Wie schreibe ich Uhrzeiten richtig?

Damit hätten wir schon mal geklärt, wie Sie die Datums- und Zeitangabe grundsätzlich schreiben. Bei komplexeren Angaben in Sätzen stellen sich oft weitere Fragen – nämlich zur Grammatik und Zeichensetzung. Heißt es *den* oder *dem*, setze ich ein Komma oder nicht? Das erfahren Sie hier:

5.1.3 Ich lade dich zu meiner Feier am Sonntag, den 4. September ein. Wie schreibe ich Terminangaben im Satzgefüge?

Das letzte Unterkapitel beschäftigt sich mit Zeiträumen, die mit *von – bis* angegeben werden. Auch hier gibt es einiges zu beachten:

5.1.4 Ich bin von Donnerstag, 11. Mai, bis Dienstag, 16. Mai, nicht im Büro. Wie gebe ich Zeiträume richtig an?

5.1.1 Ich feiere am 04.09.

→ Wie schreibe ich Datumsangaben richtig?

»Was machst du da?«, fragt Sina neugierig.

»Ich bastele Einladungskarten für meinen Geburtstag«, murmelt Gerrit, ohne aufzublicken.

»Ach? Warum lädst du nicht per Messenger ein, so wie alle anderen auch?«

Gerrit schaut sie an. »Das fragst du ernsthaft jemanden, dessen Hobby Origami ist?«

»Stimmt auch wieder«, lacht Sina. »Du Papier-Dinosaurier.«

»Dinosaurier kann ich auch falten«, bemerkt Gerrit stolz. »Aber gerade schwimme ich beim Datum. Schreibe ich das mit oder ohne Null?«

»Zeig mal.« Sina rückt näher. »04.09. oder 4.9. – hm, ich verstehe.«

|| Im Satzgefüge hat Gerrit die Wahl; er kann schreiben: *Ich feiere am 04.09.* oder *am 4.9.*

Bevor wir zu komplexeren Satzgefügen kommen, schauen wir uns erst einmal das Datum in einfachen Kontexten an – zum Beispiel in einem Briefkopf oder auf einem Formular.

REINE ZAHLENANGABE

Bei numerischen Datumsangaben sieht die Norm DIN 5008 die internationale Schreibweise *JJJJ-MM-TT* (also beispielsweise *2022-09-04*) vor. Diese Art der Darstellung hat sich im deutschsprachigen Raum jedoch bisher nicht durchgesetzt; üblicher ist das Format *TT.MM.JJJJ* (*04.09.2022*). Die DIN-Norm erlaubt mittlerweile auch das – jedoch nur bei Schreiben an inländische Empfänger.

Tag und Monat sind zweistellig anzugeben. Bei einer einstelligen Zahl fügt man also eine sogenannte führende Null hinzu. Laut Duden wird ein kleinerer Abstand zwischen Tag und Monat und ein normaler Leerschritt vor dem Jahr gesetzt *(04. 09. 2022)*. Die DIN 5008 sieht dagegen keine Leerschritte vor *(04.09.2022)* – das erscheint mir üblicher.

ERWEITERTE DATUMSANGABEN

Wenn zur numerischen Datumsangabe Wörter hinzutreten, dürfen Sie die führende Null laut Duden weglassen:

- Freitag, der 04. 02. 2023 – *oder:* Freitag, der 4. 2. 2023
- Berlin, 04. 02. 2023 – *oder:* Berlin, 4.2. 2023

Das gilt zum Beispiel auch, wenn Sie im Fließtext ein Datum erwähnen.

- Wir sehen uns am 01. 05. 2023.
  Oder: Wir sehen uns am 1. 5. 2023.

Die Variante mit *den* (Berlin, *den 4. Oktober 2022*) gilt im Allgemeinen als veraltet.

MONAT ALS WORT

Wenn Sie den Monat als Wort ausschreiben, entfällt die führende Null bei der Tagesangabe.

- 4. Februar 2023

Falls Sie nur den Monat angeben wollen, sieht das so aus:

- Berlin, im Februar 2023
- Berlin, Februar 2023

☑ Ich schreibe reine Zeit- und Datumsangaben am besten zweistellig, also mit führenden Nullen. Die Null fällt weg, wenn ich den Monat ausschreibe.

WOCHENTAGE UND MONATE ABKÜRZEN

Wenn Sie Wochentage abkürzen wollen, verwenden Sie die ersten beiden Buchstaben und setzen einen Punkt:

- Mo., Di., Mi., Do., Fr., Sa., So.

Die Monate kürzt der Duden folgendermaßen ab:

- Jan., Febr., März, Apr., Mai, Juni, Juli, Aug., Sept., Okt., Nov., Dez.

Einheitlicher – nämlich immer mit drei Buchstaben – sind die Abkürzungen in der internationalen Norm ISO 8601 geregelt. Die daran ausgerichteten deutschen Monatsabkürzungen lauten:

- Jan., Feb., Mrz., Apr., Mai, Jun., Jul., Aug., Sep., Okt., Nov., Dez.

Das finde ich persönlich praktikabler.

JAHRESZAHL ABKÜRZEN

Laut Duden dürfen Sie die Jahreszahl auf zwei Ziffern verkürzen:

- 04.09.22

Die verkürzte Jahreszahl wird ohne Apostroph geschrieben – auch im Fließtext:

- In den Jahren 21 und 22 kam es zu vielen Zwischenfällen.

5.1.2 Dann stehen die ersten Gäste um 9 Uhr auf der Matte.

→ Wie schreibe ich Uhrzeiten richtig?

»Beim Datum hört's ja nicht auf«, überlegt Sina, die immer noch Gerrits Einladungskarte studiert. »Hier, die Uhrzeit: ›Beginn ist um 18.00 h‹, schreibst du. Ich glaube, *h* als Abkürzung ist nicht korrekt. Einen Punkt würde ich auch nicht in die Uhrzeit setzen.«

»Ich kann ja einfach schreiben: ›Kommt, wann ihr möchtet‹«, schlägt Gerrit vor.

»Dann stehen die ersten Gäste um 9 Uhr auf der Matte«, grinst Sina.

»Umso besser. Die können mir dann bei den Vorbereitungen helfen.«

»Oder dir solange Tamino aus dem Weg schaffen«, sagt Sina mit Blick auf den herumwuselnden Dackel.

|| Hat Sina recht mit ihrer Kritik? Einen Punkt bei der Uhrzeit darf Gerrit setzen, die Schreibweise mit *h* sollte er jedoch vermeiden.

Für Uhrzeiten gibt es verschiedene Schreibweisen. Schauen wir sie uns einmal genauer an.

MIT NULLEN ODER OHNE, DOPPELPUNKT ODER PUNKT

Besteht eine Zeitangabe aus Stunden und Minuten, eventuell noch mit den Sekunden dazu, sieht die Norm DIN 5008 eine Gliederung mit Doppelpunkt vor. Jede Einheit ist mit zwei Ziffern anzugeben.

- 09:30 Uhr
- 09:30:05 Uhr

Der Duden ist weniger streng. Er erlaubt zusätzlich den Punkt und die Hochstellung. Auch die führende Null ist für ihn nicht zwingend. Folgende Duden-Varianten sind somit möglich:

- 09:30 Uhr
- 9:30 Uhr
- 9.30 Uhr
- 9^{30} Uhr

Bei vollen Stunden reicht auch die verkürzte Schreibweise:

- 9 Uhr

In diesem letzten Punkt sind sich DIN 5008 und Duden einig.

DIE ABKÜRZUNG *h*

Manchmal sieht man bei der Angabe von Uhrzeiten auch die Abkürzung *h*.

- Beginn: 10 h

Das ist nicht zu empfehlen, denn *h* ist die Abkürzung für »Stunde«. *10 h* bedeutet daher nicht »10 Uhr«, sondern »10 Stunden« – eine Zeitdauer. Im Duden ist zwar auch die Bedeutung »Uhr« aufgeführt, doch ich würde von dieser Verwendung abraten.

☑ Gemäß der DIN-Norm schreibe ich Uhrzeiten mit Doppelpunkt und führender Null: 09:00 *Uhr*. Der Duden erlaubt auch andere Schreibweisen. Bei der Angabe einer vollen Stunde reicht es, nur die einstellige Zahl anzugeben: 9 *Uhr*.

5.1.3 Ich lade dich zu meiner Feier am Sonntag, den 4. September ein.

→ Wie schreibe ich Terminangaben im Satzgefüge?

Sina und Gerrit grübeln immer noch über Gerrits Einladungskarten.

»Schreib doch lieber ›4. September‹«, schlägt Sina vor. »Das sieht besser aus, und die Null vor der Vier fällt auf jeden Fall weg.«

»›Ich lade dich zu meiner Feier am Sonntag, den 4. September ein‹«, formuliert Gerrit. »So?«

»Uh, ich weiß nicht.« Sina verzieht zweifelnd das Gesicht. »Müsste es nicht heißen: *am Sonntag, dem*? Und nach *September* noch ein Komma?«

Gerrit entfährt ein leises Fiepen, aber Sina redet gnadenlos weiter. »Du könntest auch gleich noch die Uhrzeit dazunehmen: ›Ich lade dich zu meiner Feier am Sonntag, dem 4. September, um 18 Uhr ein.‹«

Gerrit schaut sie stumm an, dann legt er den Kopf auf die Tischplatte.

|| Gerrit hat mehrere Möglichkeiten: *Ich lade dich zu meiner Feier am Sonntag, [den / dem] 4. September[,] um 18 Uhr[,] ein.*

Terminangaben im Satzgefüge sind kompliziert: Heißt es *den* oder *dem*, und was ist mit den Kommas? Das Tückische daran ist: Es gibt mehrere korrekte Varianten, aber manches geht eben auch nicht.

DEM ODER *DEN*?

Bei *am* + *Wochentag* haben Sie die freie Wahl: Sie können im Anschluss *den* oder *dem* schreiben oder auch keins von beidem.

- Am Freitag, dem 21. Juli 2023 …
- Am Freitag, den 21. Juli 2023 …
- Am Freitag, 21. Juli 2023 …

Sie können das *am* auch weglassen. Dann dürfen Sie jedoch kein *dem* mehr verwenden.

- Freitag, den 21. Juli 2023
- Freitag, 21. Juli 2023
- *Nicht:* *Freitag, dem 21. Juli 2023

KOMMASETZUNG NACH DEM DATUM

Und wie geht es nach dem Datum weiter – mit Komma oder ohne? Tatsächlich steht Ihnen die Kommasetzung frei. Mögliche Varianten sind:

- Am Freitag, dem 21. Juli 2023[,] feiern wir unser Firmenjubiläum.
- Am Freitag, den 21. Juli 2023[,] feiern wir unser Firmenjubiläum.
- Am Freitag, 21. Juli 2023[,] feiern wir unser Firmenjubiläum.
- Freitag, den 21. Juli 2023[,] feiern wir unser Firmenjubiläum.
- Freitag, 21. Juli 2023[,] feiern wir unser Firmenjubiläum.

Man kann das Datum in solchen Fällen nämlich entweder als nachgestellte Ergänzung (Apposition) begreifen oder aber als Teil einer Aufzählung. Der Unterschied: Eine Apposition wird gewöhnlich in Kommas eingeschlossen; eine Aufzählung hingegen steht ohne schließendes Komma.

MIT UHRZEIT

Folgt auf Ihre Datumsangabe direkt eine Uhrzeit, müssen Sie ein Komma setzen:

– Wir treffen uns am Freitag, 21. Juli 2023, 16 Uhr.

Wenn zu der Uhrzeit hingegen noch eine Präposition wie *um* oder *gegen* tritt, steht Ihnen das Komma frei:

– Wir treffen uns am Freitag, [dem / den] 21. Juli 2023[,] um 16 Uhr.
– Wir treffen uns Freitag, [den] 21. Juli 2023[,] um 16 Uhr.

Auch nach der Uhrzeit dürfen Sie noch ein Komma setzen – dann nämlich, wenn man alle Angaben als Zusätze begreift:

– Die Feier findet am Freitag, den 21. Juli 2023[,] um 16 Uhr[,] statt.

Das zerhackt den Satz aber sehr, ich würde es nicht empfehlen.

Jetzt noch eine letzte Regel: Ohne Wochentagsangabe steht gar kein Komma.

– Die Feier findet am 21. Juli 2023 um 16 Uhr statt.

☑ Ob ich eine Datumsangabe mit *dem* oder *den* schreibe oder diese Wörter weglasse, bleibt mir überlassen. Muss-Kommas gibt es nach dem Wochentag und vor einer Uhrzeit ohne *um*.

5.1.4 Ich bin von Donnerstag, 11. Mai, bis Dienstag, 16. Mai, nicht im Büro.

→ Wie gebe ich Zeiträume richtig an?

»Zum Thema Datum fällt mir noch etwas ein«, sagt Sina.

»Bitte nicht«, versucht Gerrit sie zu stoppen.

Sina ignoriert ihn. »Abwesenheitsnotizen! Die muss ich immer einstellen, wenn ich Urlaub nehme. Also zum Beispiel: ›Ich bin von Donnerstag, 11. Mai, bis Dienstag, 16. Mai, nicht im Büro.‹ Schreibe ich da *von* oder *vom*, *bis* oder *bis zum*? Und mit den Kommas bin ich auch unsicher.«

»Hm«, antwortet Gerrit ausweichend. »Soll ich uns einen Kaffee machen?«

|| Sinas angesprochene Varianten sind weitgehend austauschbar. Auf das Datum folgt ein Kann-Komma.

Von – bis: Wie geht es richtig? Schauen wir uns die verschiedenen Varianten einmal an.

ZEITRÄUME OHNE WOCHENTAG

Datumsangaben ohne Wochentag werden mit *vom* gebildet. Im Anschluss können Sie *bis* oder *bis zum* verwenden. Die Konstruktion steht ohne Kommas.

- Die Veranstaltung findet vom 23. bis 25. Juli 2023 statt.
- Die Veranstaltung findet vom 23. bis zum 25. Juli 2023 statt.

ZEITRÄUME MIT WOCHENTAG

Tritt ein Wochentag hinzu, haben Sie die Wahl zwischen *von – bis* und *vom – bis zum*, gefolgt von mehreren möglichen Datums-Einleitungen. Nach dem Datum dürfen Sie ein Komma setzen. Das ergibt folgende Varianten:

- Die Veranstaltung findet von Freitag, 23. Februar[,] bis Sonntag, 25. Februar[,] statt.
- Die Veranstaltung findet von Freitag, den / dem 23. Februar[,] bis Sonntag, den / dem 25. Februar[,] statt.
- Die Veranstaltung findet vom Freitag, 23. Februar[,] bis zum Sonntag, 25. Februar[,] statt.
- Die Veranstaltung findet vom Freitag, den / dem 23. Februar[,] bis zum Sonntag, den / dem 25. Februar[,] statt.

Da das ganz schön verwirrend ist, merken Sie sich am besten eine Variante.

☑ Bei Zeiträumen mit Wochentag und Datum wähle ich zwischen *von - bis* und *vom - bis zum*. *Den* und *dem* sind optional. Nach dem Datum kann ich ein Komma setzen.

UHRZEITEN

Uhrzeiten werden mit *von – bis* gebildet:

- Die Veranstaltung findet von 8:30 Uhr bis 10:30 Uhr statt.

ZWISCHEN

Ein Zeitraum mit *zwischen* benötigt ein *und*, kein *bis*.

- Wir werden Chicago zwischen dem 23. und dem 25. Februar erreichen.
- Die Monteure kommen zwischen 8:00 und 12:00 Uhr.

AUSLASSUNGEN

Der erste, sich später wiederholende Teil einer *von-bis*-Verbindung darf abgekürzt werden (hier *2023* und *Uhr*):

- vom 01.02. bis 30.03.2023
- von 06:30 bis 10:30 Uhr

DER ERSATZSTRICH FÜR *BIS*

Möchten Sie das Wort *bis* durch einen Strich ersetzen, gibt es ebenfalls einiges zu beachten.

Als Zeichen für *bis* verwenden Sie den Halbgeviertstrich. Er hat die Form eines Gedankenstrichs, ist also länger als ein Bindestrich. Vor und nach dem *bis*-Strich steht laut Duden kein Leerzeichen:

- 22.–23. Februar 2023
- Öffnungszeiten: Mo.–Fr. 10:00–18:00 Uhr

Dagegen verlangt die Norm DIN 5008 vor und nach dem *bis*-Strich ein Leerzeichen:

- 22. – 23. Februar 2023
- Öffnungszeiten: Mo. – Fr. 10:00 – 18:00 Uhr

Bei Platzmangel dürfen die Leerzeichen laut DIN 5008 wegfallen.

Achtung: Sobald Sie ein *von* oder *vom* haben, müssen Sie das Wort *bis* ausschreiben.

- vom 22. bis 23. Februar
  Nicht: *vom 22. – 23. Februar

Im Satzgefüge passt der *bis*-Strich also gar nicht, weil Sie dort immer ein *von* brauchen werden. Er eignet sich eher bei kurz gefassten Angaben, etwa auf einem Schild.

☑ Den *bis*-Strich kann ich mit oder ohne umgebende Leerschritte nutzen (laut Duden ohne). Wenn ich *von* schreibe, muss ich aber das Wort *bis* ausschreiben.

EXTRATIPP: DAS GESCHÜTZTE LEERZEICHEN

Achten Sie darauf, dass Ihre Datums- und Zeitangaben sinnvoll gruppiert bleiben. Ein Zeilenumbruch vor dem Monat oder dem Wort *Uhr* wäre beispielsweise ungünstig. Mit einem geschützten Leerzeichen verhindern Sie solche ungewollten Umbrüche.

5.2 Von der Tageszeit bis zum Jahrzehnt

Nachdem wir uns Datum und Uhrzeit genauer angeschaut haben, geht es jetzt um weitere Zeitangaben: Tageszeiten, Wochentage, Jahre, Jahrzehnte ... Auch hier gibt es einige Stolpersteine, die wir aus dem Weg räumen wollen.

Wir starten mit den kleinsten Einheiten:

> 5.2.1 Das mache ich montagmorgens immer so. Wie schreibe ich Tageszeiten und Wochentage?

Weiter geht es mit den größeren Zeiteinheiten. Heißt es *dieses Jahres* oder *diesen Jahres*? Wie schreibt man Jahrzehnte korrekt? Das erfahren Sie hier:

> 5.2.2 Wann warst du zuletzt im Urlaub – im Juni dieses oder letzten Jahres? Worauf muss ich bei Jahren und Jahrzehnten achten?

Zu guter Letzt geht es um Altersangaben und andere Zeiträume. *Ab 10 Jahren, unter 10 Jahren, bis 10 Jahre* – es ist gar nicht leicht, dabei den richtigen Fall zu finden. Hier schauen wir es uns an:

> 5.2.3 Hunde unter zehn Jahren sind meistens noch fit. Worauf muss ich bei Altersangaben und anderen Zeiträumen achten?

5.2.1 Das mache ich montagmorgens immer so.

→ Wie schreibe ich Tageszeiten und Wochentage?

»Was ist los?«, fragt Sina den gähnenden Gerrit. »Müde?«

»Ich bin heute Morgen früh aufgestanden«, antwortet er. »Das mache ich jetzt montagmorgens immer so.«

»Jeden Montagmorgen? Warum? Damit der Montag noch nerviger wird als eh schon?«

»Um produktiv in die Woche zu starten. Wer früh aufsteht, hat mehr vom Tag.«

»Und ist abends zu müde, um sich mit seiner besten Freundin zu unterhalten.«

»Ich bin ja wach«, antwortet Gerrit schläfrig. »So wach, dass ich schon wieder über die Rechtschreibung nachdenke. Wie schreibt man die ganzen Tageszeiten?«

|| Die richtigen Schreibweisen lauten: *heute Morgen*, *jeden Montagmorgen*, *montagmorgens* (auch: *montags morgens*), *abends*.

MORGEN – GROSS ODER KLEIN?

Die beiden gleichlautenden Wörter *Morgen* und *morgen* sind besonders fehleranfällig. Groß schreibt man die Tageszeit; *morgen* im Sinne von »am nächsten Tag« wird kleingeschrieben.

- Guten Morgen! Ist das nicht ein herrlicher Morgen?
- Bitte sprich mich morgen noch mal darauf an.

TAGESZEITEN

Neben dem *Morgen* werden auch die anderen Tageszeiten großgeschrieben: *Vormittag, Mittag, Abend* … Nur das Wort *früh* ist eine Ausnahme.

- Hattest du einen schönen Nachmittag?
- Wir sehen uns morgen Abend.
- *Aber:* Wir sehen uns morgen früh.

Tritt ein *-s* hinzu, ist das in der Regel ein Hinweis auf ein Adverb. Dann gilt Kleinschreibung:

- Ich kann frühmorgens noch nichts essen.
- Frühstückst du erst mittags?
- Ich trainiere immer abends.
- *Aber:* Ihr Auftritt war der Höhepunkt des Abends.

Im letzten Beispiel haben wir es mit einem Genitiv zu tun.

WOCHENTAGE

Für die Wochentage gilt das Gleiche: Großschreibung als Substantiv, Kleinschreibung als Adverb mit *-s*. Die Variante mit *-s* wählen Sie immer dann, wenn Sie eine Regelmäßigkeit ausdrücken wollen.

- *Bestimmter Dienstag:* Er kommt Dienstag zum Putzen.
- *Jeden Dienstag:* Er kommt dienstags zum Putzen.

Auch hier kann das *-s* natürlich durch einen Genitiv zustande kommen: *der Höhepunkt des Dienstags.*

KOMBINATION AUS WOCHENTAG UND TAGESZEIT

Wollen Sie Wochentag und Tageszeit kombinieren, ist noch einmal etwas Aufmerksamkeit vonnöten. Wenn die Fügung allein steht, wird getrennt geschrieben:

- Hast du Freitag Abend Zeit?

Tritt hingegen ein Begleitwort hinzu, zum Beispiel eine Präposition oder ein Pronomen, schreibt man zusammen:

- Hast du am Freitagabend Zeit?
- Dein Montagmorgen klingt stressig.
- Ich gehe jeden Sonntagabend schwimmen.

Auch aus der Wochentag-Tageszeit-Kombination können Sie ein kleingeschriebenes Adverb machen. Hier gibt es zwei Varianten: das zusammengeschriebene Adverb mit Endungs-s und das getrennt geschriebene mit zusätzlichem *-s*.

- Du weißt doch, dass ich sonntagabends / sonntags abends schwimmen gehe.

☑ Tageszeiten wie *Morgen, Mittag* und *Abend* werden großgeschrieben, genau wie Wochentage. Kombiniere ich beides, schreibe ich zusammen – aber nur nach einem Begleitwort *(am Sonntagmorgen)*. Kommt ein -s hinzu, gilt Kleinschreibung.

5.2.2 Wann warst du zuletzt im Urlaub – im Juni dieses oder letzten Jahres?

→ Worauf muss ich bei Jahren und Jahrzehnten achten?

»Du siehst ziemlich erledigt aus«, sagt Sina mit besorgter Miene. »Wann warst du zuletzt im Urlaub?«

»Im Juni …« Gerrits Stimme klingt wirklich etwas erschöpft.

»Dieses oder letzten Jahres?«

»Diesen Jahres. Ich hab ja mit meiner Mutter meine Tante besucht.«

»Das ist doch kein Urlaub«, widerspricht Sina ihm. »Übrigens hast du da einen Grammatik-Fehler gemacht. Richtig ist: *dieses Jahres*.«

»Wieso? Es heißt doch auch *letzten Jahres* – mit *-n*«, protestiert Gerrit. »Na ja, und wenn du so rechnest: in 2022 noch gar nicht.«

»Ha, zweiter Fehler«, ruft Sina. »Du musst wirklich urlaubsreif sein.«

|| Sina hat nur teilweise recht. Zwar heißt es streng genommen *dieses Jahres*, doch erlaubt der Duden mittlerweile auch *diesen Jahres* als Nebenform. Mit ihrem zweiten Einspruch liegt sie richtig: Gerrit hätte kein *in* vor die Jahreszahl setzen dürfen.

Heißt es *diesen* oder *dieses Jahres*, und warum ist *in 2022* falsch? Diese Fragen werden wir uns jetzt genauer anschauen.

DIESES JAHRES

Mit seinem Argument, es heiße doch schließlich *letzten Jahres*, legt Gerrit den Finger auf die Wunde. Tatsächlich schreibt man:

- Sie hat sich im Mai letzten Jahres selbstständig gemacht.
- Sie will sich im Mai nächsten Jahres selbstständig machen.

– *Aber:* Sie hat sich im Mai **dieses** / diesen Jahres selbstständig gemacht.

Der Unterschied lässt sich grammatisch erklären. Bei *dieses* handelt es sich um ein Demonstrativpronomen, bei *letzten* und *nächsten* hingegen um Adjektive.

Mit welcher Form man es zu tun hat, lässt sich einigermaßen einfach herausbekommen. Einem Adjektiv kann man einen Artikel voranstellen: *das letzte Jahr.* Setze ich diesen Ausdruck in den Genitiv, ergibt das Folgendes:

– Im Mai des letzten Jahres hat es besonders viel geregnet.

Das *des* streichen Sie einfach wieder weg, und übrig bleibt *im Mai letzten Jahres.*

Dieselbe Aktion ist mit *dieses* nicht möglich:

– *Nicht:* Im Mai *des diesen Jahres hat es besonders viel geregnet.

Eigentlich ist die Fügung *diesen Jahres* daher nicht korrekt. Aufgrund der häufigen Verwendung hat der Duden sie aber mittlerweile als erlaubte Nebenform mit aufgenommen.

Die Ausnahme gilt speziell für das Substantiv *Jahr*, nicht für andere Wörter. So sollten Sie bei *Monat* beim konservativen Sprachgebrauch bleiben:

– Am Zehnten dieses Monats bekomme ich mein Gehalt.
Nicht: am Zehnten *diesen Monats

VORSICHT, ANGLIZISMUS

Der Ausdruck *in + Jahr* ist ein Anglizismus. In der deutschen Standardsprache brauchen Sie den Zusatz *im Jahr*, oder Sie geben nur die Jahreszahl an.

- Im Jahr 1982 löste sich ABBA auf.
- 1982 löste sich ABBA auf.
  Nicht: *In 1982 löste sich ABBA auf.

☑ Neben *dieses Jahres* kann ich mittlerweile auch *diesen Jahres* schreiben; dies gilt speziell für das Substantiv *Jahr*. Jahreszahlen sollte ich stets ohne *in* verwenden.

JAHRZEHNTE

Wie schreibt man Jahrzehnte korrekt? Dafür gibt es verschiedene Möglichkeiten. Ausgeschrieben empfiehlt der Duden die Zusammenschreibung:

- A-ha gehört zu den berühmtesten Bands der **Achtzigerjahre** / achtziger Jahre.

Wollen Sie mit Ziffern schreiben, fügen Sie die Silbe *-er* direkt an die Zahl an. Das Wort *Jahre* können Sie – analog zur eben empfohlenen Zusammenschreibung – mit einem Bindestrich ankoppeln.

- A-ha gehört zu den berühmtesten Bands der **80er-Jahre** / 80er Jahre.

Entfällt das Wort *Jahre*, ist die Großschreibung richtig:

- In den Achtzigern / 80ern habe ich meinen Führerschein gemacht.

Analog verhält es sich natürlich mit den anderen Jahrzehnten. Für die Jahre 2000 bis 2009 können Sie den Ausdruck ***Nullerjahre*** / *nuller Jahre* verwenden, gefolgt von den ***Zehnerjahren*** / *zehner Jahren* (2010 bis 2019).

☑ Ich merke mir vor allem die Schreibweisen *80er-Jahre* und *Achtzigerjahre*. Ohne *Jahre* schreibe ich groß: *Achtziger*.

5.2.3 Hunde unter zehn Jahren sind meistens noch fit.

→ Worauf muss ich bei Altersangaben und anderen Zeiträumen achten?

»Tamino ist ja echt noch gut drauf für sein Alter«, sagt Sina, während sie den Dackel krault. »Ab wann gilt ein Hund eigentlich als alt – so ab zehn Jahren, oder?«

»Das kommt auf die Rasse an. Kleinere Hunde unter zehn Jahren sind meistens noch fit, große werden schneller alt«, antwortet Gerrit.

»Ah so«, sagt Sina. »Du meinst: Ein Hund ist so alt, wie er sich fühlt.«

»So ungefähr.« Gerrit zwinkert ihr zu. »Aber kurze Zwischenfrage: Sagt man *ab zehn Jahre* oder *ab zehn Jahren*? *Unter zehn Jahre* oder *unter zehn Jahren*?«

Weil Sina mit dem Kraulen aufgehört hat, schiebt sich der Dackel vehement zwischen die beiden. »Tamino weiß es auch nicht«, schlussfolgert Sina, »aber er fühlt sich sehr jung.«

|| Der Dativ ist in beiden Fällen richtig: *Hunde ab* oder *unter zehn Jahren*. Nach *ab* dürften Sina und Gerrit auch den Akkusativ verwenden.

Jahre oder *Jahren?* In welchem Fall Alters- und Zeitangaben stehen, hängt von der Präposition ab. Schauen wir uns das einmal der Reihe nach an.

ALTERS- UND ZEITANGABEN MIT *AB*

Heißt es *Kinder ab 6 Jahren* oder *ab 6 Jahre*? Standardsprachlich ist der Dativ korrekt; in vielen Regionen Deutschlands wird jedoch auch der Akkusativ verwendet.

- Kinder ab 6 **Jahren** / Jahre zahlen 5 Euro.

Genauso sieht es bei anderen Zeitangaben mit *ab* aus:

- Ab **erstem** / ersten September bin ich wieder verfügbar.
- Ab vier **Nächten** / Nächte zahlen Sie weniger.

Kommt ein Artikelwort dazu, brauchen Sie auf jeden Fall den Dativ:

- Ab dem 15. September bin ich wieder verfügbar.
- Ab dieser Nacht konnte ich besser schlafen.

ANGABEN MIT *UNTER*, *VON* UND *ZWISCHEN*

Bei *unter*, *von* und *zwischen* ist ebenfalls der Dativ richtig.

- Kinder unter 6 Jahren zahlen 5 Euro.
- Kinder im Alter von 6 Jahren zahlen 5 Euro.
- Kinder zwischen 3 und 6 Jahren zahlen 5 Euro.

Noch zwei Beispiele ohne *Kinder*:

- Katzenjunge unter 12 Monaten bekommen spezielles Kitten-Futter.
- Welpen unter 30 Tagen sind besonders empfindlich.

ANGABEN MIT *ÜBER* UND *BIS*

Bei *über* und *bis* müssen Sie genauer aufpassen. Steht das Wort ohne zusätzliche Präposition? Dann brauchen Sie den Akkusativ:

- Kinder über 6 Jahre zahlen 5 Euro.
- Bei einem Aufenthalt über 7 Tage bekommen Sie einen Rabatt.

- Kinder bis 6 Jahre zahlen 5 Euro.
- Katzenjunge bis 12 Monate bekommen spezielles Kitten-Futter.
- Für einen Aufenthalt bis 3 Nächte brauchen Sie sich nicht anzumelden.

Sobald jedoch eine andere Präposition hinzutritt, entscheidet sie über den Fall. So verwendet man bei *von über*, *bis zu* und *von – bis* den Dativ.

- Aufenthalte von über 7 Tagen werden gesondert berechnet.
- Kinder bis zu 6 Jahren zahlen 5 Euro.
- Kinder von 3 bis 6 Jahren zahlen 5 Euro.

Weitere Hinweise zum richtigen Fall nach *bis* können Sie auch in Kapitel 3.1.5 nachlesen.

☑ Ich merke mir die Fügungen *über 6 Jahre* und *bis 6 Jahre*. In den meisten anderen Fügungen heißt es *Jahren* – zum Beispiel *unter 6 Jahren*.

6 ZEICHEN, SYMBOLE UND ABKÜRZUNGEN

Die Katzenfans e.V. bieten mir 10 % Rabatt an.

Was muss ich bei Zeichen, Symbolen und Abkürzungen beachten?

»Oh, nicht schlecht«, freut sich Sina, die gerade ihre Mails checkt. »Die Katzenfans e.V. bieten mir 10 % Rabatt auf Kratzmöbel aus ihrem Partnershop an.«

Gerrit schaut sie an. »Ich habe so viele Fragen.«

»Was?«, fragt Sina. »Rechtschreibfragen? Stimmt, ich auch. Steht das Verb nach *die Katzenfans e. V.* wirklich im Plural – obwohl es doch *der Verein* ist? Und was ist mit den Leerzeichen bei *e. V.* und *10 %*?«

»Das meinte ich zwar nicht«, grinst Gerrit, »aber ich finde es sehr gut, wenn du dich mit Rechtschreibfragen beschäftigst, statt den nächsten Kratzbaum zu bestellen.«

»Geht doch beides«, murmelt Sina so leise, dass Gerrit es nicht hört.

|| Wenn Sina das Shoppen noch etwas zurückstellt, kommt sie sicher auf die richtige Lösung, nämlich dass man *e. V.* und *10 %* mit Leerzeichen schreibt. Der Plural nach *Katzenfans e. V.* ist ebenfalls korrekt.

Es gibt Fehler, die so auffällig sind, dass sie sofort für Irritation sorgen. Andere sind subtiler und rutschen gerade deshalb häufig durch: fehlende Leerzeichen, überflüssige Apostrophe, kurze statt lange Striche. Wie sieht es bei Ihnen aus – hätten Sie folgende Regeln gewusst?

- Auf eine Zahl folgt (fast) immer ein Leerzeichen: *5 min, 50 %, 15 €*.
- Vor die Auslassungspunkte wird ein Leerzeichen gesetzt.
- Zwei Punkte hintereinander gibt es nicht.
- Eine Abkürzung mit Plural-s erhält kein Apostroph.

So unscheinbar sie auch sein mögen: Die »kleinen Zeichen« sind trotzdem wichtig. Achten Sie also darauf, auch auf der Mikroebene korrekt zu schreiben. Die folgenden Kapitel werden Ihnen dabei helfen.

6.1 Leerschritte und andere Zeichen

Ein Text besteht nicht nur aus Buchstaben. Viele andere Zeichen tragen dazu bei, dass er richtig erfasst werden kann. Apostrophe und Auslassungszeichen etwa können anzeigen, dass etwas weggelassen wurde. Ironie lässt sich mithilfe von Anführungszeichen markieren. Mit Klammern können Sie zwei Lesarten eines Wortes anbieten – und vieles mehr.

Fehlerquellen gibt es dabei genug. In diesem Kapitel wollen wir sie zum Versiegen bringen. Zeichen, mit denen wir uns *nicht* beschäftigen, sind: Komma, Semikolon, Punkt, Fragezeichen und Ausrufezeichen. Das Thema Komma wäre zu umfangreich; die anderen Satzzeichen bereiten in der Regel wenig Probleme.

Los geht es mit einem »Nicht-Zeichen«, dem oft vergessenen Leerzeichen:

> 6.1.1 5 % Rabatt auf Mängelexemplare – jetzt nur 9,40 €. Wann setze ich ein Leerzeichen?

Die nächsten vier Unterkapitel widmen sich dem Apostroph, dem Schrägstrich, den Auslassungspunkten und den Klammern:

> 6.1.2 Da steht's – die beste Pflege fürs Haar. Wann setze ich einen Apostroph?

> 6.1.3 Hier gibt es Buchteln / Rohrnudeln. Wie setze ich Schrägstriche korrekt?

6.1.4 Bücher, Parfüm, Elektronik … Was muss ich bei Auslassungspunkten beachten?

6.1.5 Auf dem Preisschild steht »(Sofa)kissen«. Wie klammere ich Wortteile richtig ein?

Weiter geht es mit dem Binde- und dem Gedankenstrich: Welche Einsatzmöglichkeiten gibt es? Wie sieht es dabei mit den Leerzeichen aus?

6.1.6 Da vorne gibt es noch mehr Sofa- und Dekokissen – allerdings mit anderem Muster. Wie verwende ich Binde- und Gedankenstriche richtig?

Und die größte Hürde beim Doppelpunkt? Hier stellt sich vor allem die Frage, ob man den folgenden Teil groß oder klein beginnt.

6.1.7 Unsere Fischbrötchen: gesund und lecker. Wie geht es nach dem Doppelpunkt weiter?

Zu guter Letzt beschäftigen wir uns mit den Anführungszeichen. Dabei geht es auch um den richtigen Einsatz in der direkten Rede.

6.1.8 Deine »Das Glas ist halb voll«-Einstellung rührt mich. Wie setze ich Anführungszeichen korrekt ein?

6.1.1 5 % Rabatt auf Mängelexemplare – jetzt nur 9,40 €.

→ Wann setze ich ein Leerzeichen?

Gerrit und Sina stehen an einem Büchertisch, der vor einem Buchladen in der Fußgängerzone aufgebaut ist.

»*Allgemein Bildung*«, liest Gerrit einen Buchtitel vor. »*Alles, was du wissen musst.* Joah, als Erstes sollte man wissen, dass man ›Allgemeinbildung‹ nicht in zwei Wörtern schreibt.«

»Zeig.« Sina nimmt ihm das Buch ab und liest vor: »›5 % Rabatt auf Mängelexemplare – jetzt nur 9,40€‹. Beim Preis fehlt ja wohl ein Leerzeichen. Auch beim Prozentzeichen – hatten wir das nicht neulich erst?«

»Ja«, bestätigt Gerrit. »Das nennt man Umverteilung: Was beim Buchtitel zu viel ist, ist bei den beiden Symbolen zu wenig.«

|| Gerrit und Sina haben recht – es fehlen die Leerzeichen zwischen den Zahlen und den Symbolen: *9,40 €* und *5 % Rabatt.*

Das Leerzeichen, auch Leerschritt genannt, hat es nicht leicht: Gerne wird es entweder vergessen oder an den falschen Stellen gesetzt.

FALSCHE VERWENDUNG ZWISCHEN WORTBESTANDTEILEN

Mit dem sogenannten *Deppenleerzeichen* – so die scherzhafte Bezeichnung – werden einzelne Bestandteile eines Wortes voneinander getrennt. Nach deutscher Rechtschreibung ist das nicht korrekt. Zusammengesetzte Substantive (Komposita) müssen entweder zusammen- oder mit Bindestrich geschrieben werden. Es liegt sicher auch am angloamerikanischen Einfluss, dass solche Getrenntschreibungen zunehmend salonfähig werden.

Gerade auf Produktverpackungen liest man häufig Bezeichnungen wie *Artischocken Herzen*, *Kakao Drink* oder *Erdbeer Joghurt*. Oftmals sind solche Begriffe zweizeilig angeordnet. Die Verpackungsdesigner*innen finden vermutlich, der Trennstrich störe das Layout, und lassen ihn deshalb lieber weg. Selbst vor Buchtiteln machen die Getrenntschreibungen nicht halt. So staunte ich neulich an einem Büchertisch tatsächlich über *Allgemein Bildung* und *Intervall Fasten*.

Im Internet wiederum spielen SEO-Erwägungen eine Rolle. Geht ein Keyword in einem seltener nachgefragten Kompositum auf, kann sich das ungünstig auf die Suchmaschinenoptimierung auswirken. So wird eine Firma, die speziell designte Wandhaken für Hundeleinen anbietet, vielleicht lieber *Hundeleinen Halter* schreiben statt korrekt *Hundeleinenhalter*.

Üblich ist das falsche Leerzeichen zudem bei Wortzusammensetzungen mit einem Markennamen. Hintergrund ist, dass man den Markenbegriff nicht verwässern möchte. Beispiele für fehlende Bindestriche sind etwa *IKEA Katalog* oder *Nespresso Kapseln*.

So viel also zum falsch gesetzten Leerzeichen. In anderen Fällen wird es hingegen gerne unterschlagen.

MIT LEERZEICHEN: AUSLASSUNGSPUNKTE, SYMBOLE, ABKÜRZUNGEN

Vor Auslassungspunkte gehört ein Leerzeichen – denn würde der Satz weitergehen, stünde auch eins. Nur wenn die Auslassungspunkte einen Wortteil ersetzen, steht kein Leerzeichen.

- Wo hab ich denn meine …?
- So eine Sch…

Ein Leerzeichen ist in der Regel vor Symbolen nötig:

- Die Preise sind um 5 % gestiegen (= 5 Prozent).
- Die Regelung steht in § 3 (= Paragraf 3).

Auch zwischen den mit Punkten markierten Bestandteilen einer Abkürzung muss ein Leerzeichen gesetzt werden:

- Hier finden Sie viele nützliche Unterlagen, z. B. Formulare und Checklisten.
- Wir beginnen nach dem Frühstück, d. h. gegen 9 Uhr.

OHNE LEERZEICHEN: DER SCHRÄGSTRICH

Rund um den Schrägstrich stehen in der Regel keine Leerzeichen. Eine Ausnahme sind mehrgliedrige Paarungen – hier sind Leerzeichen erlaubt.

- Das gilt für das Schuljahr 2022/2023.
- Bitte bringen Sie Ihren Hund / Ihre Katze 10 Minuten vor dem Termin in die Praxis.

In Kapitel 6.1.3 können Sie das noch ausführlich nachlesen.

☑ Bei Auslassungspunkten, Symbolen und Abkürzungen mit Punkt denke ich an die Leerzeichen. Der Schrägstrich steht in der Regel ohne Leerzeichen.

6.1.2 Da steht's – die beste Pflege fürs Haar.

→ Wann setze ich einen Apostroph?

Gerrit und Sina schlendern weiter. Vor einem Friseurladen bleibt Sina stehen.

»Neunzig Euro für einen Haarschnitt. Das ist 'ne Menge Geld.«

»Dafür bekommt man auch die beste Pflege fürs Haar«, spöttelt Gerrit.

»Hast du das gerade abgelesen?«, fragt Sina. »Ach ja, da steht's. *Für's* mit Apostroph. Na, ob das richtig ist …«

»Hm …« Gerrit erlaubt sich lieber kein Urteil. »Und *'ne Menge* und *da steht's*? Wie schreibst du das?«

|| Korrekt würde der Friseur mit *der besten Pflege fürs Haar* werben. *Da steht[']s* können Sina und Gerrit mit oder ohne Apostroph schreiben, bei *'ne Menge* müssen sie auf jeden Fall einen setzen.

Während das Leerzeichen oft vergessen wird, besteht beim Apostroph das umgekehrte Problem: Er wird gern zu viel gesetzt. Schauen wir uns also einmal an, wann wir ihn brauchen und wann nicht.

BEI WEGGELASSENEN WORTBESTANDTEILEN

Der Apostroph markiert in der Regel eine Auslassung. Da hätten wir zum Beispiel:

- M'gladbach *für:* Mönchengladbach
- Ku'damm *für:* Kurfürstendamm

Achten Sie auch auf die richtige Typografie. Der Apostroph sieht in den meisten Schriftarten aus wie eine kleine 9. Richtig ist also *Ku'damm,* falsch wäre *Ku`damm.*

Oft kommt der Apostroph in der schriftlichen Wiedergabe von Umgangssprache zum Einsatz.

- So 'n Ärger hatte ich schon lange nicht mehr.
- Das ist aber 'ne Menge Geld.

Wird nur das *e* von *es* weggelassen, ist der Apostroph fakultativ:

- Wie gehts / geht's dir?
- Machs / mach's gut.
- Er macht sichs / sich's einfach.

Auch wenn Sie bei Verben in der 1. Person Singular das *-e* wegkürzen, ist kein Apostroph nötig:

- Ich komm heute später.
- Ich sag ja, er ist durchgedreht.

Dies gilt für Verben im Präsens Indikativ.

VERBINDUNGEN AUS PRÄPOSITION UND ARTIKEL

Keinen Apostroph brauchen Sie auch bei den meisten Verbindungen aus Präposition und Artikel. Die beiden Teile sind hier so miteinander verschmolzen, dass üblicherweise kein Auslassungsapostroph mehr gesetzt wird.

- Ich bezahle dich nicht fürs Herumsitzen.
- Aufs Treppchen ist er nie gekommen.
- Durchs Eincremen wird es besser.
- Überm See scheint die Sonne.
- Unterm Bett ist es dunkel.
- Vorm Essen kommt das Kochen.

Lediglich bei unüblichen oder sehr umgangssprachlichen Verbindungen sollten Sie einen Apostroph setzen:

- Willst du nach'm Sport noch vorbeikommen?

KEIN APOSTROPH BEIM IMPERATIV

Eine beliebte Fehlerquelle sind die Imperative. Selbst in Werbetexten und Anzeigen wird die Befehlsform gerne mit Apostroph geschrieben – der dort jedoch nicht hingehört. Richtig ist:

- Mach das Beste draus.
- Stell dir dein Wunschprodukt zusammen.
- Sag uns deine Meinung.

Mache, *stelle* und *sage* wären auch richtig, denn bei den meisten Verben sind beide Varianten erlaubt. In vielen Fällen ist es mittlerweile jedoch gebräuchlicher, das *-e* wegzulassen – und zwar stets ohne Apostroph.

Achten Sie unbedingt auch auf die unregelmäßigen Befehlsformen:

- Bewirb dich jetzt.
  Nicht: *Bewerb(e) dich jetzt.

- Lies auch unsere anderen Beiträge.
  Nicht: *Les(e) auch unsere anderen Beiträge.

☑ Viele Auslassungen kann ich mit einem Apostroph markieren. Fällt nur ein e weg, ist das aber in der Regel nicht nötig, ebenso wenig bei Verschmelzungen aus Präposition und Artikel. Auch Imperative schreibe ich ohne Apostroph.

DER GENITIV-APOSTROPH

Schließlich benötigen Sie den Apostroph, um den Genitiv von Namen auf *-s*, *-ß*, *-z* oder *-x* anzuzeigen:

- Hast du Max' Turnschuhe gesehen?
- Vielleicht liegen sie in Lukas' Auto.

Auch hier markiert der Apostroph ja eine Auslassung: Weggekürzt wird das Genitiv-s (nicht: **Lukass Auto*). Das heißt im Umkehrschluss: Bei einem Wort mit Genitiv-s brauchen Sie keinen Apostroph, weder vor noch nach dem s.

- Berlins beste Weinhandlungen
  Nicht: *Berlin's, *Berlins'

Soll die Grundform des Namens jedoch besonders betont werden, erlaubt der Duden auch einen eigentlich überflüssigen Apostroph:

- Köppke's Weinhandlung

Schreibt man hier korrekt *Köppkes Weinhandlung* auf das Schild, könnten Kund*innen den Namen fälschlicherweise als »Köppkes« abspeichern. Die Ausnahme ist also pragmatisch motiviert.

EINEN PLURAL-APOSTROPH GIBT ES NICHT

Zuweilen liest man auf Schildern Schreibweisen wie **Snack's* oder **Foto's*. Ein solcher Plural-Apostroph ist natürlich nicht korrekt. Doch wie sieht es bei Abkürzungen aus, braucht man da einen Apostroph vor dem Plural-s? Nein, auch hier nicht.

- Was soll ich bloß mit den ganzen CDs machen?
- Die beiden GmbHs werden sich zusammenschließen.
  Nicht: *CD's, *GmbH's

☑ Einen Apostroph benötige ich, um den Genitiv von Namen anzuzeigen, die mit einem -s oder einem ähnlichen Laut enden. Ein Plural-s darf ich nie mit einem Apostroph abtrennen.

6.1.3 Hier gibt es Buchteln/Rohrnudeln.

→ Wie setze ich Schrägstriche korrekt?

Gerrit und Sina kommen an einem Bäcker vorbei.

»Guck mal«, freut sich Gerrit. »Die haben Buchteln!«

»Genauer gesagt: Hier gibt es ›Buchteln / Rohrnudeln‹«, liest Sina vor. »›Rohrnudeln‹ – noch nie gehört. Und das Leerzeichen gehört da auch nicht hin.«

»Mir egal, solange ihre Buchteln wie Buchteln schmecken«, antwortet Gerrit und streckt die Hand nach dem Türgriff aus.

|| Sina hat recht – richtig wäre die Aufschrift ohne Leerzeichen: *Buchteln/Rohrnudeln.*

Wann verwendet man den Schrägstrich, und welche Fallstricke gibt es? Das werden wir uns jetzt einmal anschauen.

ANWENDUNGSFÄLLE

Der Schrägstrich kann verschiedene Bedeutungen haben. In der Regel verstehen wir intuitiv, was gemeint ist.

In der Bedeutung *pro* oder *je:*

- Das Tempolimit beträgt 130 km/h.
- Inhalt: 12 Kekse/Packung

In der Bedeutung *beziehungsweise:*

- Der Bengalische / Indische Tiger ist vom Aussterben bedroht.
- An Herrn / Frau Sonnenschein.

In der Bedeutung *und:*

- Der Vorschlag kam von der CDU/CSU.
- Im Juli / August ist es am wärmsten.

Häufig werden auch aufeinanderfolgende Jahre, Tage etc. mit Schrägstrich verbunden:

- Für das Schuljahr 2023/2024 sind einige Änderungen geplant.
- Der Workshop findet am 12./13.10. statt.

DIE LEERZEICHEN-FRAGE

Vor und nach dem Schrägstrich steht in der Regel kein Leerzeichen.

Bei mehrgliedrigen Paarungen können Sie von der Regel jedoch abweichen. Gerade im Fließtext kann das übersichtlicher sein, um nicht die falschen Begriffe zusammenzurücken.

- Die Eröffnung ist für Ende Juli / Anfang August geplant.
- Bitte halten Sie die Auftragsnummer / Ihren Personalausweis bereit.

Achtung: Wenn Sie sich für das Leerzeichen entscheiden, müssen Sie auf jeden Fall auf beiden Seiten eins setzen.

- Messe Nord/Messe Süd
- Messe Nord / Messe Süd

  Nicht: *Messe Nord/ Messe Süd

☑ In der Regel setze ich vor und nach dem Schrägstrich kein Leerzeichen. Bei mehrgliedrigen Paarungen kann ich aus Gründen der Lesbarkeit Leerschritte einfügen.

WEITERE FALLSTRICKE

Steht eine Schrägstrich-Paarung am Satzanfang, müssen beide Wörter großgeschrieben werden:

- Ich / Wir bitte[n] um Fristverlängerung.

Ein Kompositum mit Schrägstrich zu bilden, ist erlaubt. Der Duden nennt das Beispiel *September/Oktober-Heft* (alternativ natürlich auch *September-Oktober-Heft*).

Wird mit Schrägstrich gegendert, sieht das amtliche Regelwerk noch einen Ergänzungsstrich vor:

- Lehrer / -in
- Mitarbeiter / -innen

In der Praxis wird jedoch häufig die Form ohne Ergänzungsstrich verwendet *(Lehrer/in)* – neben dem Gendersternchen *(Lehrer*in)* und anderen Lösungen.

6.1.4 Bücher, Parfüm, Elektronik …

→ Was muss ich bei Auslassungspunkten beachten?

Während Gerrit glücklich in seine frisch erstandenen Buchteln beißt, bleiben die beiden vor dem nächsten Laden stehen.

»Interessantes Sortiment«, bemerkt Sina und liest vom Ladenschild ab: »›Bücher, Parfüm, Elektronik …‹ Also im Grunde alles.«

»Ich schau mir gerade die Aufzählung an«, sagt Gerrit zwischen zwei Bissen. »Die setzen da kein Komma vor die Pünktchen. Ist das so richtig?«

Sina zuckt mit den Schultern. »Ich könnte jedenfalls neue Sofakissen gebrauchen. Komm, wir gehen mal rein.«

|| Der Laden hat sein Angebot richtig beworben – mit einem Leerzeichen, aber ohne Komma nach »Elektronik«: *Bücher, Parfüm, Elektronik …*

Die offizielle Bezeichnung der drei Pünktchen – »Auslassungspunkte« – weist darauf hin, dass sie eine Auslassung markieren. Dabei ist auch die korrekte Zeichensetzung wichtig.

WEGGELASSENE WÖRTER

Setze ich Auslassungspunkte, deute ich an, dass der Satz eigentlich noch weitergeht.

- Hier begann die Erfolgsgeschichte meiner Firma …

Zu ergänzen wäre beispielsweise: … *und ich werde gleich mehr darüber erzählen.*

Vor den Auslassungspunkten steht in diesem Fall ein Leerzeichen, denn der weggelassene Satzteil würde auch erst nach einem Leerschritt folgen.

Daneben werden die drei Punkte oft verwendet, um – zum Beispiel in wörtlicher Rede – ein Nachdenken, ein Zögern zu markieren.

– Ich weiß nicht …

Auch das könnte man als Auslassung bezeichnen – der Sprecher oder die Sprecherin hat Gedanken, die nicht geäußert werden.

Wenn die drei Punkte hingegen einen Wortteil ersetzen, werden sie ohne Leerzeichen angeschlossen:

– Unterbrich mich nicht stän…

Logisch: Vor dem ausgelassenen Wortteil würde ja auch kein Leerschritt stehen.

KOMBINATION MIT ANDEREN SATZZEICHEN

Auf die Auslassungspunkte folgt kein Satzschlusspunkt.

– Das ist ja wohl … Ich bin fassungslos!

Auch ein etwaiges Komma entfällt – es wird durch die Pünktchen ersetzt.

– Mag sein … aber ich will trotzdem hierbleiben.

Ausrufezeichen oder Fragezeichen müssen hingegen gesetzt werden.

– Möchtest du mitkommen oder …?
– Das ist eine Sch…!

Mit Auslassungspunkten können Sie zudem markieren, dass eine Aufzählung nicht abgeschlossen ist. Auch in diesem Fall setzt man *kein* Komma:

- Beliebte Kräuter sind Oregano, Thymian, Rosmarin …

Merkhilfe: Würde – so wie in einer normalen Aufzählung – ein *und* oder *oder* folgen, stünde auch kein Komma.

☑ Auf Auslassungspunkte folgt ein Leerzeichen, es sei denn, es wird ein Wortteil weggekürzt. Vor den Auslassungspunkten steht kein Komma, auch nicht bei Aufzählungen.

6.1.5 Auf dem Preisschild steht »(Sofa)kissen«.

→ Wie klammere ich Wortteile richtig ein?

»Hier, na bitte.« Triumphierend hält Sina ein bunt gestreiftes Kissen hoch. »Genau das, was ich gesucht habe.«

Gerrit schaut gar nicht hin, sondern liest lieber das Pappschild über der Auslage vor: »›(Sofa-)Kissen‹. Auf dem Preisschild steht das anders: ›(Sofa)kissen‹. Zwei verschiedene Schreibweisen – welche ist richtig?«

»Ich glaube, beide«, sagt Sina abwesend. »Meinst du, das ist zu bunt?«

»Du treibst es doch eh bunt«, feixt Gerrit.

Sina haut ihm mit dem Kissen eins über. »Deine Kalauer waren auch schon mal besser.«

|| Auch wenn es Gerrit verwirrt – beide Schreibweisen sind richtig: *(Sofa-)Kissen* und *(Sofa)kissen.*

Wollen Sie zwei Lesarten eines Wortes anbieten, können Sie einen Teil in Klammern setzen. Was es dabei zu beachten gibt, klären wir jetzt.

VERKÜRZUNGEN

Klammern lassen sich nutzen, um beim Schreiben eine »Abkürzung« zu nehmen:

- In unserem Tauschladen können Sie nicht nur tauschen, sondern auch (ver)leihen.
- Ich / Wir erteile(n) hiermit die Erlaubnis.
- Schüler(innen) fahren kostenlos.

Sowohl *leihen* als auch *verleihen*, sowohl *Schülerinnen* als auch *Schüler* – beide Lesarten sind gemeint. Sie sehen, das funktioniert ganz ohne Bindestrich.

ALTERNATIVE LESARTEN

Manchmal kann oder will man sich beim Schreiben nicht festlegen. Sind die Produkte eher dem Handwerk oder dem Kunsthandwerk zuzurechnen? Sollen die Kissen auf dem Sofa drapiert werden oder kann man sie auch für andere Zwecke nutzen? Hier sind ebenfalls Klammern eine praktische Lösung:

- Erleben Sie echtes (Kunst)handwerk / (Kunst-)Handwerk.
- Unsere (Sofa)kissen /(Sofa-)Kissen werden fair produziert.

Auch bei Substantiven gibt es die Schreibweise ohne Bindestrich; das Wort geht dann klein weiter: *(Sofa)kissen*. Daneben ist es aber möglich, das Wort als Kompositum zu begreifen und einen Bindestrich zu setzen: *(Sofa-)Kissen*. In dem Fall wird der auf die Klammer folgende Wortbestandteil großgeschrieben.

☑ Will ich zwei Begriffe zu einem zusammenfassen oder zwei Lesarten eines Wortes anbieten, kann ich einen Wortteil einklammern – in der Regel ohne Bindestrich. Bei Substantiven kann ich auch zwei großgeschriebene Wörter bilden und einen Bindestrich in die Klammer setzen.

ECKIGE KLAMMERN

Und wann setzt man eckige Klammern? Das wird zum einen gemacht, wenn weglassbare Buchstaben, Zeichen oder Wortteile gekennzeichnet werden sollen:

- Das ist eine ungünstige Kopp[e]lung.
- Sie begann[,] zu tanzen.

Außerdem nutzt man eckige Klammern, um die Veränderung eines Originalzitats zu markieren:

- Herr Hoffstedter »such[t] nach der Liebe«.
- Sie bezeichnet ihn als »beste[n] Autor der Welt«.

Feste Regeln, wann runde und wann eckige Klammern gesetzt werden, gibt es aber nicht.

6.1.6 Da vorne gibt es noch mehr Sofa- und Dekokissen – allerdings mit anderem Muster.

→ Wie verwende ich Binde- und Gedankenstriche richtig?

Während sich Sina durch die Auslage mit den Sofakissen wühlt, widmet sich Gerrit weiter dem Preisschild: »›25,– €‹ steht hier. Mit langem Strich anstelle der Nullen.«

»Ist doch günstig«, freut sich Sina.

»Na ja, wenn du vier Stück nimmst, landest du auch bei hundert Euro.«

»Nur vier?«, fragt Sina empört.

»Da vorne gibt es noch mehr Sofa- und Dekokissen – allerdings mit anderem Muster –, die vielleicht günstiger sind.«

Sina hält inne. »Sag mal, dein letzter Satz – einmal Bindestrich, zweimal Gedankenstrich, oder? Und kommt da noch ein Komma hin?«

|| Sina vermutet richtig: Der Einschub *allerdings mit anderem Muster* wird in Gedankenstriche eingeschlossen; es folgt noch ein Komma. *Sofa- und Dekokissen* ist richtig geschrieben, *25,– €* auch.

So ein Strich kann ganz schön viele Fragen aufwerfen: kurz oder lang, mit Leerzeichen oder ohne? Schauen wir uns die einzelnen Verwendungsmöglichkeiten einmal an.

BINDESTRICH

Den kurzen Bindestrich setzen Sie zwischen die einzelnen Elemente von zusammengesetzten Wörtern, und zwar immer ohne Leerzeichen.

– Hast du schon deine Umsatzsteuer-Voranmeldung gemacht?

- Dein weiß-rot gestreifter Pulli gefällt mir gut.
- Ich habe dir vorhin eine E-Mail geschickt.

Auch können Sie mit ihm Zahlen an ein Wort koppeln:

- Ich habe dich 2- bis 3-mal angerufen.
- Viele 17-Jährige haben bereits das Abitur in der Tasche.
- Dafür gibt es eine 50-prozentige Chance.
- *Aber:* Die 80er waren ein tolles Jahrzehnt.

Außerdem wird der Bindestrich als Ergänzungs- und als Trennstrich benutzt.

- Da gibt es Vor- und Nachteile.
- Am Zeilen-
  ende kann ich trennen.

Vom kurzen Bindestrich zu unterscheiden ist der längere Halbgeviertstrich. Hier gibt es verschiedene Einsatzmöglichkeiten, die wir jetzt einmal durchgehen werden.

GEDANKENSTRICH

Mit dem Gedankenstrich können Sie eine Pause markieren, um auf diese Weise Spannung in den Satz zu bringen.

- Sie lächelte mich an – und das war erst der Anfang.

Davor und danach steht jeweils ein Leerzeichen. In manchen Fällen ersetzt der (einfache) Gedankenstrich ein Komma:

- Ich komme mit – ob es dir gefällt oder nicht.

Bei Einschüben mit zwei Gedankenstrichen müssen Sie aufpassen. Enthält der Ursprungssatz ein Komma, dürfen Sie dieses Komma nämlich nicht unter den Tisch fallen lassen.

- Ich komme mit – ob es deinem Bruder gefällt oder nicht – und bringe meinen Hund mit.
- Ich komme mit – ob es deinem Bruder gefällt oder nicht –, außer es regnet.

Satz 2 lautet ohne Einschub: *Ich komme mit, außer es regnet.* Dieses Komma müssen Sie mit übernehmen, wenn Sie einen Satzteil in Gedankenstrichen einfügen.

Der Einschub kann auch ein eigenes Satzzeichen beinhalten. Er bleibt trotzdem kleingeschrieben.

- Ich komme mit – oder hast du etwas dagegen? –, außer es regnet.

☑ Den kurzen Bindestrich setze ich zwischen Bestandteile zusammengesetzter Wörter. Als Gedankenstrich verwende ich den längeren Halbgeviertstrich. Vor und nach dem Gedankenstrich stehen Leerzeichen, außer es folgt ein Komma.

BIS-ZEICHEN UND STRECKENSTRICH

Schauen wir uns weitere Verwendungen des Halbgeviertstrichs an. Besonders häufig ist der *bis*-Strich. Der Duden schreibt ihn ohne Leerzeichen:

- 22.–23. November 2022
- Abholzeit: 14–16 Uhr

- Preis: ca. 18–20 €
- Erbaut 1908–1910

Die Norm DIN 5008 sieht hingegen jeweils ein Leerzeichen vor und nach dem Strich vor. In diesem Punkt dürfen Sie also vom Duden abweichen, wenn Ihnen das besser erscheint. Weitere Hinweise zum *bis*-Strich finden Sie im Kapitel 5.1.4.

Den sogenannten Streckenstrich können wir hier noch dazunehmen. Auch ihn könnte man mit einem *bis* übersetzen.

- Die Strecke Berlin–München schafft der ICE in vier Stunden.

Für den Streckenstrich gelten dieselben Regeln wie für den *bis*-Strich: Laut Duden wird er traditionell ohne ihn umgebende Leerzeichen gesetzt, laut DIN 5008 mit Leerzeichen.

»GEGEN-STRICH«

Ersetzt der Halbgeviertstrich das Wort *gegen*, wird er mit je einem Leerzeichen davor und danach geschrieben:

- Das Spiel FC Bayern München – Real Madrid endete unentschieden.

AUSLASSUNGSSTRICH BEI GELDBETRÄGEN

Schließlich eine letzte Verwendungsmöglichkeit: Wollen Sie bei glatten Geldbeträgen die Nullen wegkürzen, ist ebenfalls der Halbgeviertstrich die richtige Wahl.

- Preis: 8,– €

☑ Außer als Gedankenstrich kann ich den Halbgeviertstrich als Ersatz für *bis*, *gegen* und 00 (bei Geldbeträgen) verwenden.

6.1.7 Unsere Fischbrötchen: gesund und lecker.

→ Wie geht es nach dem Doppelpunkt weiter?

»Hast du Hunger?«, fragt Gerrit, als Sina vor einem Imbisswagen stehen bleibt.

Statt einer Antwort liest Sina das Schild über dem Tresen vor. »›Unsere Fischbrötchen: Gesund und lecker‹. Stimmt das denn?«

»Das fragst du einen Vegetarier?« Gerrit zuckt mit den Schultern. »Mit paniertem Fisch kenne ich mich nicht aus.«

»Pff«, macht Sina und boxt ihn gegen den Arm. »Ich meinte die Großschreibung nach dem Doppelpunkt. Aber lass uns weitergehen. Hunger habe ich keinen.«

|| Sina Zweifel sind berechtigt. »Unsere Fischbrötchen: *gesund* und lecker« wäre die korrekte Beschriftung.

Groß oder klein? Wie es nach dem Doppelpunkt weitergeht, darüber herrscht oft Unsicherheit. Hier erkläre ich Ihnen die Regeln – und gehe auch noch auf eine Stilfrage ein.

VOLLSTÄNDIGER SATZ GROSS, AUFZÄHLUNG KLEIN

Die Grundregel ist einfach. Folgt auf den Doppelpunkt ein vollständiger Satz, beginnen Sie ihn in der Regel mit einem Großbuchstaben.

– Fakt ist: Umweltfreundliches Heizen geht uns alle an.

Die Kleinschreibung ist richtig, wenn der folgende Text nicht als eigenständiger Satz aufgefasst wird. Das ist etwa bei Aufzählungen oder bloßen Stichpunkten der Fall.

- So sparen Sie Energie: nicht überheizen, stoßlüften, Heizkörper freihalten.
- Unsere Fischbrötchen: gesund und lecker.
- Note: sehr gut

Vermeiden Sie es, in einen Satz zwei Doppelpunkte zu packen. In einem solchen Fall sollten Sie besser umformulieren.

- *Nicht:* *Noch besser: Rufen Sie einfach an: 030 11444333.

☑ Nach dem Doppelpunkt geht es in der Regel groß weiter – außer es folgt eine Aufzählung oder eine stichpunkthafte Angabe.

BEI GEDACHTEM GEDANKENSTRICH

Abweichend von der Grundregel können Sie sich in bestimmten Fällen trotz eines vollständigen Satzes auch für die Kleinschreibung entscheiden. Die Wahl haben Sie dann, wenn Sie den nach dem Doppelpunkt folgenden Satz auch mit einem Gedankenstrich oder Komma anschließen könnten.

- Ob Kinobesuch oder Essengehen: Viele / viele Freizeitaktivitäten machen zu zweit mehr Spaß.
  Vgl.: Ob Kinobesuch oder Essengehen – viele Freizeitaktivitäten machen zu zweit mehr Spaß.

Einfacher ist es jedoch, sich hier an die Grundregel zu halten und nach dem Doppelpunkt großzuschreiben.

DOPPELPUNKT ODER GEDANKENSTRICH?

Zum Schluss noch eine Stilfrage: Wann wählt man eigentlich den Doppelpunkt, wann den Gedankenstrich? Schauen wir uns dazu die folgenden beiden Sätze an:

- Klar: Die Zeiten sind schwierig.
- Schwierige Zeiten – und doch Hoffnung.

In Satz 1 kündigt der Doppelpunkt etwas an, das sich nahtlos in die Argumentation einfügt. In Satz 2 wird dagegen eine unerwartete Aussage gemacht; in so einem Fall ist der Gedankenstrich besser.

Nicht immer ist das eindeutig zu entscheiden. Oft sind auch beide Zeichen möglich, so wie hier:

- Die Zeiten sind schwierig: Wen wundert es?
- Die Zeiten sind schwierig – wen wundert es?

Variante 1 knüpft beide Aussagen stärker aneinander. Variante 2 setzt eine größere gedankliche Pause dazwischen.

6.1.8 Deine »Das Glas ist halb voll«-Einstellung rührt mich.

→ Wie setze ich Anführungszeichen korrekt ein?

»Das Problem ist«, grübelt Sina, »wenn ich neue Sofakissen habe, brauche ich auch einen neuen Teppich und neue Vorhänge.«

»Hast du vergessen, dass bei dir alles mit Kratzbäumen vollsteht?«, fragt Gerrit. »In puncto Style kannst du eh nicht viel reißen.«

»Zumindest habe ich keinen Kratzbaum mit Tatzenmuster«, verteidigt sich Sina.

Gerrit grinst. »Deine Das-Glas-ist-halb-voll-Einstellung rührt mich.«

»Oha, ein langes Kompositum. Meinst du, man könnte das auch in Anführungszeichen setzen, um sich die vielen Bindestriche zu sparen?«

»Möglich«, grübelt Gerrit.

»Und noch eine Frage: Würdest du deinen Anglizismus – *Style* – in Anführungszeichen setzen?«

|| Das durchgekoppelte Kompositum kann man tatsächlich alternativ mit Anführungszeichen schreiben: *»Das Glas ist halb voll«-Einstellung.* Beim Wort *Style* kommen Gerrit und Sina sicher ohne Anführungszeichen aus, da der Anglizismus zu ihrem üblichen Wortschatz gehört.

Bestimmte Wörter und Textstücke können Sie in Anführungszeichen setzen, beispielsweise:

- direkte Rede
- Zitate
- Buchtitel und Ähnliches
- hervorzuhebende Wörter und Phrasen (Fremdwörter, Ironie ...)

Schauen wir uns ein paar Tipps dazu an.

DIREKTE REDE

Wir starten mit der Zeichensetzung rund um die direkte Rede. Das Komma, das die wörtliche Rede vom Begleitsatz trennt, folgt immer *nach* den Anführungszeichen:

- »Dackel sind großartig«, schwärmt Gerrit.

Frage- und Ausrufezeichen der direkten Rede stehen *vor* den Anführungsstrichen. Ein Komma folgt trotzdem noch, bevor der Begleitsatz beginnt.

- »Findest du Dackel nicht auch toll?«, fragt Gerrit.
- »Nichts gegen Dackel!«, ruft Gerrit.

Ein eingeschobener Begleitsatz wird in Kommas eingeschlossen, danach geht es kleingeschrieben weiter.

- »So ein Dackelblick«, seufzt Gerrit, »entschädigt einen für alles.«

Wird der Begleitsatz mit einem Doppelpunkt vorangestellt, beginnt die direkte Rede mit einem Großbuchstaben:

- Gerrit fügt hinzu: »Und schlau sind Dackel auch.«

HALBE ANFÜHRUNGSZEICHEN

Wenn Sie in einem in Anführungszeichen gesetzten Text wiederum etwas anführen wollen, sind halbe Anführungszeichen die richtige Wahl.

- Sie sagte: »Der Workshop ›Richtig schreiben‹ war sehr hilfreich.«

ZITATE IM SATZ

Zitieren Sie innerhalb eines Satzes einen anderen Satz, beginnen Sie ihn mit einem Großbuchstaben. Der Punkt fällt weg, Frage- und Ausrufezeichen werden aber gesetzt.

- Wenn »Ich tue mein Bestes« nur eine hohle Phrase ist, tut es mir leid.
- Sein ständiges »Was denkst du gerade?« nervt mich.

BEI LANGEN KOMPOSITA

Komposita erfordern eigentlich Bindestriche. Sind die Zusammensetzungen sehr lang, können Sie im Sinne der besseren Lesbarkeit auch mit Anführungszeichen arbeiten.

- Mit deiner »Es war ja nicht alles schlecht«-Haltung verdrehst du die Geschichte.

»Es war ja nicht alles schlecht« wird als Zitat begriffen, das mit *Haltung* ein Kompositum eingeht.

SIND ANFÜHRUNGSZEICHEN IMMER ANGEBRACHT?

Anführungszeichen sind starke Marker, die Unruhe ins Textbild bringen können. Deshalb sollten Sie sie nicht ohne Not verwenden.

- Dazu brauchen Sie nur etwas »Magie«.
  Besser: Dazu brauchen Sie nur etwas Magie.

Dass *Magie* nicht wörtlich zu verstehen ist, dürfte auch ohne Anführungszeichen klar werden. Fremdwörter müssen Sie ebenfalls nicht unbedingt in Anführungszeichen setzen:

- In diesem Forum könnt ihr euch über »Trading Cards« austauschen.
  Besser: In diesem Forum könnt ihr euch über Trading Cards austauschen.

Da der Zielgruppe der Begriff sicher geläufig ist, sind die Anführungszeichen hier unnötig.

Zuweilen können übereifrig gesetzte Anführungszeichen sogar eine ungewollte Komik in die Aussage bringen:

- Gebratene Nudeln, Sorte »Hühnchen«

Hier könnte der Kunde oder die Kundin annehmen, dass kein echtes Hühnerfleisch im Gericht steckt.

ALTERNATIVEN

Statt Anführungszeichen können Sie oft auch andere Mittel zur Hervorhebung von Wörtern nutzen, etwa eine farbige Markierung oder eine Kursivsetzung.

- »Zu Recht« schreibt man getrennt.
  Auch: *Zu Recht* schreibt man getrennt.

- Mit dem englischen Begriff »Corporate Identity« bezeichnet man das Selbstbild eines Unternehmens.
  Auch: Mit dem englischen Begriff *Corporate Identity* bezeichnet man …

☑ Ich verwende Anführungszeichen sparsam. In der direkten Rede achte ich auf die richtige Zeichensetzung: Zwischen Anführungszeichen und Begleitsatz steht ein Komma; ein etwaiges Frage- oder Ausrufezeichen wird innerhalb der Anführung gesetzt.

6.2 Symbole und Abkürzungen

Als letztes Thema schauen wir uns noch die Symbole und Abkürzungen an. Los geht es mit den Symbolen. Benötigen sie ein Leerzeichen? Was passiert, wenn sie Teil eines Kompositums werden? Das klären wir hier:

6.2.1 Es besteht eine 90 %ige Chance. Wie gehe ich mit Symbolen um?

Die anschließenden Unterkapitel beschäftigen sich mit Abkürzungen. Auch sie sind eine häufige Fehlerquelle. Man schreibt sie mal mit Punkten, mal ohne, es stellt sich wieder die Leerzeichen-Frage, und wie man sie richtig in den Plural oder Genitiv setzt, ist auch keine einfache Angelegenheit. Hier schauen wir uns das alles an:

6.2.2 Wir reparieren Ihren PC i. d. R. innerhalb von 48 h. Wie schreibe ich Abkürzungen richtig?

6.2.3 Es waren viele Lkw unterwegs. Wie bilde ich bei Abkürzungen die Plural- und Genitiv-Form?

6.2.1 Es besteht eine 90%ige Chance.

→ Wie gehe ich mit Symbolen um?

»Können wir auf dem Rückweg noch mal beim Buchladen vorbeigehen?«, fragt Sina. »Mir ist eingefallen, dass ich noch einen 10-Euro-Gutschein habe.«

»Klar. Dann können wir sie gleich darauf hinweisen, dass sie vor dem Euro- und dem Prozentzeichen ein Leerzeichen setzen müssen«, schlägt Gerrit vor.

Sina bleibt stehen. »Es besteht eine 90 %ige Chance, dass wir uns damit höchst unbeliebt machen.«

»Meinst du?« Gerrit grinst. »Lass uns aber vorher noch überlegen, wie man *10-Euro-Gutschein* und *90-prozentig* mit Symbolen schreibt.«

|| Mit Symbolen schreibt man die Begriffe wie folgt: *10 €-Gutschein* oder *10€-Gutschein, 90%ig*. Doch sollten Sina und Gerrit besser eine ausgeschriebene Variante wählen.

Wie nutzt man Symbole korrekt in Texten? Was passiert, wenn sie Bestandteil eines Wortes werden? Das klären wir jetzt.

DAS LEERZEICHEN VOR SYMBOLEN

Im Allgemeinen steht zwischen einer Zahl und einem Symbol ein Leerzeichen.

Das wird besonders gern beim Prozentzeichen vergessen. Aber das Symbol ersetzt das Wort *Prozent*, und dieses würde auch ein Leerzeichen erfordern. Richtig ist also:

- Wir konnten unseren Umsatz um 10 % steigern.

Noch besser wäre es, das Wort *Prozent* im Beispielsatz auszuschreiben. Das mathematische Zeichen bietet sich eher in Tabellen und Listen an oder dann, wenn ein Text sehr viele Prozentzahlen beinhaltet.

Analog verhält es sich mit dem Euro- und dem Paragrafenzeichen. Vergessen Sie auch hier das Leerzeichen nicht.

- Das Buch kostet 20 €.
- Das steht in § 10.

Um ungewollte Zeilenumbrüche zu verhindern, können Sie ein geschütztes Leerzeichen setzen.

AUSNAHME GRADZEICHEN

Eine Ausnahme stellt das Gradzeichen dar. Steht es allein mit einer Zahl, wird kein Leerzeichen gesetzt. Tritt hingegen die verwendete Skala hinzu, steht zwischen Zahl und Gradzeichen ein Leerzeichen. Also:

- Die Ecke hat einen Winkel von 90°.
- *Aber:* Waschen Sie die Handtücher bei 90 °C.

Außerhalb von Fachtexten ist das nicht ganz so streng zu sehen; der Duden erlaubt auch die Schreibweise *90° C*.

KOMPOSITA MIT SYMBOLEN

Schauen wir uns an, was passiert, wenn das Symbol Bestandteil eines Kompositums wird, also eines zusammengesetzten Wortes.

Eben habe ich darauf hingewiesen, dass zwischen Zahl und Symbol ein Leerzeichen stehen muss: *0 %*, *50 €*. Gleichzeitig gilt die Regel: Bei längeren Aneinanderreihungen wird durchgekoppelt. Als korrekte

Schreibweise würde man daher *0-%-Finanzierung* und *50-€-Gutschein* erwarten, analog zum *400-m-Lauf.*

Dennoch findet sich im Rechtschreibduden die Schreibweise *5 %-Hürde* – mit Leerschritt. Der Duden Band 9, *Sprachliche Zweifelsfälle*, empfiehlt hingegen eine Schreibweise ohne Leerschritt: *5%-Hürde*. Beide Publikationen verzichten auf den Bindestrich zwischen Zahl und Symbol.

Am einfachsten umgehen Sie das Problem, indem Sie das Symbol als Wort ausschreiben. Die Zahl dazu können Sie in Ziffern belassen oder ebenfalls ausschreiben.

- 5-Prozent-Hürde / Fünf-Prozent-Hürde
- 50-Euro-Gutschein / Fünfzig-Euro-Gutschein
- 0-Prozent-Finanzierung / Null-Prozent-Finanzierung

Eine Zusammenschreibung ist ebenfalls möglich: *Fünfprozenthürde, Fünfzigeurogutschein, Nullprozentfinanzierung.* Entscheiden Sie hier je nach Länge, ob das Kompositum noch gut lesbar ist.

DIE SCHREIBUNG MIT *-PROZENTIG*

Wollen Sie die Prozentangabe als Adjektiv darstellen, haben Sie folgende Möglichkeiten:

- Die Straße hat eine 10-prozentige Steigung.
- Die Straße hat eine zehnprozentige Steigung.
- Die Straße hat eine 10%ige Steigung.

Bei der Schreibweise mit Ziffer und Symbol entfällt also sowohl der Bindestrich als auch der Leerschritt. Achten Sie hier auch darauf, kein zusätzliches *t* hineinzuschummeln (nicht: **10%tig*). Im Fließtext sollten Sie eine Schreibweise ohne das Symbol verwenden.

☑ Wenn ich Symbole verwende, muss ich ein Leerzeichen davorsetzen. Im Fließtext empfiehlt es sich, die Wörter auszuschreiben. Auch für Komposita und Adjektive gilt: Ausschreiben ist besser.

6.2.2 Wir reparieren Ihren PC i. d. R. innerhalb von 48 h.

→ Wie schreibe ich Abkürzungen richtig?

Sina und Gerrit kommen erneut an dem Geschäft vorbei, dessen breites Angebot von Parfüm bis Elektronik sie bereits »bewundert« hatten. Sina bleibt stehen. »Wolltest du nicht deinen alten Rechner reparieren lassen? Hier steht: ›Wir reparieren Ihren PC i. d. R. innerhalb von 48h.‹«

»Nett von dir, dass du daran denkst«, antwortet Gerrit. »Aber ich lasse meinen Rechner ungern in einem Laden reparieren, der auch Parfüm und Bücher verkauft.«

»Verstehe«, grinst Sina. »Dann lass uns wenigstens die Abkürzungen anschauen. Mir scheint, sie waren etwas geizig mit den Leerzeichen.«

|| Sina hat recht: Die Abkürzungen *i. d. R.* und *48 h* benötigen Leerzeichen. *PC* ist richtig geschrieben.

Abkürzungen sind tückischer, als man meinen könnte. Lassen Sie uns einmal die verschiedenen Fallstricke anschauen – hier und im nächsten Unterkapitel.

MIT ODER OHNE PUNKTE?

Die Schreibweise einer Abkürzung wird vom amtlichen Regelwerk festgelegt. Beispiele für Abkürzungen mit Punkt sind etwa:

- *Abgekürzte Einzelwörter:* Dr., Tsd., Mio.
- *Mehrere Bestandteile:* z. B., u. a., i. d. R., e. V.
- *Mehrere Bestandteile, ein Endpunkt:* etc., usw.

Es handelt sich dabei um rein schriftsprachliche Abkürzungen, die also nicht so gesprochen werden – man sagt nicht »z. B.«, sondern »zum Beispiel«.

Abkürzungen ohne Punkt werden hingegen meist als einzelne Buchstaben gesprochen, mit Ausnahme der Maßeinheiten.

- *Als Buchstaben gesprochen:* PS, BGB, THW, AG, ICE, GmbH
- *Als Wörter gesprochen:* cm, m, km, l, kg

Besonders die Abkürzung *PS* für »Postskriptum« wird oft falsch geschrieben. Richtig ist sie ohne Punkte. Der Doppelpunkt danach ist optional, ich würde ihn jedoch empfehlen.

- PS: Badesachen nicht vergessen!
- PPS: Wer mag, kann auch Spiele mitbringen.

MIT ODER OHNE LEERZEICHEN?

Achtung: Sobald eine Abkürzung Punkte beinhaltet, benötigt jeder Punkt ein anschließendes Leerzeichen.

- Gerne servieren wir Ihnen auch Eiergerichte, z. B. Rührei oder Spiegelei.

- Dies betrifft die unteren staatlichen Ebenen, i. d. R. Länder und Kommunen.
- Mannschaftssportarten sind bei den Kindern sehr beliebt, v. a. Fußball.

Weitere Beispiele: s. o., d. h., u. a., u. Ä., e. V.

Auch zwischen einer Zahl und einer Abkürzung muss ein Leerzeichen stehen:

- Das Ziel liegt 35 km entfernt.
- Die Blumen kosten 5 EUR.

ABKÜRZUNGEN AUSSCHREIBEN

Abkürzungen, die nur schriftlich mit Buchstaben abgekürzt werden, aber als komplette Wörter ausgesprochen werden, sollten Sie – zumindest in Fließtexten – nach Möglichkeit ausschreiben.

- Gerne servieren wir Ihnen auch Eiergerichte, zum Beispiel Rührei oder Spiegelei.
- Dies betrifft die unteren staatlichen Ebenen, in der Regel Länder und Kommunen.
- *Aber:* Er ist Mitglied der Galgorettung e. V.

E. V. spricht man auch beim Vorlesen als Abkürzung. Niemand würde jedoch *i. d. R.* als einzelne Buchstaben aussprechen. Für das Abkürzen sollte hier ein guter Grund vorliegen – etwa stichpunkthafte Angaben, Platzmangel …

Ausnahme ist *etc.*: Man spricht zwar »et cetera«, aber es wäre unüblich, die beiden Wörter so aufzuschreiben.

DER SATZSCHLUSSPUNKT

Steht eine Abkürzung mit Punkt am Satzende, entfällt der Satzschlusspunkt. Sie dürfen hier also nicht zwei Punkte hintereinander setzen. Die anderen Satzschlusszeichen – das Frage- und das Ausrufezeichen – sind natürlich möglich.

- In den Ordner kommen alle wichtigen Dokumente: Arztbriefe, Impfnachweise etc.
- Haben Sie an alle Dokumente gedacht – Arztbriefe, Impfnachweise etc.?

☑ Enthält eine Abkürzung Punkte, benötigt jeder Punkt ein anschließendes Leerzeichen. Der Satzschlusspunkt entfällt nach solchen Abkürzungen.

GENUS UND NUMERUS

Viele Abkürzungen werden als Namenszusätze verwendet. Das bringt oft Probleme mit dem Genus oder Numerus der Konstruktion mit sich. Heißt es *die Galgorettung e. V.* oder *der Galgorettung e. V.*? Im Normalfall sagt man:

- Die Galgorettung e. V. wünscht frohe Ostern.

Dennoch treten Schwankungen auf, je nachdem, ob man die Abkürzung als weglassbare Information auffasst oder als Grundwort des Firmennamens.

- Der/Die Autoladen Kulmbach AG wünscht frohe Ostern.

Ähnlich schwankt der Gebrauch auch beim Numerus des Verbs:

- Die Dessauer Farbwerke GmbH wünschen/wünscht ein frohes Fest.

Hier kann man den Numerus entweder nach *Farbwerke* oder *Gesellschaft* ausrichten.

KOMPOSITA MIT ABKÜRZUNGEN

Wollen Sie mit Ihrer Abkürzung einen längeren Begriff bilden, koppeln Sie durch. Stilistisch schöner ist es allerdings, das Wort in dem Fall auszuschreiben.

- Die 200-g-Packung Käse ist heute im Angebot.
  Besser: 200-Gramm-Packung

- Die 1000-m-Bahn muss erneuert werden.
  Besser: 1000-Meter-Bahn

6.2.3 Es waren viele Lkw unterwegs.

→ Wie bilde ich bei Abkürzungen die Plural- und Genitiv-Form?

»Wie war eigentlich der Kurztrip mit deiner Mutter zu deiner Tante?«, fragt Sina Gerrit auf dem Nachhauseweg.

»Ganz okay. Die Autobahnfahrt war etwas anstrengend, es waren viele Lkw unterwegs.«

»Vielleicht fahrt ihr nächstes Mal lieber wieder mit der Bahn?«

»Aber nicht im Sommer«, protestiert Gerrit. »Beim letzten Mal haben wir zwei ICEs mit kaputter Klimaanlage erwischt, darauf habe ich keine Lust.«

»Wie du meinst.« Sina zuckt mit den Schultern. »Aber sag mal: *viele Lkw, zwei ICEs* – was denn nun, mit oder ohne Plural-s? Und setzt du bei ICEs einen Apostroph?«

»Nee, da kommt kein Apostroph hin«, antwortet Gerrit. »Aber über das Plural-s muss ich nachdenken.«

|| Gerrit darf sich für oder gegen das Plural-s entscheiden: *zu viele Lkw* oder *Lkws, zwei ICE* oder *ICEs*. Ein Apostroph darf hier tatsächlich nicht stehen.

Als was zählt eine Abkürzung – als unveränderliches Konstrukt oder als eine Art Substantiv, das auch andere Endungen bekommen kann? Das klären wir hier.

ABKÜRZUNGEN IM PLURAL

Wie setze ich eine Abkürzung richtig in den Plural? Unbedingt nötig ist das Plural-s nicht, sofern der Plural aus dem Zusammenhang bereits klar wird.

- Beide GmbH / GmbHs stehen in Konkurrenz zueinander.
- Die Bahn hat drei neue ICE / ICEs angeschafft.
- Vor mir liefern sich zwei Lkw / Lkws ein Elefantenrennen. *Auch:* LKW / LKWs

Dennoch wird das Plural-s tendenziell häufiger verwendet.

Dabei spielt es keine Rolle, wie der Plural des Wortes in der ungekürzten Form lautet. Die Abkürzung wird gewissermaßen zum eigenständigen Wort. Trotz des Plurals *Arbeitsgemeinschaften* und *Gesellschaften* heißt es also:

- Die Schule bietet viele AGs an.
- Beide GmbHs stehen in Konkurrenz zueinander.

Auch in den folgenden Beispielsätzen würde man sich für das Plural-s entscheiden:

- Ich habe schon in verschiedenen WGs gewohnt.
- Eure PCs laufen sehr langsam.
- Was soll ich nur mit den ganzen alten CDs machen?

Und was ist mit dem Apostroph? Auch wenn man solch eine Schreibung häufig sieht: Ein Apostroph gehört hier nicht hin. Die Begründung ist eigentlich ganz logisch: Der Apostroph ist ein Auslassungszeichen. Hier wird aber nichts ausgelassen, deshalb gibt es auch keinen Grund, ihn zu setzen.

AUSNAHMEN VOM PLURAL-S

Wenn die Abkürzung mit einem Zischlaut endet, entfällt das Plural-s:

- Ich habe ihm schon drei SMS geschrieben.

Achten Sie außerdem darauf, ob nicht die Abkürzung selbst schon im Plural steht. Dies ist der Fall bei *AGB* und *FAQ*: *allgemeine Geschäftsbedingungen, frequently asked questions*. Ein zusätzliches Plural-s wäre hier widersinnig.

- Wir haben unsere FAQ überarbeitet.
- Bitte stimmen Sie unseren AGB zu.
  Ugs. auch: AGBs

ABKÜRZUNGEN IM GENITIV

Beim Genitiv-s können Sie ähnlich entscheiden: Nötig ist es nicht, aber möglich.

- Hast du dir das Kennzeichen des Pkw / Pkws gemerkt?
- Die Klimaanlage des ICE / ICEs ist mal wieder ausgefallen.

KOMPOSITA

Geht die Abkürzung eine Verbindung mit einem anderen Wort ein, setzen Sie einen Bindestrich. Die Groß- und Kleinschreibung der Abkürzung bleibt erhalten, auch wenn dies nicht zur neuen Wortart passt.

- Harvard ist eine US-amerikanische Universität.
- Teilen Sie mir bitte noch die km-Zahl mit?

Auf diese Weise entstehen also ausnahmsweise auch kleingeschriebene Substantive.

Nicht sinnvoll sind Dopplungen wie *ISBN-Nummer.* Das Wort *Nummer* ist in der Abkürzung ja bereits enthalten; es reicht, *ISBN* zu schreiben.

☑ An Abkürzungen im Plural kann ich ein -s anhängen, und zwar ohne Apostroph. *AGB* und *FAQ* erhalten kein -s, weil es sich dabei bereits um eine abgekürzte Plural-Form handelt. Auch das Genitiv-s ist in der Regel fakultativ. Bei Komposita bleibt die Schreibweise der Abkürzung erhalten.

EPILOG

Gerrit und Sina liegen im Gras und blinzeln in die Sonne.

»Das waren viele Rechtschreibfragen in letzter Zeit«, stellt Sina fest. »Hast du dir alles gemerkt?«

»Auf keinen Fall«, lacht Gerrit. »Aber ein Stück schlauer bin ich schon geworden.«

Sina nickt zustimmend. Dann schweigen beide eine Weile. Man hört das Gezwitscher der Vögel. Eine Biene brummt vorbei. Irgendwoher, von ganz weit weg, wehen Stimmen herüber, dann verklingen sie wieder.

»Sina?«, fragt Gerrit. »Bist du eingeschlafen?«

»Quatsch«, kommt es schläfrig von der Seite.

Gerrit zögert. »Ich fand's schön, dass wir immer wieder darüber reden konnten. Wir haben schon einen ziemlichen Schatten, oder?«

Sina rollt sich auf die Seite und schmunzelt. »Das haben wir.«

»Und jetzt?«

»Ach«, seufzt Sina wohlig. »Lass uns einfach noch eine Weile hier weiterchillen.«

»Weiterchillen …«, grübelt Gerrit. »Schreibst du das zusammen oder getrennt?«

Sina lacht. »Du kannst es einfach nicht lassen, oder?«

»Nein«, grinst Gerrit. »Mit dir bestimmt nicht.«

GLOSSAR

Adjektiv

Eigenschaftswort, z. B.: *grün, laut*

Adverb

Umstandswort, z. B.: *oft, hier, zusammen*

Akkusativ

4. Fall, den man mit »Wen oder was?« erfragen kann

Apposition

Beisatz, z. B. eine nachgestellte Erläuterung: *Klaus, mein Vater* [»mein Vater« ist die Apposition]

Artikel

Bestimmt: *der/die/das*, unbestimmt: *ein/-e*

Artikelwort

Artikel *(der/die/das, ein/-e)* – sowie z. B.: *diese/-r/-s, manche/-r/-s, dein/-e, ihr/-e ...*

Begleitsatz

Satz, der eine direkte oder indirekte Rede einleitet oder begleitet und oft nur aus einem Namenwort und einem Verb des Sagens besteht, z. B.: *Sie sagte ... [Sie sagte: »Ich bin bereit.« / Sie sagte, sie sei bereit.]*

Bruchzahl

Zahl, die ein bestimmtes Teilungsverhältnis ausdrückt, sich also als Bruch darstellen lässt, z. B.: *drittel/Drittel, viertel/Viertel …*

Dativ

3. Fall, den man mit »Wem oder was?« erfragen kann

Deklinieren/Deklination

Substantive, Adjektive, Pronomen und Zahlwörter aus grammatischen Gründen mit einer anderen Form bzw. Endung versehen, z. B.: *Ball → Bälle, gut → gutes*

Demonstrativ(pronomen)

Hinweisendes Fürwort, z. B.: *diese/-r/-s, jene/-r/-s …*

DIN 5008

Deutsche DIN-Norm, die Schreib- und Gestaltungsregeln für die Text- und Informationsverarbeitung definiert

Direkte Rede

Wortlaut in Anführungszeichen, z. B.: *»Ich bin bereit.«*

(Durch-)Koppeln

Wörter mit Bindestrichen zu einem Kompositum verbinden, z. B.: *das Durch-die-Blume-Sagen*

Flektieren/Flexion

Ein Wort aus grammatischen Gründen abwandeln oder mit einer anderen Endung versehen, also deklinieren, konjugieren und steigern, z. B.: *Ball → Bälle, arbeiten → arbeitet, gut → gutes, groß → größer*

Führende Null

Null, die man einer einstelligen Datums- oder Zeitangabe voranstellen kann, z. B.: 04. 10. 2022, 09:10 Uhr

Genitiv

2. Fall, den man mit »Wessen?« erfragen kann

Genus

Grammatisches Geschlecht: männlich *(der Berg)*, weiblich *(die Sicht)*, sächlich *(das Tal)*

Gerundium

U. a. englische Verbform, bei der die Endung *-ing* an den Infinitiv gehängt wird, z. B.: *to talk* → *talking* (meist als substantivierter Infinitiv übersetzt: *das Reden*)

Imperativ

Verbform, die einen Befehl, eine Aufforderung, eine Bitte u. Ä. ausdrückt, z. B.: *Geh weg!, Bitte bleib!*

Indefinitpronomen

Unbestimmtes Pronomen wie *jemand, niemand, etwas, manch, nichts, alle, jeder, mehrere, etliche, einige*

Indikativ

»Normalform« (auch: »Wirklichkeitsform«) eines Verbs, z. B.: *sein* → *ich bin, wir gingen*

Indirekte Rede

Äußerungen werden in einem Nebensatz berichtend wiedergegeben, z. B.: *Sie sagte, sie sei bereit/dass sie bereit sei.*

Infinitiv

Grundform des Verbs, z. B.: *sein, lachen*

Interjektion

Ausrufewort, z. B.: *hallo, ach*

Kasus/Fall

Alle Substantive, Pronomen, Artikel und viele Adjektive werden entsprechend ihrer Beziehung zu anderen Wörtern im Satz dekliniert, stehen also im Nominativ, Akkusativ, Dativ oder Genitiv

Kompositum

Zusammengesetztes Wort (z. B. *Strichpunkt*), Plural: »Komposita«

Kongruenz

Grammatische Übereinstimmung von Wörtern oder Satzteilen, z. B.: das Verb ist im Numerus auf das Subjekt abgestimmt (*die Vögel* [3. Pers. Plural] *singen* [3. Pers. Plural])

Konjugieren/Konjugation

Verschiedene grammatische Formen des Verbs bilden, z. B.: *hängen* → *ich hänge, du hängst …*

Konjunktiv

Möglichkeitsform eines Verbs, z. B.: *sein* → *sei, wäre*

Konsonant

Mitlaut; jeder Buchstabe, der kein Vokal ist: *m, n, l, p …*

Nominativ

1. Fall, den man mit »Wer oder was?« erfragen kann

Numerische Datumsangabe

Das Schreiben eines nur aus Ziffern bestehenden Datums

Numerus

Gibt die Anzahl von Dingen oder Personen an – ob sie einmal (= Singular: *der Hund*) oder mehrmals (= Plural: *die Hunde*) vorhanden sind

Numerus eines Verbs

Gibt die Anzahl der handelnden Personen an; z. B. das Verb *kaufen* → Singular: *er kauft*; Plural: *sie kaufen*

Ordinalzahl

Zahl, die eine Position in einer Reihenfolge kennzeichnet, z. B.: *erste, zweite, zehnte …*

Partikel

Alle nicht flektierbaren Wörter und Wortarten (Plural: »Partikeln«), z. B.: *ja, nein, danke*

Partizip

Verbform, die nicht konjugiert wird und Eigenschaften eines Adjektivs aufweist; unterschieden wird zwischen dem Partizip Präsens / Partizip I *(laufend, trennend)* und dem Partizip Perfekt / Partizip II *(gelaufen, getrennt)*

Perfekt

Vergangenheitsform des Verbs, die mit *haben* oder *sein* + Partizip II gebildet wird, z. B.: *er hat gerufen, ich bin gewesen*

Personalpronomen

Persönliches Fürwort, z. B.: *ich, du, er, sie, es*

Phrase

Wortgruppe, deren Elemente eine Einheit bilden, etwa Wendungen wie *es sei denn*

Possessivpronomen

Besitzanzeigendes Fürwort, z. B.: *mein, dein, ihre*

Präfix

Vorsilbe eines Verbs, Adjektivs oder Substantivs, z. B.: *be-* → *beweisen, un-* → *unsicher, Um-* → *Umweg*

Präposition

Verhältniswort, z. B.: *mit, auf, unter*

Schwaches Verb

Verbstamm bleibt beim Konjugieren gleich, z. B.: *hängen* → *hängte* → *gehängt*

Schwach flektiertes Adjektiv

Ein Adjektiv wird schwach flektiert, wenn ihm der bestimmte Artikel oder ein anderes Artikelwort mit Endung vorausgeht, z. B.: *der süße Kuchen, dieser süße Kuchen*

Schwach flektiertes Substantiv

Schwach flektierte Substantive bekommen in allen Fällen außer dem Nominativ die Endung *-[e]n*, z. B.: *des Kunden*

Singularische Mengenangabe

Mengenbezeichnung, die eine Singular-Form aufweist, z. B.: *die Hälfte, ein Dutzend, eine Reihe*

Standardsprache

Gesprochene und geschriebene Erscheinungsform der überregionalen Hochsprache mit festgelegten Regeln

Starkes Verb

Verbstamm verändert sich beim Konjugieren, z. B.: *hängen* → *hing* → *gehangen*

Stark flektiertes Adjektiv

Ein Adjektiv wird stark flektiert, wenn ihm kein Artikelwort vorausgeht oder das vorausgehende Wort endungslos ist, z. B.: *süßer Kuchen, ein süßer Kuchen*

Stark flektiertes Substantiv

Stark flektierte Substantive bekommen im Genitiv Singular die Endung *-[e]s*, z. B.: *des Beweises, des Monats*

Subjekt

Satzgegenstand; das Subjekt des Satzes steht im Nominativ, die Frage nach ihm lautet also »Wer oder was?«

Substantiv

Groß geschriebenes Hauptwort, das etwa ein Lebewesen oder ein Ding bezeichnet, z. B.: *Manager, Haus*

Substantivierung

Umwandlung eines Verbs oder Adjektivs in ein Substantiv, z. B.: *das Arbeiten, das Gute*

Superlativ

Höchste Steigerungsform eines Adjektivs, z. B.: *der höchste Berg, das Beste*

Umgangssprache

Sprache, die im Alltag beim Kontakt mit anderen Menschen verwendet, also meist gesprochen wird und nicht der Standardsprache entspricht

Unbestimmte Mengenangabe

Wörter wie *viel, wenig, etliche,* die anzeigen, dass die genaue Zahl nicht bekannt ist, z. B.: *ein paar Hundert, mehrere Tausend*

Unbestimmte Zahladjektive

Wörter, die eine unbestimmte Menge angeben: *ein, andere, viel, wenig*

Ungebeugt

Ein ungebeugtes Wort ist weder dekliniert noch konjugiert, weist also keine grammatische Endung auf, z. B. ein Verb im Infinitiv *(gehen)*

Verb

Tätigkeitswort, z. B.: *arbeiten*

Vokal

Selbstlaut: *a, e, i, o, u*

Zahlwort

Wörter, die eine Anzahl ausdrücken, z. B.: *eine Drei, fünfzig, erster, Achtel*

LEGENDE

- rote Schrift = im jeweiligen Abschnitt relevante Wörter, Ausdrücke, Zeichen oder Symbole
- **gefettete rote** Schrift = Duden-Empfehlungen
- Unterstreichungen = Betonung einzelner Wörter oder Silben sowie Hervorhebung grammatischer Bezugswörter
- Sternchen (*) vor Sätzen / Wendungen = falsche Ausdrucksweise
- Infokasten (☑) = das Wichtigste in Kürze

MIX
Papier | Fördert gute Waldnutzung
FSC® C083411
www.fsc.org

Dieses Buch wurde klimaneutral produziert.
Klimaneutral Druckprodukt
ClimatePartner.com/17531-2110-1001

Erste Auflage 2022

Umschlaggestaltung: Lübbeke Naumann Thoben, Köln
Lektorat: Kerstin Thorwarth
Satz: Angelika Kudella
Gesetzt aus der Dante und der Neutra
Druck und Verarbeitung: CPI books GmbH, Leck
Gedruckt auf säurefreiem und chlorfrei gebleichtem Papier
Printed in Germany
ISBN 978-3-8321-8200-7

www.dumont-buchverlag.de